暗知识
DARK KNOWLEDGE

机器认知如何颠覆商业和社会

［美］王维嘉 著

图书在版编目（CIP）数据

暗知识：机器认知如何颠覆商业和社会 /（美）王维嘉著 . -- 北京：中信出版社，2019.4（2019.4 重印）
ISBN 978-7-5086-9298-2

Ⅰ . ①暗⋯ Ⅱ . ①王⋯ Ⅲ . ①人工智能 - 应用 - 金融投资 - 研究 Ⅳ . ① F830.59-39

中国版本图书馆 CIP 数据核字（2018）第 172608 号

暗知识：机器认知如何颠覆商业和社会

著　　者：[美] 王维嘉

出版发行：中信出版集团股份有限公司
　　　　　（北京市朝阳区惠新东街甲 4 号富盛大厦 2 座　邮编　100029）
承　印　者：北京通州皇家印刷厂

开　　本：880mm×1230mm　1/32　印　张：11.25　字　数：240 千字
版　　次：2019 年 4 月第 1 版　印　次：2019 年 4 月第 3 次印刷
广告经营许可证：京朝工商广字第 8087 号
书　　号：ISBN 978-7-5086-9298-2
定　　价：58.00 元

版权所有·侵权必究
如有印刷、装订问题，本公司负责调换。
服务热线：400-600-8099
投稿邮箱：author@citicpub.com

导　读

　　一直以来人类的知识可以分为两类："明知识"和"默知识"（Tacit Knowldge，又称默会知识）。明知识就是那些可以用文字或公式清晰描述和表达出来的知识。默知识则是个人在感觉上能把握但无法清晰描述和表达的知识，也即我们常说的"只可意会，不可言传"的那类知识。人类发明文字以来，积累的知识主要是明知识，因为只有明知识才可以记录和传播。直到大约70年前，人类才意识到默知识的存在。今天，人工智能，特别是其中的一个重要流派——神经网络，突然发现了海量的、人类既无法感受又无法描述和表达的"暗知识"——隐藏在海量数据中的相关性，或者万事万物间的隐蔽关系。这些暗知识可以让我们突然掌握不可思议的"魔力"，能够做很多过去无法想象的事情。本书就是要清楚阐述机器学习发掘出了什么样的暗知识，为什么机器能够发现这些暗知识，以及这些暗知识对我们每个人会有什么影响。

　　本书分为三个部分。

　　第一部分包括第一、二、三章，其中第一章里我们发现AlphaGo（阿尔法围棋）给我们带来的最大震撼是人类完全无法理解机器关于下棋的知识。这个发现迫使我们重新审视人类对于"知识"的所有观念。这一章回顾了2 500年来人类所熟悉的明知识和直至大约70年前才注意到的默知识。近几十年的脑神经科学的研究成果让我们对知识的本质有了更清楚的认识，也回答了为什么人类既无法感受，也无法理解机器发现的那些暗知识。这一章还分析了明知识、默知识和暗知识之间的区别，讨论了为什么暗知识的总量将远远超过人类能掌握的所有知识。

第二章介绍了机器是怎样学习的，能学习哪些知识，同时介绍了机器学习的五大流派以及各流派从数据中挖掘知识的方法。

第三章则重点介绍了目前机器学习中最火的神经网络，包括神经网络的基本工作原理和目前在商业上应用最广的几种形态，以及各自适用的领域。有了这些基础就可以判断AI（人工智能）在各个行业的商业机会和风险。也只有理解了这些原理，才能真正理解暗知识的特点。为易于阅读和照顾不同读者的需求，在这一章中我们尽量用通俗的语言解释这些工作原理，而把精确的技术原理介绍放在附录里。

第二部分（第四、五章）讨论了AI对商业的影响。我们将看到机器发掘出来的暗知识对我们生活的直接影响。对于想把握AI商业趋势的读者来说，这部分的内容至关重要。其中，第四章描述了当前的AI产业生态，第五章详尽探讨了哪些行业将面临AI的颠覆，以及在不同行业的投资机会和陷阱。

第三部分（第六、七章）的内容是AI对未来和社会的影响。第六章重点讨论目前还没有商业化的，但可能更深刻影响我们的一些神奇的AI应用。第七章讨论了机器和人的关系：机器能在多大程度上取代人的工作，会造成哪些社会问题（例如大面积失业）。这两章

导　读

的主要目的是开脑洞，探讨那些我们今天可能还看不到的更深远的影响。本章也试图回答人类的终极恐惧：机器人最终会控制人类吗？

本书的各个章节前后连贯，但也可以跳着读，对于那些只对商业感兴趣的读者，可以跳过第二、三章直接读第四、五章。

笔者在美国斯坦福大学读博士期间做过人工智能研究，后来在硅谷和中国创办高科技公司，目前在硅谷专注于投资人工智能。每年访问调研上千家硅谷和中国的科技公司，接触顶级大学最前沿的研究，这些都有助于笔者从大量的实践中提炼出自己对行业的原创的分析和洞见，而不是人云亦云。

笔者长期对人类如何获得知识感兴趣，在投资、研究和写作 AI 的过程中，发现了暗知识这样一个人类以往未曾发现的领域。这个概念的提出一定会引起争议，笔者欢迎读者的批评并期待在批评和讨论中进一步深化在这方面的认识。

本书的目标读者是企业和政府工作人员及其他知识阶层，包括学生。暗知识对人类的影响刚刚开始。从暗知识这个新视角出发，可以更深刻地理解这次 AI 巨浪。这波巨浪可能超过互联网，许多行业都会深受影响。本书希望能回答"AI 对我的行业和职业会有什么影响"。只有把 AI 的技术、趋势和应用深入浅出地讲清楚，读者才可能举一反三，理解 AI 对自己的影响。本书从笔者自己的投资实践出发，希望能为在 AI 时代进行投资提供一些参考。在 AI 飓风里泥沙俱下，鱼龙混杂，会有大量的炒作，读完本书可以帮助读者辨别真伪，不会被轻易忽悠。在今后 5~10 年，不论是风险投资 / 私募股权投资还是在公开股票市场投资都需要有这样的辨别能力。本书最后在讨论人工智能对整个社会的影响时也提出了一些未经检验的建议。

每当读到市面上科技类的书籍时，常被那些含混不清的描述所困扰。当年在斯坦福大学上课时留下的最深印象就是那些学科的开山鼻祖对自己学科理解之深入。他们能用最简单的方式把最深奥的道理讲明白，让听课的学生一下子就能理解一门学科的核心概念，而且一辈子不会忘记。从那以后，笔者就坚信，如果学生没听懂，一定是老师没讲明白。这本书希望用最通俗易懂的语言介绍暗知识和 AI。任何具有高中以上学历的读者如果有没读懂的地方，一定是因为笔者没有写明白。

今天每个人都要面对海量的信息和知识，如何让读者花最少的时间获取最大量的信息和知识成为一个挑战。笔者最欣赏的文章和书籍是那些没有一句多余的话的，这也是笔者写作本书的目标之一。本书希望能够做到读者在机场书店买了这本书后能在下飞机前读完，而且读完之后可以清晰地判断这场技术大浪对自己的影响。

王维嘉
2019 年 1 月 13 日于硅谷

序言 "暗知识"和现代社会

自 2017 年 AlphaGo 大胜柯洁,人工智能即将碾轧人类的话题便进入大众视野,迅即引起普遍的狂热和焦虑。我认为,王维嘉这本《暗知识:机器认知如何颠覆商业和社会》的出版,是对这种情绪的有效清醒剂和解毒药。

说这本书是清醒剂,是因为它极为简明清晰地叙述了人工智能的科学原理及其技术实现,无论是神经网络结构,其自我学习的过程,还是深度学习和卷积机制,《暗知识:机器认知如何颠覆商业和社会》比现在出版的任何一本书都讲得更清楚、易读。以人类认知为背景来解读人工智能,正好可以为当前人工智能领域中泛起的非理性狂热降温。其实,早在 20 世纪 60 年代,控制论创始人维纳(Norbert Wiener)的学生阿比布(Michael Arbib)在《大脑、机器和数学》一书中,已经清晰地叙述了神经元网络数学模型和学习机原理,并讲过这些原理有助于我们"从'机器'中'赶走鬼魂'"。阿比布讲的"机器"是指大脑的记忆、计算和学习等功能,它们自笛卡儿以来被视为机器的有机体(生物),"鬼魂"则是指生物的本能和学习能力。而王维嘉的《暗知识:机器认知如何颠覆商业和社会》一书,"赶走"的不是以往所说的有机体的神秘性,而是对人工智能研究和可能性的想象中的"鬼魂",即误以为当神经元网络的连接数量接近于人脑时,它们会涌现出如人类那样的自我意识和主体性等。

人工智能的神经元网络系统能做什么？如上所说，早在它被做出来以前，数学家已经证明，无论神经元网络多么复杂，它等价于有限自动机；而一个能和环境确定性互动（自耦合、反馈和自我学习）的有限自动机（神经元网络），只不过是某一种类型的图灵机（通用计算机）。

也就是说，人工智能革命之基础——神经元网络的自我学习及其与环境互动所能达到的极限，都超不过图灵机的行为组合。从20世纪下半叶至今，伴随着人工智能的快速、高度发展，关于它能否在未来某一天具有意识的讨论，一直是在电脑和人脑差别的框架中展开的。我认为，只要发展出相应的数学理论，就能了解神经元网络学习已做出的和可能做的一切。但有一点是毫无疑问的，它不可能具有自我意识、主体性和自主性。

为什么说这本书是解毒药？因为维嘉在解释为什么人工智能可以比人更多、更快地掌握知识（能力）时，把人工智能所掌握的信息定义为"暗知识"，从而可以得出清晰的理论表述。我们首先要弄明白什么是知识，知识就是人获得的信息。而人利用信息（知识）离不开获得信息和表达信息两个基本环节，人获得信息是用感官感知（即经验的），表达信息是通过符号（语言）和对符号结构之研究（符号可以是非经验的）。这样，他根据"可否感知"和"可否表达"，把人可利用的知识分为如下四种基本类型：

第一，可感知亦可表达的知识。它包括迄今为止所有的科学和人文知识。

第二，不可感知但可表达的知识。任何经验的东西都是可感知的，不可感知的就是非经验的。有这样的知识吗？当然有。以数学为例，抽象代数的定理是正确的知识，但可以和经验无关。人之所以为人，就在于可以拥有纯符号的知织，它是理性的重要基础。

第三，可感知但不可表达的知识。它包括人的非陈述性记忆和"默会知识"。

第四，不可感知亦不可表达的知识。这就是当前神经元网络通过学习掌握的知识。维嘉将这类大大超出了个别人所能记忆和学习的知识称为"暗知识"。"暗知识"的提出，不仅是一项哲学贡献，也为当前盛行的科学乌托邦提供了一剂解毒药。

20世纪社会人文研究最重要的成就，就是发现"默会知识"和市场的关系。人类可共享的知识都是可以用符号表达的知识，但它不可能包含每个人都具有的"默会知识"。经济学家利用"默会知识"的存在，证明了基于理性和科学知识的计划经济不可能代替市场机制。一个充分利用人类知识的社会，一定是立足于个人自主、互相交换自己的能力和知识所形成的契约组织。忽视所有个人具有的"默会知识"，把基于理性和可表达的知识设计出的社会制度付诸实践，会出现与原来意图相反的后果。哈耶克称这种对可表达知识的迷信为"理性的自负"。今天随着大数据的应用，这种理性的自负再一次出现在人工智能领域。而"暗知识"的提出，扩大了不能用符号表达知识的范围，进一步证明了哈耶克的正确性。所以，我说这本书是对当前理性自负的有效解毒药。

维嘉在书中提出的另一个有意义的问题是"暗知识"会在何种程度上改变现代社会。正如该书副标题所说，这种新型知识大规模的运用，将会导致大量拥有专门知识和技能的人失业、一批又一批的行业消失，甚至连医生专家都可能被取代。姑且不论这种预测是否准确，有一点是肯定的，即人工智能必定会极大地改变我们赖以生存的社会。那么，它会把人类社会带到哪里去？这正是人工智能革命带来的普遍焦虑之一。人工智能对城市管理和对每个人私隐的掌握，是否会导致个人自由和隐私的丧失？由大数据和人工智能高科技管理的社会，还是契约社会吗？

现代社会和传统社会的本质不同就在于其高度强调个人的主体性和创造性，任何信息的获得、表达和应用都离不开个人的主体性和创造性。我认为，人工智能可以具有掌握"暗知识"的能力，但它不可能具有自我意识，当然亦无所谓主体性，它只能被人所拥有。因此，一个能允许知识和技术无限制进步的社会，仍然是建立在个人契约之上的。也就是说，无论科学技术发展到什么程度，现代社会的性质不会因之而改变。

然而，我认为，人工智能或许会使现代社会的科层组织的形式发生改变。为什么现代社会需要科层组织？众所周知，现代社会除了由法律和契约提供组织框架以外，还必须向所有人提供不同类型的公共事务服务，如治安、交通设施、教育、医疗等。为此就要设立处理不同类型事务的专门机构来管理社会，如军队和政府科层组织。科层组织之间功能的实现和协调，要利用符号表达的共享知识，因此，随着现代社会的复杂化，必定出现技术官僚的膨胀。而人工智能革命和"暗知识"的运用，必定会向社会管理层面深入。如果它运用得不好，会使现代社会生长出超级而无能的官僚机构的毒瘤；如果它运用得好，可以促使人更好地发挥自主性和创造性，甚至可以取代科层管理中不必要的机构。因此，我认为人工智能将会在这一层面给现代社会带来巨大影响。

科层组织的形成和理性化的关系，是韦伯分析现代社会的最重要贡献。在未来，随着人工智能对"暗知识"的掌握和运用向社会管理渗透，甚而替代，将会证明韦伯这一重要论断不再成立。可惜的是，维嘉的《暗知识：机器认知如何颠覆商业和社会》一书忽略了人工智能革命和现代社会官僚化关系的讨论。科层组织的设立是基于理性（共享知识），人工智能擅长的是掌握"暗知识"，如果从事社会公共事务管理的人员可以被掌握"暗知识"的人工智能取代，科层组织还有存在的必要吗？或者，它将以什么样的新形式存在？如果不再需要科层组织，未来无政府的现代社会将如何运行？这正是我们应该关注的，它需要人文和科学两个领域的对话。

金观涛
2019 年 2 月

寄 语

> I am very pleased to recommend this book. It is a very thoughtful analysis of the next industrial revolution, that due to the invention of machine learning. My hope is that this technology will be used to make human life better, and peaceful. Good life and no more war.
>
> B. Widrow
> Feb. 26, 2019

译：我非常高兴推荐这本书。这本书对机器学习的发明带来的下一场工业革命进行了详尽的分析。我希望这个技术将被用来使人类的生活更美好、更和平，并不再有战争。——伯纳德·威德罗，2019 年 2 月 26 日于斯坦福

目录

导　读		I
序　言	"暗知识"和现代社会	V
寄　语		XI

第一章　横空出世——暗知识的发现　001

骄傲的人类　003

天才的哽咽　005

机器发现了人类无法理解的知识　007

理性主义和经验主义之争　010

知识的生物学基础——神经元连接　017

可表达的"明知识"　020

只可意会的"默知识"　023

既不可感受也不能表达的"暗知识"　027

第二章　榨取数据——机器能学会的知识　033

机器学习明知识　035

类推学派——机器学习默知识　040

机器发现暗知识　042

1

第三章　神经网络——萃取隐蔽相关性　　047

从感知器到多层神经网络　　049

神经网络模型：满是旋钮的黑盒子　　054

雾里下山：训练机器模型　　057

AlphaGo 的"上帝视角"　　058

局部最优：没到山底怎么办　　060

深度学习——化繁为简　　062

化整为零的卷积神经网络　　064

处理序列信息的循环神经网络　　070

AlphaGo 与强化学习　　074

神经网络悖论　　078

神经网络五大研究前沿　　080

深度学习的局限性　　085

第四章　逐鹿硅谷——AI 产业争霸战　　091

最新技术巨浪　　093

AI 突破三要素　　094

金字塔形的产业结构　　096

产业的皇冠：算法　　097

技术制高点：芯片　　099

生态大战——编程框架的使用和选择　　104

开源社区与 AI 生态　　109

乱世枭雄　　113

目　录

大卫和哥利亚　　　　　　　　　　　　　　　115
AI 的技术推动力　　　　　　　　　　　　　120
AI 与互联网的三个区别　　　　　　　　　　124

第五章　飓风袭来——将被颠覆的行业　　127
自动驾驶颠覆出行——10 万亿美元的产业　　129
医疗与健康——世界上最有经验的医生　　　163
智能金融将导致一大批白领、金领失业　　　180
智能时代万物皆媒，人机协作时代已经来临　191
智慧城市——"上帝视角"的城市管理　　　205
重复体力劳动者将被机器人全面替代　　　　215
打通巴别塔——黑天鹅杀手级应用　　　　　216
全方位冲击　　　　　　　　　　　　　　　221

第六章　暗知识神迹——机器能否超越人类　225
基于深度学习的 AI 本质　　　　　　　　　227
科研加速　　　　　　　　　　　　　　　　229
唐诗高手　　　　　　　　　　　　　　　　235
真假凡·高　　　　　　　　　　　　　　　241
下一场空战　　　　　　　　　　　　　　　248
群体学习和光速分享　　　　　　　　　　　257
人类哪里比机器强　　　　　　　　　　　　259
人机融合　　　　　　　　　　　　　　　　261

第七章 "神人"与"闲人"——AI 时代的社会与伦理　269

　　谁先失业　272
　　孩子该学什么　274
　　AI 时代的新工种　275
　　新分配制度：无条件收入还是无条件培训　279
　　贫富悬殊解决之道：民间公益　282
　　权力再分配　286
　　是否该信任机器的决定　288
　　数据如何共享　289
　　自尊的来源　290
　　机器会产生自我意识吗　291

结束语　人类该怎么办　297

致　谢　301

附录1：一个经典的 5 层神经网络 LeNet-5　303
附录2：循环神经网络 RNN 和长－短时记忆网络 LSTM　307
附录3：CPU、GPU 和 TPU　316
附录4：机器学习的主要编程框架　326
参考文献　331

第一章

横空出世——暗知识的发现

导读　　正当人类自以为掌握了关于这个世界的海量知识时，一种能够自我学习的机器给了我们当头一棒：机器发现了一类人类既无法感受，也不能理解的知识。这类知识的发现，逼迫我们重新审视过去所有关于知识的观念。我们回顾了 2 500 年来在这个问题上的争论：知识是通过经验得到的还是通过推理得到的？直到大约 70 年前人们才注意到那些"只可意会，不可言传"的默知识的重要性。但这些争论在最新的脑科学研究结果面前都显得肤浅和苍白。最近几十年的科学研究确认了认知的基础是大脑神经元之间的连接。有了这个基础，我们就很容易理解为什么有些知识无法表达，也才能明白为什么人类无法理解机器刚刚发现的这些暗知识。在此基础上，我们终于可以清晰地区分这样三类知识：人类能掌握的明知识和默知识以及只有机器才能掌握的暗知识。

骄傲的人类

也许是由于几十万年前人类远古祖先某个基因的突变,人们开始可以把一些有固定意思的发音片段组装成一个能表达更复杂意思的发音序列。这些发音片段今天我们叫作"单词",这个表达特定内容的发音序列今天我们叫作"句子"。这种"组装"能力使人类用有限的单词可以表达几乎无穷多种意思,语言诞生了。有了语言的复杂表达能力,人类的协作能力开始迅速提高,可以几十人一起围猎大型动物,很快人类就上升到地球生物链的顶端。作为记录语言的符号——文字的发明可以让人类更方便地传播、记录和积累经验。任何一个地方的人类偶然发现的关于生存的知识都会慢慢传播开来。一万年前,农业起源于今天的埃及、叙利亚和伊拉克的肥沃新月带,这些种植经验在几千年中传遍全世界,随之而来的是人类迅速在地球所有适宜农耕的角落定居繁衍。

随着定居的人类数量的增加,人类的组织开始变得更大更复杂,从亲缘家族到部落,到城邦,再到国家。大规模的复杂组织可以开展大规模的复杂工程,如建设城市、庙宇和大规模灌溉系统。这些大规模工程需要更多的天文和数学知识。世界上几乎所有的古老文明都积累了许多天文知识,但只在希腊半岛诞生了现代科学的奠基石——数学。欧几里得(Euclid,公元前330—前

275）在公元前 300 年总结了他前面 100 年中希腊先哲的数学成果，写出了人类历史上最伟大的书之一《几何原本》（Elements）。这本书在中世纪由波斯裔的伊斯兰学者翻译成阿拉伯文，又从阿拉伯传回文艺复兴前的欧洲，直接影响了从哥白尼（Nicolaus Copernicus，1473—1543）到牛顿（Issac Newton，1643—1727）的科学革命。

发轫于 16 世纪的科学革命的本质是什么？是发现更多的知识吗？是创造出更多的工具吗？都不是。科学革命的本质是找到了一个可靠的验证知识的方法。

最能体现科学革命本质的就是天文学家开普勒（Johannes Kepler，1571—1630）发现三定律的过程。最初，在作为主流的托勒密（Ptolemy，90—168）地心说越来越无法解释天体观测数据时，哥白尼提出了日心说，用新的模型解释了大部分过去无法解释的数据。与伽利略（Galileo Galilei，1564—1642）同时代的天文学家第谷·布拉赫（Tycho Brahe，1546—1601）没有接受哥白尼的日心说，他提出了"月亮和行星绕着太阳转，太阳带着它们绕地球转"的"日心—地不动"说。遗憾的是，他倾尽毕生心血观察了 20 年的天文数据，直到去世都始终无法让观测到的数据与自己的模型相吻合。

在第谷去世后，第谷的助手开普勒拿到了他的全部数据，开普勒完全接受了哥白尼的日心说。他为了让数据与日心说完全吻合，把哥白尼的地球公转的圆形轨道修正为椭圆轨道，太阳在椭圆的一个焦点上。这就是开普勒第一定律。他用相同的方法发现了其他两个定律。开普勒三定律不仅完满解释了第谷的所有观测数据，并且能够解释任何新观测到的数据。

这个发现过程有三个步骤：第一，积累足够的观测数据（第谷20年的观测数据）；第二，提出一个先验的世界模型（哥白尼的"日心说"）；第三，调整模型的参数直至能够完美拟合已有的数据及新增数据（把圆周轨道调整为椭圆轨道，再调整椭圆轴距以拟合数据）。验证了这个模型有什么用？最大的用处就是可以解释新的数据或做出预测。在这里开普勒三定律就是新发现的知识。发现知识的可靠方法就是不断修改模型使模型与观测数据完全吻合。

上面这三个步骤奠定了现代科学的基本原则，正式吹响了科学革命的号角，直接导致了后来的牛顿万有引力的发现，一直影响到今天。

过去500年中人类对世界的认识突飞猛进，今天大到宇宙，小到夸克都似乎尽在人类的掌握之中。人类可以上天、入地、下海，似乎无所不能。人类有了"千里眼""顺风耳"，甚至开始像"上帝"一样设计新的物种，并企图改变人类进化的进程。人类有理由相信没有什么知识是不能理解的，也没有什么知识是不能被发现的……直到2016年3月15日。

天才的哽咽

2016年3月15日，美国谷歌公司的围棋对弈程序AlphaGo

以五局四胜的成绩战胜世界围棋冠军韩国选手李世石。一时间这个消息轰动世界,全世界有28亿人在关注这场比赛,在中国更是引起极大的轰动。人们感觉AlphaGo就像从石头缝里蹦出来的孙悟空一样,完全无法理解一台机器如何能够打败世界围棋冠军。围棋历来被认为是人类最复杂的游戏之一。围棋每一步的可能的走法大约有250种,下完一盘棋平均要走150步,这样可能的走法有$250^{150} = 10^{360}$种,而宇宙从诞生到现在才10^{17}秒,即使是现在世界上最快的超级计算机,要想把所有走法走一遍,计算时间也要比宇宙年龄都长。即使排除了大部分不可能的走法也是大到无法计算。机器是怎样学会这么复杂的棋艺的?

这场比赛后,世界排名第一的棋手柯洁在网上说:"AlphaGo胜得了李世石,胜不了我。"而2017年5月28日,棋手柯洁以0∶3完败AlphaGo,彻底击碎了人类在这种复杂游戏中的尊严。赛后,这位天才少年一度哽咽,在接受采访时柯洁感叹,AlphaGo太完美,看不到任何胜利的希望。他流着眼泪说:"我们人类下了2 000年围棋,连门都没入。"中国棋圣聂卫平更是把AlphaGo尊称为"阿老师",他说:"AlphaGo的着数让我看得如醉如痴,围棋是何等的深奥和神秘。AlphaGo走的顺序、时机掌握得非常好。它这个水平完全超越了人类,跟它挑战下棋,只能是找死。我们应该让阿老师来教我们下棋。"他还说:"阿老师至少是20段,简直是围棋上帝。"

当人们以为这是对弈类程序的高峰时,AlphaGo的研发团队DeepMind(谷歌收购的人工智能企业,位于伦敦)团队再度碾轧了人类的认知。2017 年 12 月，DeepMind 团队发布了 AlphaGo Zero（阿尔法围棋零）。AlphaGo Zero 使用了一种叫作"强化学习"的机器学习技术，它只使用了围棋的基本规则，没有使用人类的任何棋谱经验，从零开始通过自我对弈，不断地迭代升级，仅仅自我对弈 3 天后，AlphaGo Zero 就以 100∶0 完胜了此前击败世界冠军李世石的 AlphaGo Lee 版本。自我对弈 40 天后，AlphaGo Zero 变得更为强大，超过了此前击败当今围棋第一人柯洁的 AlphaGo Master（大师版），这台机器和训练程序可以横扫其他棋类。经过 4 个小时的训练，打败了最强国际象棋 AI Stockfish，2 个小时打败了最强将棋（又称为日本象棋）AI Elmo。

AlphaGo Zero 证明了即使在最具有挑战性的某些领域，没有人类以往的经验或指导，不提供基本规则以外的任何领域的知识，仅使用强化学习，仅花费很少的训练时间机器就能够远远超越人类的水平。

机器发现了人类无法理解的知识

AlphaGo Zero 给我们的震撼在于人类 2 000 多年来一代代人积累的一项技艺在机器眼里瞬间变得一文不值！为什么会这样？围棋中的可能走法比宇宙中的原子数都多，而人类 2 000 多年中高水平对弈非常有限，留下记录的只有几万盘。这个数字和所有可能走法比，就像太平洋里的一个水分子。而 AlphaGo Zero 以强大的计算能力，在很短的时间里探索了大量的人类未曾探索过的走法。人类下棋的路径依赖性很强，人生有限，想成为高手最稳妥的办法是研究前人的残局，而不是自己瞎摸索。但 AlphaGo Zero 在下棋时，不仅一开始的决策是随机的，即使到了大师级后，也故意随机挑选一些决策，跳出当前思路去探索更好的走法，新发现的许多制胜走法都是人类从未探索过的，这就是很多走法让聂卫平大呼"看不懂"的原因。

AlphaGo Zero 给我们的震撼在于三个方面：首先，人类能发现的知识和机器能发现的知识相比，就像几个小脚老太太走过的山路和几百万辆越野车开过的山路。越野车的速度就是计算机和 AI 芯片处理速度，目前继续以指数速度在提高。其次，和机器可能发现的知识相比，人类知识太简单、太幼稚，机器谈笑风生，比人不知道高到哪里去了。最后，机器发现的知识不仅完全超出了人类的经验，也超出了人类的理性，成为人类完全无法理解的知识。

2 500 年前最有智慧的希腊哲人苏格拉底（Socrates，公元前 469—前 399）终其一生得出一个结论："我唯一知道的是我什么都不知道。"他的学生柏拉图（Plato，公元前 427—前 347）认为我们感官观察到的世界只是真正世界的影子而已。18 世纪伟大的哲学家康德也仰望星空，发出了"我们到底能知道什么"的千古之问。但古代哲人只能模糊地感觉到人类认识的局限。今天，AlphaGo Zero 不仅清晰、具体地把他们的疑虑变成了铁的事实，而且先哲怎么也想不到人类的认识能力是如此有限！

你会质疑说：这不算什么震撼吧，人类早就知道我们已知的很少，未知的很多。但这个下围棋的例子告诉你：已知的是几万盘残局，未知的是 10^{360} 种可能走法，两者相差几百个数量级！（不是几百倍，是几百个数量级，一个数量级是 10 倍。）

你学过概率和统计，继续不服：我们早就知道组合爆炸。没错，但我们知道未知的组合爆炸里有比人类已经获得的知识高深得多的知识吗？AlphaGo Zero 是第一次活生生地证明了这点。听说过火山爆发和在现场看到的感觉能一样吗？

当然最震撼的就是第三个方面。我们也许知道我们不知道很多，甚至能用逻辑推断出未知知识里有比已知知识更高深的知识，但我们怎么也想不到这些知识是人类根本无法理解的。这是人类历史上第一次遇到这样的问题，我们给自己造了个"上帝"！这件事对哲学和认识论的冲击空前，人类突然不知所措，影响还在发酵，后果不可估量。

"理解"的意思是要么能用感觉把握事物间的关系，要么能用概念把经验表达出来，或者用逻辑把事物间的关系表达出来。无法理解就等于既无法感受又无法表达。

也就是说，机器发现了人类既无法感受也无法表达的知识。用更通俗的话说就是，机器发现了那些既无法"意会"又无法"言传"的知识。

一个无法理解的知识的表现形式是什么样的？如果无法理解又怎么判断它就是知识？当我们想回答上面的问题时，我们发现必须重新审视什么是"知识"。人类过去几千年是怎样获得知识的，获得了什么样的知识？就像每次科学上的重大发现都要迫使我们重新审视过去习以为常的观念一样,今天机器的震撼让我们必须重新审视过去所有关于"知识"的基本理念。

人类获得知识的行为就是认知。过去我们对世界的认识局限主要来自观察能力。在望远镜发现之前,第谷根本无法观测行星运动,当然更谈不上记录数据,也不会有后来的开普勒定律和牛顿万有引力定律。在显微镜发明之前,我们不可能发现微生物,一切关于细胞和基因的发现都无从谈起。今天谁能花 1 000 万美元买一台冷冻电镜,谁就可以看到别人看不到的分子晶体结构,就可以经常在《自然》(Nature)杂志上发表文章。随着新的观察仪器的出现和已有观察仪器的改进,我们对世界的认识还会不断深入。

我们对世界认识的第二个局限来自解释能力。所谓解释能力就是发现事物间的因果关系或者相关性并能够表达出来。即使我们能观察到许多现象,如果我们无法解释这些现象则还是无法从这些观察中获得知识。例如第谷虽然有大量观测数据,但终其一生没有找到一个能解释数据的正确模型。又如我们观察到人有语言能力而黑猩猩没有,但不知道为什么,仅仅是知道这个现象而已。

人类几千年来关于知识的争论正是围绕着"观察"还是"解释"展开的。

理性主义和经验主义之争

自从 5 000 年前两河流域的苏美尔人发明了人类最早的文

第一章 横空出世——暗知识的发现

字——楔形文字以来,人类一直在记录和积累知识。但直到 2 500 年前希腊人才开始系统地研究关于知识的学问。在这个问题上,一直有两大流派:理性主义和经验主义。

第一个开启了理性主义的人是苏格拉底。人类此前的大部分"知识"要么从宗教教义中来,要么从传统习俗中来。人们从生下来就不加怀疑地接受了这些东西。而苏格拉底则要一一审视这些东西。苏格拉底说我们都希望有一个"好"的人生,但到底什么是"好"什么是"坏"呢?不去质疑,不去深究你怎么知道呢?所以深究和道德是不可分割的,不去深究我们身边的世界不仅是无知而且是不道德的,所以他的结论是:一个未经深究的人生根本就不值得过。他平时没事就跑到大街上拉住人诘问:"什么是正义?""什么是善?""什么是美?"每当人们给他个定义时,他都能举出一个反例。他这种深究思辨影响了无数代人。后来当他的学生柏拉图把"人"定义为"没有毛的双足动物"时,当时的另一位哲学家提奥奇尼斯马上拿来一只拔光了毛的鸡说:"大家请看柏拉图的'人'!"经过一生的深究,苏格拉底得出结论"我唯一知道的是我什么也不知道"。苏格拉底式思辨震撼了当时的社会,传统势力认为这样会搞乱人心,当政者用"腐蚀青年思想罪"判处他死刑,他最终饮毒酒身亡。他一生全部用来和人辩论,没有留下任何著作。幸亏他的学生柏拉图把老师的辩论编辑成了传世之作《对话录》。正是苏格拉底开启了通过逻辑思辨来验证知识的希腊传统。

如果说是苏格拉底开了理性主义的先河,他的弟子柏拉图就是理性主义集大成的鼻祖。苏格拉底的思辨主要集中在道德哲学领域，探究什么是"公平"和"善"。而柏拉图则对他的先辈毕达哥拉斯（Pythagoras，约公元前 570—前 495）开创的数学传统深为折服。柏拉图的学说深受数学严格推理的影响。他甚至在他创办的学宫门口挂了个牌子："不懂几何者不得入内。"柏拉图学说的核心是"理想原型"。他说，世界上每一条狗都不一样，我们为什么认为它们都是狗？人类心中一定早有一个关于狗的理想原型。我们知道三角形的内角之和等于 180 度，但我们从未见过一个完美的三角形。他认为人类的感官无法触及这些理想原型，我们能感受到的只是这些理想原型的失真拷贝。真实世界就像洞穴外的一匹马，人类就像一群背对着洞口的洞穴人，只能看到这匹马在洞穴壁上的投影。柏拉图奠定了理性主义的两大基础——知识（理想原型）是天生的；感官是不可靠的，并由此推出理性主义的结论：推理而不是观察，才是获取知识的正确方法。

亚里士多德（Aristotle，公元前 384—前 322）17 岁进入柏拉图的学宫当学生，当时柏拉图已经 60 岁了。亚里士多德在学宫里待了 20 年，直到他的老师柏拉图去世。亚里士多德对老师非常尊敬，但他完全不同意老师的"理想原型"是先天的。他认为每一条狗都带有狗的属性，观察了许多狗之后就会归纳出狗的所有属性。这个"理想原型"完全可以通过后天观察获得，而不需要什么先天的假设。柏拉图酷爱数学，而亚里士多德喜欢到自然中去观察植物和动物。两人的喜好和经历是他们产生分歧的重要原因之一。亚里士多德认为：知识是后天获得的，只有通过感官才能获得知识。正是亚里士多德开了经验主义的先河。

经验主义这一派后世的著名代表人物有英国的洛克（John Locke，1632—1704）、贝克莱（George Berkeley，1685—1753）和休谟（David Hume，1711—1776），贝克莱认为人生下来是一张白纸，所有的知识都是通过感官从经验中学来的。但理性主义则认为，经验根本不可靠。英国哲学家罗素（Bertrand Russell，1872—1970）有个著名的"火鸡经验论"。火鸡从生下来每天都看到主人哼着小曲来喂食，于是就根据经验归纳出一个结论：以后每天主人都会这样。这个结论每天都被验证，火鸡对自己的归纳总结越来越自信，直到感恩节的前一天晚上被主人宰杀。理性主义者还问：眼见为实吗？你看看图 1.1 中的横线是水平的还是倾斜的？

图 1.1　视错觉图（图中所有横线都是水平的）

理性主义的后世代表人物则有法国的笛卡儿（Rene Descartes，1596—1650）和德国的莱布尼茨（Gottfried Leibniz，1646—1716）。笛卡儿有句名言"我思，故我在"，我的存在这件事不需要经验，不需要别人教我，我天生知道。莱布尼茨是和牛顿一样的天才，他和牛顿同时发明了微积分，也是二进制的发明人，还发明了世界上第一台手摇计算器。他认为世界上每个事物都包含了定义这个事物的所有特性，其中也包含了和其他事物的关系。从理论上我们可以用推理的方法预测全宇宙任何一点，过去和未来任何时间的状态。[1]

理性主义认为，感官根本不靠谱，最可靠的是理性，基于公理严格推导出来的几何定理永远都不会错。理性主义找出更多的例子来说明人类的最基本的概念是天生的。例如自然数，我们怎么学会"1"这个概念的？拿了一个苹果告诉你"这是一个苹果"；又给你拿了个橘子告诉你"这是一个橘子"。但苹果是苹果，橘子是橘子，两者没关系，你怎么就能抽象出"1"这个概念来呢？又比如我们可以根据直角三角形的特点推导出勾股定理，又进一步发现世界上居然有无法用分数表达的无理数。这种革命性的发现完全不依赖感觉和经验。小孩一出生就知道这个球不是那个球，这条狗不是那条狗，这个"同一性"是理解世界最基本的概念，没人教他。

我们注意到理性主义有一个隐含的假设，就是因果关系。在

---

[1] 我在斯坦福大学的博士生导师是1959年麻省理工学院的博士，从我的导师上溯到第6代是大数学家高斯，到第11代就是莱布尼茨，这么算，我算莱老的第12代"学孙"。

莱布尼茨的世界里,一件事会导致另外一件事,所以才有可能推导。经验主义当然不服,休谟就问,一件事发生在另外一件事之后,两者未必有因果关系。譬如我把两个闹钟一个设在 6:00,一个设在 6:01,能说后面的铃声响了是前一个造成的吗?理性主义不仅认为事物间有因果关系,而且认为通过逻辑推理可以得到很多知识。譬如归纳推理:太阳每天早上都会升起。但休谟就质问:你能像证明数学定理一样证明太阳明天会升起吗?不能吧。那能观察吗?明天还没到来显然不能观察,那你凭什么说明天太阳一定升起,我要说明天不一定升起错在哪里了?我们看到休谟挑战的是归纳背后的假设:事物运动规律不变,在这里就是说地球和太阳系的运动不会改变。休谟最后说,物理世界没什么因果,没什么必然,你最多能根据以往的经验告诉我:明天早上太阳还可能升起。

这两派从 17 世纪吵到 18 世纪,这时候在德国偏僻的海德堡出现了一个小个子乡村秀才。他说,你们双方似乎都有道理,我来整合一下看看。他就是哲学史上最有影响力的康德(Immanuel Kant,1724—1804)。康德说,没错,我们当然要通过感官去理解世界。但我们对事物的理解包括这个事物的具体形态和它的抽象概念。譬如眼前这本书,一本书的具体形态千变万化,但"书"这个概念就是指很多页有字的纸装订在一起的一个东西。我们说"面前有这本书"的意思到底是什么?那至少要说现在几月几日几点几分,在某市某区某小区几号楼几号房间的哪个桌子上有这本书,也就是理解一个具体的东西离不开时间和空间的概念。但谁教给你时间和空间了？你妈从小教过你吗？你教过你孩子吗？好像都没有，我们好像天生就懂。所以康德说，你看，必须有这些先天就有的概念你才能理解世界。我们好像天然知道"书"是个"东西"，"东西"是一种不依赖我们的独立存在。谁教给我们"东西"这个概念的？没人，好像又是天生就懂吗？康德整合了经验主义和理性主义，他的一句名言是"没有内容的思维是空洞的，没有概念的感知是盲目的。只有把两者结合我们才能认识世界"。

在 2 500 年的辩论中，经验主义当然不会否认数学中通过严格推理得出来的结论的可靠性，理性主义也不得不承认认知物理世界离不开感官。那么这场打了 2 500 年的嘴仗到底在争什么呢？问题出在理性主义者企图把数学世界里证明定理这样的绝对可靠性推广到物理世界，也即他们企图找到一个检验知识的普遍的标准，能够适用于所有领域。数学（例如几何学）是建构在公理之上的一个自洽而完备的系统（至少对自然数和几何是如此）。所谓自洽就是说，在这个系统里只要从公理出发就不会推导出互相矛盾的结论；所谓完备就是说，在这个系统里任何一个命题都是可以证实或证伪的。而亚里士多德时代的自然科学的可靠性判断标准是"观察与模型符合"，即观察到的自然现象和事先假设的模型的预测结果相符合。这种物理真实性的判断标准和数学中的判断标准完全不同。所以经验主义觉得硬要把数学中的可靠性标准搬到自然科学中来不适用，或者说经验主义认为在自然科学领域只能依赖感官。因此这场争论是不对称的：理性主义要从数学攻入自然科学，而经验主义死守自然科学的阵地。两方掰扯不清的另一个原因是谁都不知道感官和认知的本质是什么，或者说知识的本质是什么。双方根据自己的猜测和假设激烈辩论，一直到20世纪50年代人们对大脑的研究才取得突破。

知识的生物学基础——神经元连接

你会发现，所有认知的基础都是记忆，如果没有记忆的能力，观察、理解、推理、想象等其他所有认知行为都不会存在，甚至不会有情绪。一个患阿尔茨海默病的人，面部甚至逐渐失去表情。人类胎儿在30周后就开始了最初的记忆，婴儿从刚生下就能分辨出母亲的声音了。

如果认知的基础是记忆，那么记忆的基础又是什么呢？你仔细想想，记忆其实就是一种关联。你在学"o"这个字母时，是把一个圆圈的图像和一个"欧"的发音关联起来。那这种关联在大脑中是如何形成的呢？

这种关联是通过我们大脑中神经元之间的连接形成的。大脑有大约1 000亿个神经元，一个神经元可以从许多其他神经元接收电脉冲信号，同时也向其他神经元输出电信号。

如图1.2所示，每个神经元都能输出和接收信号。负责输出的一端叫"轴突"，负责接收的一端叫"树突"。每个神经元都有几千个树突，负责从不同的神经元接收信号。同样，每个神经元的输出信号可以传给和它相连的几千个神经元。那么这个最初的信号是从哪里来的呢？通常都来自感觉细胞，如视觉细胞、听觉细胞等。

生物神经元传输系统

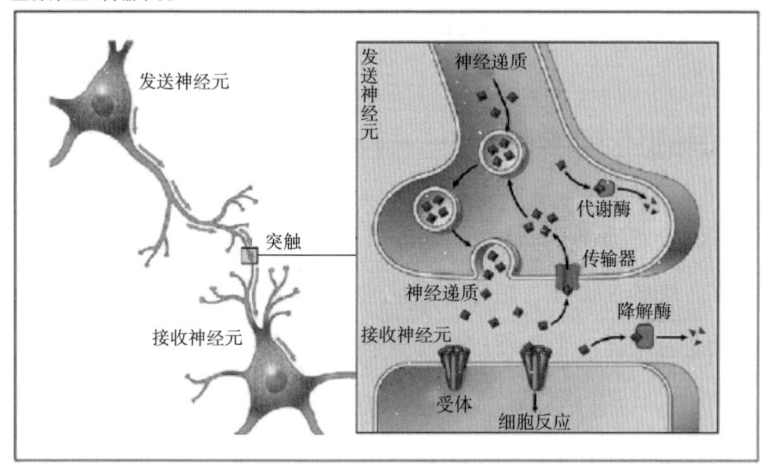

图 1.2　大脑神经元和突触的结构

图片来源：https://www.researchgate.net/figure/Generic-neurotransmitter-system_fig1_318305870。

那神经元之间是怎么连接的呢？一个神经元的轴突和另外一个神经元的树突之间有 20 纳米（一根头发丝的 1/2 000）的小缝隙，这个缝隙叫"突触"。图 1.2 的右半部分就是放大了的突触。它保证了两个神经元各自独立，不会粘在一起。记忆的主要奥秘就藏在这里。在这个连接的地方前一个神经元的电信号会转化成化学物质传递到下个神经元，下个神经元接收到化学物质后又会再转成电信号。不同的突触面积大小不同，化学物质的传递速度和量不同，因而造成有些突触是"貌合神离"，相互之间并没有电信号通过；有些则是"常来常往"，经常有信号通过。

你一定听说过俄国生理学家巴甫洛夫（Ivan Pavlov，1849—1936）的条件反射实验。受到条件反射的启发，加拿大心理学家赫布（Donald Hebb，1904—1985）在1949年提出了一个大胆的猜想。他认为当大脑中两个神经元同时受到刺激时，它们之间就会建立起连接，以后其中一个神经元被激发时会通过连接让另一个神经元也被激发。譬如在巴甫洛夫对狗的实验中，送食物的时候同时摇铃，摇铃刺激了听觉神经元，食物味道刺激了嗅觉神经元并且导致分泌唾液，听觉和视觉神经元同时受到刺激，它们之间就建立了连接，一个神经元的激发会导致另一个神经元的激发。经过多次反复，它们的连接会越来越稳定。以后即使没有送食物，狗只要听到摇铃就像闻到食物一样会分泌唾液。人也是一样，比如说一个小孩被火烫过一次就能把"火"和"疼"联系起来。当小孩看见火时，他大脑中负责接收视觉信号的神经元被激发了，与此同时他的手感觉到烫，于是他大脑中负责接收皮肤感觉细胞的神经元也被激发了。如果看到火和感觉到疼这两件事同时发生，那么这两个神经元细胞就连通了，也就是有信号通过了。下次这个孩子见到火，马上会想到疼，因为当负责看到火的神经元被激发后，马上会把信号传给负责"疼"这种感觉的神经元，就能让小孩想到疼。刺激越强，神经元的连接就越稳固。孩子被火烫过一次手就永远记住了，再也不会去摸火；有些刺激很弱，连接就不稳固，长时间不重复就会断开。例如背英文单词，重复的刺激越多，信号的传递速度就越快。比如一个篮球运动员对飞过来的篮球的反应比普通人快很多，一个空军飞行员对飞机姿势和敌人导弹的反应都比普通人快，这些都是反复训练出来的。所谓赫布猜想，本质上是通过建立神经元之间的连接从而建立起不同事物之间的联系。后来这个猜想被科学家反复证实，就成了现在我们常说的赫布学习定律。

赫布定律揭示了记忆或者说关联的微观机制，启发了好几代计算机科学家，他们开始用电子线路模仿神经元，然后用许多电子神经元搭建越来越大的神经元网络，今天这些神经网络的记忆和关联能力已经远远超过了人类，许多机器的"神迹"大都源于这种超强的记忆和关联能力。在第三章，我们会介绍为什么神经网络的超强记忆和关联能力会转化为不可思议的"超人"能力。

这些在大脑中由神经元的连接形成的关联记忆又可以分为两类：可表达的和不可表达的。

可表达的"明知识"

目前，脑神经科学的最新研究发现，可表达的记忆并不是对应着一组固定神经元的连接，而是大致地对应于散布在大脑皮层各处的一些连接。原因是用来表达的语言和文字只能是体验的概括和近似。这类可以用语言表达或数学公式描述的知识就是人类积累的大量"正式知识"，也可以称为"明知识"。它们记载在书籍、杂志、文章、音频等各种媒体上。

要想把某种关联表达出来，人类唯一的方法是通过语言和符号。语言和符号表达的第一个前提是要有概念。所谓概念就是某个特定的发音或符号稳定地对应于一个事物或行为。大部分的名词和动词都是这样的概念。第二个前提是每个概念都不同于其他概念，猫就是猫，狗就是狗，不能把猫叫成狗，或者把狗叫成猫，两者要能区分开。这叫"同一律"。第三个前提是猫不能同时也不是猫，黑不能同时也是白。这叫"不矛盾律"。有了这些基本前提，根据已知的事物间的关系我们就可以推导出新的知识或者论证一个决定的合理性。推理、假设、联想，这些本质上都是建立在语言之上的思维活动，没有语言就完全无法思维。所有的正常思维都要借助概念，要遵循"同一律"和"不矛盾律"。语言是人类和所有动物的最大区别。黑猩猩可以学会很多概念，譬如"我""吃"和"香蕉"等，但无论实验人员如何训练黑猩猩，它们都无法组合出"我要吃香蕉"这样的句子。人的语言能力的本质是什么？它的生物学基础是什么？语言和自我意识是什么关系？目前这些都还不清楚。但我们知道，人类语言是不精确的，越基本的概念越不容易定义清楚，像"公平""理性"等。人类语言中有大量含混和歧义的表述，像"今天骑车子差点滑倒，幸亏我一把把把把住了"。

英国哲学家罗素企图把语言建立在精确的逻辑基础之上，他用了几百页纸的篇幅来证明 1+1=2。德国哲学家维特根斯坦（Ludwig Wittgenstein，1889—1951）认为人类有史以来几乎所有的哲学辩论都源于语言的模糊不清，因而没有任何意义。他认为在世界中只有事实有意义，在语言中只有那些能够判断真伪的论断才能反映事实。他的结论是：我们的语言受限，因而我们的世界受限。

为什么语言的表达能力受限？用信息论的方法可以看得很清楚。我们大脑接收的环境信息量有多大？一棵树、一块石头、一条狗都包含几十 MB（兆字节）甚至几十 GB（千兆字节）的数据，我们的感觉接收神经元虽然大大简化了这些信息，但它们向大脑传导的信息量仍然非常大，表 1.1 是各个感觉器官每秒钟能向大脑传递的信息量。

表 1.1　人体各个感官向大脑传送信息的速率

感官系统	比特/秒
眼睛	10 000 000
皮肤	1 000 000
耳朵	100 000
嗅觉	100 000
味觉	1 000

资料来源：https://www.britannica.com/science/information-theory/Physiology。

大脑存储这些信息的方式是神经元之间的连接，大脑在存储时可能进一步简化了这些信息，但它们的信息量仍然远远大于我们语言所能表达的信息量。人类语言的最大限制是我们的舌头每秒钟只能嘟噜那么几下，最多表达几十个比特的意思。（比如读书，我们平均每分钟能读 300 字，每秒读 5 个字 = 40 比特。）这样大脑接收和存储的信息与能用语言表达出来的信息量就有 6 个数量级的差别。也就是说极为丰富的世界只能用极为贫乏的语言表达。许多复杂事物和行为只能用简化了的概念和逻辑表达。这就是人类语言的基本困境。

只可意会的"默知识"

由于舌头翻卷速度严重受限,以神经元连接形式存在大脑中的人类知识只有极少一部分可以被表达出来。而绝大部分知识无法用语言表达,如骑马、打铁、骑自行车、琴棋书画、察言观色、待人接物、判断机会和危险等。这些知识由于无法记录,所以无法传播和积累,更无法被集中。英籍犹太裔科学家、哲学家波兰尼(Michael Polyani,1891—1976)称这些知识为"默会知识"或者"默知识"。波兰尼举了骑自行车的例子。如果你问每个骑自行车的人是怎么保持不倒的,回答会是"车往哪边倒,就往哪边打车把"。从物理学上可以知道,当朝一个方向打把时会产生一个相反方向的离心力让车子平衡。甚至可以精确计算出车把的转弯半径应该和速度的平方成反比。但哪个骑自行车的人能够知道骑车的速度呢?即使知道谁又能精确地把转弯半径控制在速度平方的反比呢?所有骑自行车的人都是凭身体的平衡感觉左一把右一把地曲折前进。世界上大概没有一个人学骑自行车是看手册学会的,事实上也没有这样的学习手册。大部分技能类的知识都类似。

默知识和明知识主要有以下四点区别:

(1)默知识无法用语言和文字描述,因此不容易传播,无法记录和积累，只能靠师傅带徒弟。像大量的传统工艺和技能，如果在一代人的时间里没人学习就会从历史上彻底消失。

（2）获取默知识只能靠亲身体验，传播只能靠人与人之间紧密的互动（你第一次骑自行车时你爸在后面扶着）。而这种互动的前提是相互信任（你不敢让陌生人教你骑自行车）。获得默知识必须有反馈回路（骑自行车摔了跤就是姿势错了，不摔跤就是姿势对了）。

（3）默知识散布在许多不同人的身上，无法集中，很难整合，要想使用整合的默知识需要一群人紧密协调互动。由于无法言传，所以协调极为困难（比如杂技叠罗汉）。

（4）默知识非常个人化。每个人对每件事的感觉都是不同的，由于无法表达，因而无法判断每个人感觉的东西是否相同。

基于对默知识的理解，奥地利经济学家哈耶克（Friedrich Hayek，1899—1992）论证了市场是最有效的资源配置形式。因为市场上的每个人都有自己不可表达的、精微的偏好和细腻的需求，而且没人能够精确完整地知道其他人的偏好和需求，也就是说供需双方实际上无法直接沟通。供需双方最简洁有效的沟通方式就是通过商品的价格。在自由买卖的前提下，市场中每个人只要根据价格信号就可以做出决定。价格可以自动达到一个能够反映供需双方偏好和需求的均衡点。一个价格数字，就把供需双方的无数不可表达的信息囊括其中。这种"沟通"何其简洁，这种"协调"何其有效，这种自发形成的秩序何其自洽。哈耶克根据同样的道理论证了国家或政府永远都无法集中这些不可表达的分散信息。

在机器学习大规模使用之前,人类对于默知识没有系统研究。但现在我们发现机器非常擅长学习默知识。这就给我们提出了三个严肃的问题。

(1)默知识在所有知识中占比有多大?

(2)默知识在人类社会和生活中有多大用处?

(3)如何使用默知识?

第一个问题的简单粗暴的回答是默知识的量远远大于可陈述的明知识。原因是事物的状态很多是难以观察的,更多是不可描述的。人类的描述能力非常有限,只限于表达能力极为有限的一维的语言文字。在所有已经产生的信息中,文字只占极少的比例,大量的信息以图片和视频方式呈现。人类现代每年产生的各种文字大约是160TB。世界最大的美国国会图书馆有2 000万册书,几乎涵盖了人类有史以来能够保存下来的各种文字记录,就算每本书有100万字,这些书的总信息量也只有20TB。而目前用户每分钟上传到YouTube的视频是300小时,每小时视频算1GB,每年上传的量就是157 680TB。如果把每个人手机里的视频都算上,那么视频信息是文字信息的上亿倍。今后这个比例还会不断加大。虽然这些视频或图片都是"信息",还不是"知识",但我们也可以想象从视频图片中能提取出的隐藏的相关性的量一定远远大于所有的文字知识。

有了第一个问题的答案,就容易回答第二个问题。很显然,用机器学习从视频和图片中萃取知识是人类认识世界的一个新突破，只要有办法把事物状态用图片或视频记录下来，就有可能从中萃取出知识来。如果视频和图片的信息量是文字的上亿倍，那么我们有理由期待从中萃取出的知识呈爆炸式增长，在社会和生活中起到关键甚至主导作用。人工智能通过观看大量人类历史上的影视作品，可以归纳提取出影视中的经典桥段，创作出新颖的配乐、台词和预告片，供人类借鉴或使用。2016年，IBM（国际商业机器公司）的沃森系统为二十世纪福克斯电影公司的科幻电影《摩根》（Morgan）制作了预告片。IBM的工程师们给沃森看了100部恐怖电影预告片，沃森对这些预告片进行了画面、声音、创作构成的分析，并标记上对应的情感。它甚至还分析了人物的语调和背景音乐，以便判断声音与情感的对应关系。在沃森完成学习后，工作人员又将完整的Morgan电影导入，沃森迅速挑出了其中10个场景组成了一段长达6分钟的预告片。在沃森的帮助下，制作预告片的时间由通常的10天到1个月，缩减到了短短的24个小时。同样道理，机器学习可以从海量的生态、生产和社会环境数据中萃取出大量的未曾发现的知识。

第三个问题最有意思。由于机器萃取出的知识是以神经网络参数集形式存在的，对人类来说仍然不可陈述，也很难在人类间传播。但是这些知识却非常容易在机器间传播。一台学会驾驶的汽车可以瞬间"教会"其他100万台汽车，只要把自己的参数集复制到其他机器即可。机器间的协同行动也变得非常容易，无非是用一组反馈信号不断地调整参加协同的每台机器的参数。

如果用一句话总结默知识和明知识的差别那就是波兰尼说

的：We know more than we can tell（知道的远比能说出来的多）。明知识就像冰山浮出水面的一角，默知识就是水下巨大的冰山。这两类知识也包括那些尚未发现的知识，一旦发现，人类要么可以感受，例如第一个登上珠峰的人能感受到缺氧；要么从理性上可以理解，例如看懂一个新的数学定理的推导过程。

既不可感受也不能表达的"暗知识"

既然可以感受（但不可表达）的是默知识，可以表达的是明知识，那么机器刚刚发现的，既无法感受也无法表达的知识就是暗知识。我们用是否能感受作为一个坐标轴，用是否能表达（或描述）作为另一个坐标轴，就可以用图 1.3 把三类知识的定义清晰地表达出来。在这张图里，明知识又被分为两类：第一类是那些既可以感受又可以表达的，例如浮力定律、作用力反作用力定律等。第二类是不可感受可以表达的，如大部分的数学以及完全从数学中推导出来但最后被实验验证了的物理定律，以及相对论和量子力学。

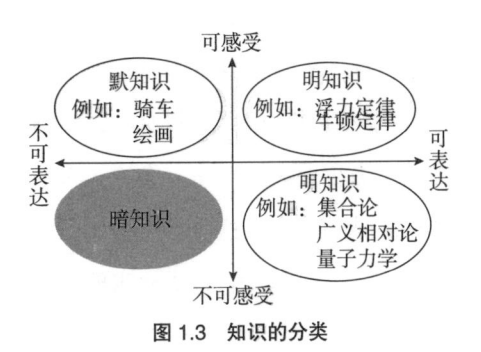

图 1.3 知识的分类

为了理解暗知识的本质，我们必须先搞清楚"知识"与我们今天常用的"信息"和"数据"有什么不同。稍加研究就能发现关于信息、数据和知识的定义有很多并且非常混乱。笔者在下面给出一组符合信息论和脑神经科学研究结果的简单而自洽的定义。

信息是事物可观察的表征，或者说信息是事物的外在表现，即那些可观察到的表现。在我们没有望远镜时，谈论肉眼以外星空里的信息毫无意义。

数据是已经描述出来的部分信息。任何一个物体的信息量都非常大，要想精确地完全描述一块石头，就要把这块石头里所有基本粒子的状态以及它们之间的关系都描述出来，还要把这块石头与周围环境和物体的关系都描述出来。而关于这块石头的数据通常则少得多，例如它的形状、重量、颜色和种类。

知识则是数据在时空中的关系。知识可以是数据与时间的关系，数据与空间的关系。如果把时间和空间看作数据的一部分属性，那么所有的知识就都是数据之间的关系。这些关系表现为某种模式（或者说模式就是一组关系）。对模式的识别就是认知，识别出来的模式就是知识，用模式去预测就是知识的应用。开普勒的行星运动定律就是那些观测到的数据中呈现的时空关系。牛顿定律的最大贡献可能不在于解释现有行星的运动，而在于发现了海王星。这些数据在时空中的关系只有在极少数的情况下才可以用简洁美妙的数学方程式表达出来。在绝大多数情形下，知识表现为数据间的相关性的集合。这些相关性中只有极少数可以被感觉、被理解，绝大多数都在我们的感觉和理解能力之外。

第一章 横空出世——暗知识的发现

人类的理解能力由感受能力和表达能力组成。人类的感受能力有限，局限性来自两个方面。一是只能感受部分外界信息，例如人眼无法看到除可见光之外的大部分电磁波频谱，更无法感受大量的物理、化学、生物和环境信息。二是人类的感官经验只局限在三维的物理空间和一维的时间。对高维的时空人类只能"降维"想象，用三维空间类比。对于数据间的关系，人类凭感觉只能把握一阶的或线性的关系，因为地球的自转是线性的，所以"时间"是线性的。例如当我们看到水管的水流进水桶里时，水面的上升和时间的关系是线性的，我们凭感觉可以预测大概多长时间水桶会满。人类感官对于二阶以上的非线性关系就很难把握。例如当水桶的直径增加1倍时，水桶能盛的水会增加4倍，这点就和"直觉"不相符。

人类的表达能力只限于那些清晰而简单的关系，例如少数几个变量之间的关系，或者是在数学上可以解析表达的关系（"解析表达"的意思就是变量之间的关系可以用一组方程式表达出来）。当数据中的变量增大时，或当数据间的关系是高阶非线性时，绝大多数情况下这些关系无法用一组方程式描述。所以当数据无法被感受，它们之间的关系又无法用方程解析表达时，这些数据间的关系就掉入了人类感官和数学理解能力之外的暗知识大海。

我们现在可以回答"一个人类无法理解的暗知识的表现形式是什么样的"，暗知识在今天的主要表现形式类似AlphaGo Zero里面的"神经网络"的全部参数。在第三章详细介绍神经网络之前，我们暂时把这个神经网络看成一个有许多旋钮的黑盒子。这个黑盒子可以接收信息，可以输出结果。黑盒子可以表达为一个一般的数学函数：$Y=f_w(X)$。这里 Y 是输出结果，$f_w(X)$ 是黑盒子本身，X 是输入信息，w 是参数集，就是那些旋钮，也就是暗知识。

我们如何知道这个函数代表了知识，也即这个函数有用？这里的判别方法和现代科学实验的标准一样：实验结果可重复。对 AlphaGo Zero 来说就是每次都能赢；用严格的科学语言来说就是当每次实验条件相同时，实验结果永远可重复。读完第三章，读者就会从细节上清楚暗知识是如何被验证的。

注意，暗知识不是那些人类尚未发现但一经发现就可以理解的知识。比如牛顿虽然没有发现相对论，但如果爱因斯坦穿越时空回去给他讲，他是完全可以理解的。因为理解相对论用到的数学知识如微积分牛顿都有了。即使在微积分产生之前，如果爱因斯坦穿越 2 000 年给亚里士多德讲相对论，亚里士多德也能理解，至少能理解狭义相对论背后的物理直觉。但如果给亚里士多德讲量子力学他就不能理解，因为他的生活经验中既没有薛定谔的猫（用来比喻量子力学中的不确定性，一个封闭的盒子里的猫在盒子没打开时同时既是死的也是活的，一旦打开盒子看，猫就只能有一种状态，要么是死要么是活），他的数学水平也无法理解波动方程。那么我们可以说对亚里士多德来说，量子力学就是暗知识。量子力学因为没有经验基础，甚至和经验矛盾，在刚发现的初期，几乎所有的物理学家都大呼"不懂"，至今能够透彻理解的人也极少。甚至连爱因斯坦都不接受不确定性原理。

第一章 横空出世——暗知识的发现

人类过去积累的明知识呈现出完美的结构，整个数学就建立在几个公理之上，整个物理就建立在几个定律之上，化学可以看成是物理的应用，生物是化学的应用，认知科学是生物学的应用，心理学、社会学、经济学都是这些基础科学的应用组合。这些知识模块之间有清晰的关系。但是机器挖掘出来的暗知识则像一大袋土豆，每个之间都没有什么关系，更准确地说是我们不知道它们之间有什么关系。

我们可以预见一幅未来世界的知识图谱：所有的知识分为两大类界限分明的知识——人类知识和机器知识。人类的知识如果不可陈述则不可记录和传播。但机器发掘出来的知识即使无法陈述和理解也可以记录并能在机器间传播。这些暗知识的表现方式就是一堆看似随机的数字，如一个神经网络的参数集。这些暗知识的传播方式就是通过网络以光速传给其他同类的机器。

暗知识给我们的震撼才刚刚开始。从 2012 年开始的短短几年之内，机器已经创造了下面这些"神迹"：对复杂病因的判断，准确性超过医生；可以惟妙惟肖地模仿大师作画、作曲，甚至进行全新的创作，让人类真假难辨；机器飞行员和人类飞行员模拟空战，百战百胜。

我们在第六章会看到更多这样的例子。人类将进入一个知识大航海时代，我们将每天发现新的大陆和无数金银财宝。我们今天面对的许多问题都像围棋一样有巨大的变量，解决这些问题和围棋一样是在组合爆炸中寻求最优方案，例如全球变暖的预测和预防、癌症的治愈、重要经济社会政策的实施效果、"沙漠风暴"

这样的大型军事行动。系统越复杂，变量越多，人类越无法把握，机器学习就越得心应手。无数的机器将不知疲倦地昼夜工作，很快我们就会发现机器新发掘出来的暗知识会迅速积累。和下围棋一样，暗知识的数量和质量都将快速超过我们在某个领域积累了几百年甚至几千年的知识。明知识就像今天的大陆，暗知识就像大海，海平面会迅速升高，明知识很快就会被海水包围成一个个孤岛，最后连珠穆朗玛峰也将被淹没在海水之下。

这场人类认知革命的意义也许会超过印刷术的发明，也许会超过文字的发明，甚至只有人类产生语言可与之相比。请系好安全带，欢迎来到一个你越来越不懂的世界！

第二章

榨取数据——机器能学会的知识

导读 在深入探讨机器如何学习暗知识之前,我们先要知道机器也能够自己学习明知识和默知识。在这一章我们介绍机器学习的五大流派的底层逻辑和各自不同的先验模型。虽然现在神经网络如日中天,但其他四大流派也不容忽视。

上一章我们说了人类通过感官和逻辑能掌握明知识和默知识，但人类对暗知识既无法感受也无法理解。现在我们要看看机器能掌握哪些知识，并擅长掌握哪些知识。

机器学习明知识

计算机科学家最早的想法是把自己的明知识，包括能够表达出来的常识和经验放到一个巨大的数据库里，再把常用的判断规则写成计算机程序。这就是在 20 世纪 70 年代兴起并在 20 世纪 80 年代达到高潮的"知识工程"和"专家系统"。比如一个自动驾驶的"专家系统"就会告诉汽车，"如果红灯亮，就停车，如果转弯时遇到直行，就避让"，依靠事先编好的一条条程序完成自动驾驶。结果你可能想到了，人们无法穷尽所有的路况和场景，这种"专家系统"遇到复杂情况时根本不会处理，因为人没教过。"专家系统"遇到的另一个问题是假设了人类所有的知识都是明知识，完全没有意识到默知识的存在。一个典型的例子是 20 世纪 80 年代中国的"中医专家系统"。当时计算机专家找到一些知名的老中医，通过访谈记录下他们的"望闻问切"方法和诊断经验，然后编成程序输入到计算机中。在中医眼中每一个病人都是独特的。当他看到一个病人时会根据经验做出一个整体的综合判断。这些经验连老中医自己都说不清道不明，是典型的默知识。所以中医诊断绝不是把舌苔的颜色划分成几种,把脉象分成几十种,然后用查表方式就可以做判断的。"专家系统"既不能给机器输入足够的明知识,更无法把默知识准确地表达出来输入给机器。所以,"专家系统"和"知识工程"在 20 世纪 80 年代之后都偃旗息鼓了。

要想把一个领域内的所有经验和规则全部写出来不仅耗费时间,而且需要集合许多人。即使如此,那些谁也没有经历过的情况还是无法覆盖。电脑的信息处理速度比人脑快得多,那么能不能把大量的各种场景下产生的数据提供给机器,让机器自己去学习呢?这就是现在风行一时的"机器学习"。

今天的机器可以自己学习两大类明知识:用逻辑表达的判断规则和用概率表达的事物间的相关性。

符号学派——机器自己摸索出决策逻辑

前面说过,理性主义认为事物间都有因果关系,基于因果关系,通过逻辑论证推理就能得到新知识。在机器学习中这一派被称为符号学派,因为他们认为从逻辑关系中寻找的新知识都可以归结为对符号的演算和操作,就像几何定理的推理一样。这种知识通常可以用一个逻辑决策树来表示。决策树是一个根据事物属性对事物分类的树形结构。比如冬天医院门诊人满为患,测完体温,主任医生先问"哪里不舒服",病人说"头疼、咳嗽",主任医生再听呼吸。感冒、流感、肺炎都可能是这些症状的原因,现在要根据这些症状判断病人到底得了什么病,这种从结果反着找到因果链条的过程就叫"逆向演绎"。这时候主任医生用的就是一个决策树：体温低于38.5℃，咳嗽，头痛，可能是普通感冒，回去多喝白开水！体温高于38.5℃，还剧烈咳嗽呼吸困难，可能是肺炎，咳嗽不厉害就可能是流感。实际情形当然要比这复杂。但原理就是根据观察的症状逐项排除，通过分类找到病因。

这时候门诊新来了实习医生小丽，要在最短时间内学会主任医生的诊断方法。主任医生忙得根本没时间教她，就扔给她一沓过去病人的病历和诊断结果，自己琢磨去！小丽看着几十个病人的各项指标和诊断结果，不知道从哪里下手。这时候刚学了决策树的主治医生小张路过说：我来帮你。咱先随便猜一个主任的判断逻辑，比如先看是否咳嗽，再看是否发烧。把这些病例用这个逻辑推演一遍，如果逻辑的判断结果和主任的诊断结果吻合，咱就算猜中了。如果不吻合，咱就换个逻辑，无非是换些判断准则，比如你可能一开始把体温标准定在了37.5℃，结果把很多普通感冒给判断成流感了。当你用39℃时，又会把流感判断成普通感冒。几次试验你就找到了38.5℃这个最好的值。最后你找到的逻辑对所有病例的判断都和主任医生的诊断完全吻合。

所以决策树学习就是先找到一个决策树，它对已知数据的分类和已知结果最接近。好的分类模型是每一步都能让下一步的"混杂度"最小。在实际的机器学习中，决策树不是猜出来而是算出来的。通过计算和比较每种分类的混杂度的降低程度，找到每一步都最大限度降低混杂度的过程，就是这个决策树机器学习的过程。所以机器学习决策树的原理是：根据已知结果可以反推出事物间的逻辑关系,再用这些逻辑关系预测新的结果。

在这个例子里的"知识"就是医生的诊断方法,作为明知识被清晰表达为决策逻辑树。而这种计算和比较分类混杂度的方法就是让机器自动学习医生诊断知识的方法。

贝叶斯学派——机器从结果推出原因的概率

符号学派认为有因必有果,有果必有因。贝叶斯学派问,因发生果一定发生吗?感冒是发烧的原因之一,但感冒不一定都发烧。贝叶斯学派承认因果,但认为因果之间的联系是不确定的,只是一个概率。

我们的经验中比较熟悉的是当一个原因发生时结果出现的概率,例如你感冒后会发烧的概率,但我们的直觉不太会把握逆概率,即知道结果要求推出原因的概率,也就是要判断发烧是感冒引起的概率。贝叶斯定理就是教我们怎么算这样的概率。举个例子,某人去医院检查身体时发现艾滋病病毒呈阳性,现在告诉你一个艾滋病人检查结果呈阳性的概率是99%,也就是只要你是艾滋病人,检查结果基本都是阳性。还告诉你,人群中艾滋病患者大约是0.3%,但所有人中查出阳性的人有2%。现在问得艾滋病的概率多大?你的直觉反应可能是,要出大事了!现在我们看看贝叶斯定理怎么说。贝叶斯定理如下:

P(得艾滋病 | 检查呈阳性)=P(得艾滋病)×P(检查呈阳性 | 得艾滋病)/P(检查呈阳性)=99%×0.3%/2%=14.85%。

第二章 榨取数据——机器能学会的知识

也就是说即使他检查呈阳性，他得病的概率也不到15%！这个结果非常违反直觉。原因在哪里呢？在于人群中查呈阳性的概率远大于人群中得艾滋病的概率。这主要是由于检测手段不准确，会"冤枉"很多好人。所以以后不管谁查出了什么病呈阳性，你要问的第一件事是检查呈阳性和得病的比率有多大，这个比率越大就可以越淡定。所以贝叶斯定理告诉我们的基本道理是：一个结果可能由很多原因造成，要知道一个结果是由哪个原因造成的，一定要先知道这个原因在所有原因中的占比。

一个好的医生知道，要判断病人是否感冒，只看是否发烧这一个症状不够，还要看是否有咳嗽、嗓子痛、流鼻涕、头痛等症状。也就是我们要知道P（感冒 | 发烧、咳嗽、嗓子痛、流鼻涕、头痛……）。贝叶斯定理告诉我们计算上面的概率可以通过计算P（发烧、咳嗽、嗓子痛、头痛……| 感冒）获得。为了简化计算，我们这里假设发烧、咳嗽、嗓子痛、头痛这些症状都是独立的，互相不是原因（很显然这个假设不完全对，很可能嗓子疼是咳嗽引起的），这样P（发烧、咳嗽、嗓子痛、头痛……| 感冒）= P（发烧 | 感冒）× P（咳嗽 | 感冒）× P（嗓子痛 | 感冒）× P（头痛 | 感冒）× ……

这里每一个概率都比较容易得到。这在机器学习里叫作"朴素贝叶斯分类器"。这个分类器广泛应用于垃圾邮件的过滤。我们知道垃圾邮件往往会有"免费、中奖、伟哥、发财"这类词汇，这类词汇就相当于感冒会出现的症状，垃圾邮件就相当于感冒。过滤垃圾邮件变成了判断在出现这些词汇的情况下这封邮件是垃

圾邮件的概率，也就是通过统计 P（出现"免费"|垃圾邮件），P（出现"中奖"|垃圾邮件）等的概率，来算出 P（垃圾邮件|出现"免费、中奖、伟哥、发财"……）的概率。

同样的原理还被广泛应用在语音识别上。一个单词有各种各样的发音，语音识别就是听到一个发音判断是某个单词的概率。如果我们把"吃饭"这个词的天南地北男女老少的发音都收集起来，统计出"吃饭"这个词和各种发音的频次，我们听到一个发音"洽碗"时，就可以判断是否在说"吃饭"。为什么说贝叶斯朴素分类器是机器学习呢？因为它是通过采集大量数据统计出每个单词和它们分别对应的发音的频率来判断一个发音是什么单词的。这些数据越多，判断的准确性就越高。

在这个例子里，"知识"是知道当一个结果发生时是哪个原因造成的。这个知识被清晰地表达为一个条件概率。机器通过统计每种原因的占比来算出从结果到原因的概率。

类推学派——机器学习默知识

我们生活中很多经验来自类比。医生一看病人的面部表情和走路姿势就基本能判断出是普通感冒还是流感，因为流感症状比感冒厉害得多。科学上的许多重要发现也是通过类比。当达尔文读到马尔萨斯（Malthus，1766—1834）的《人口论》（*Principle of Population*）时，被人类社会和自然界的激烈竞争的相似性所触动；玻尔的电子轨道模型直接借鉴了太阳系的模型。机器学习

第二章 榨取数据——机器能学会的知识

中用类比方法的这一派叫类推学派,他们的逻辑很简单:第一,两个东西的某些属性相同,它俩就是类似的;第二,如果它们的已知属性相同,那么它们的未知属性也会相同。开好车上班的人可能也会用苹果手机,喜欢看《星球大战》(*Star Wars*)的人可能也会喜欢看《三体》等。类比的逻辑可以明确表达,但具体的类比常常是默知识。例如老警察一眼就能看出谁是小偷,但不一定说得清楚原因。

在类推学派中最基础的算法叫最近邻法。最近邻法的第一次应用是1894年伦敦暴发霍乱,在伦敦的某些城区每8个人就会死1个,当时的理论是这种疾病是由一种"不良气体"造成的。但这个理论对控制疾病没有用。内科医生约翰·斯诺把伦敦每个霍乱病例都标在地图上,他发现所有的病例都靠近一个公共水泵。最后推断病因是这个水泵的水源污染,当他说服大家不要再用这个水泵的水后,疾病就得到了控制。在这里这些数据的相似点就是和这个水泵的距离。最近邻法还有一个应用就是在网上搜照片,你对高铁上霸座的人很愤慨,你把他的照片上传,网站给你显示出几张和他长得最像的照片,并且有文字,你一看,天哪,还是个在读博士生!同样的道理,很多智能手机都可以自动进行照片分类,把你手机里的人像都自动归类。

在类推学派中,第一件事是要定义"相似度"。相似度可以是身高、收入等连续变量,也可以是买了某一类书的次数的统计变量,也可以是性别这样的离散变量。总之,只有定义了相似度,才能度量一个分类方法是否最优。人可以感受相似度,但无论是人的感官还是大脑都无法量化相似度。人类在做相似度比较时，甚至都不知道自己在比较哪些特征和属性，但机器可以很容易量化这些相似度。所以只要机器抓准了特征和属性，比人的判断还准。

类推算法可以用于跨领域的学习。一个消费品公司的高管到互联网媒体公司不需要从头学起，华尔街雇用很多物理学家来研究交易模型，是因为这些不同领域问题的内在数学结构是类似的。类推算法最重要的是能用类比推导出新知识，就像我们前面提到的达尔文受《人口论》的启发。

虽然机器可以学习明知识和默知识，但它最大的本事是学习暗知识。

机器发现暗知识

暗知识就是那些既无法被人类感受又不能表达出来的知识。也就是说人类本身无法理解和掌握这些知识，但机器却可以。机器有两种方法可以掌握这些知识：模仿人脑和模仿演化。

联结学派

联结学派的基本思路就是模仿人脑神经元的工作原理：人类对所有模式的识别和记忆建立在神经元不同的连接组合方式上。或者说一个模式对应着一种神经元的连接组合。联结学派就是目前最火爆的神经网络和深度学习，它在五大学派中占绝对统治地位。目前人工智能的高科技公司中绝大部分是以神经网络为主。第三章我们专门讨论神经网络。

进化学派

机器学习中一共有五大学派，最后一个学派是进化学派。他们是激进主义经验派，是彻底的不可知论者。进化学派不仅觉得因果关系是先验模型，甚至觉得类比，神经元连接也都是先入为主的模型。他们认为不管选择什么样的先验模型，都是在上帝面前耍人类的小聪明，世界太复杂，没法找到模型。进化学派的基本思路是模仿自然界的演化：随机的基因变异被环境选择，适者生存。他们的做法就是把一种算法表达成像基因一样的字符串，让不同的算法基因交配，让生出来的儿女算法去处理问题，比爸妈好的留下来配种继续生孙子，比爸妈差的就淘汰。

比如我们要通过进化算法找到最优的垃圾邮件过滤算法。我们先假设凡是垃圾邮件都包含1 000个诸如"免费""中奖""不转不是中国人"这样的单词或句子。对于每个单词我们可以对邮件施加一些规则，如删除或者怀疑（"怀疑"是进一步看有没有其他垃圾词汇）等。如果规则就这两种，我们可以用一个比特表示：1删除，0怀疑。这样要对付有1 000个垃圾词的算法就可以表示成1 000比特的一个字符串。这个字符串就相当于一个算法的基因。如果我们从一堆随机的1 000比特长的字符串开始，测量每个字符串代表的算法的适应度，也即它们过滤垃圾邮件的有效性。把那些表现最好的字符串留下来互相"交配",产生第二代字符串,继续测试,如此循环,直到一代和下一代的适应度没有进步为止。注意,这里和生物的进化有个本质区别,就是所有的算法都是"长生不老"的。所以老一代里的优秀算法不仅可以和同代的算法竞争,而且可以和儿子、孙子、子子孙孙互相竞争,最后的胜利者不一定都是同一代的算法。

进化算法的问题是"进化"毫无方向感,完全是瞎蒙。在前面的垃圾邮件过滤器例子里,1 000比特的字符串的所有可能性是2^{1000},也即10^{300},即使用目前世界最快的超级计算机,"进化"到地球爆炸都不可能穷尽所有可能,在有限时间内能探索的空间只是所有可能空间的极少一部分。地球可是用了40亿年时间才进化出了现在所有的生物。

图2.1是美国华盛顿大学佩德罗·多明戈斯(Pedro Domingos)教授总结的一张五大流派"八卦图"。

机器学习中的符号学派、贝叶斯学派、类推学派和联结学派的共同点是根据一些已经发生的事件或结果,建立一个预测模型,反复调整参数使该模型可以拟合已有数据,然后用此模型预测新的事件。不同的是它们各自背后的先验世界模型。符号学派相信事物间都有严密的因果关系,可以用逻辑推导出来;贝叶斯学派认为,因发生,果不一定发生,而是以某个概率发生;类推学派认为,这个世界也许根本没有原因,我们只能观测到结果的相似,如果一只鸟走路像鸭子,叫起来像鸭子,那么它就是只鸭子;联结学派认为,相似只是相关性能被人理解的那层表皮,隐藏的相关性深邃得无法用语言和逻辑表达；最后进化学派认为，什么因果？什么相关？我的世界模型就是没有模型！从零开始，不断试错，问题总能解决！

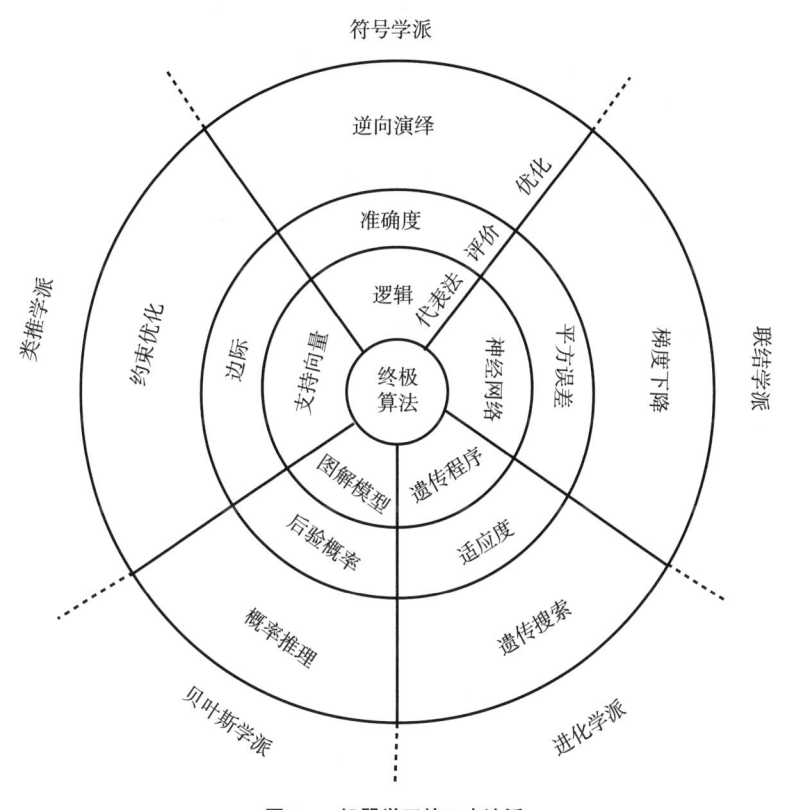

图 2.1 机器学习的五大流派

图片来源：佩德罗·多明戈斯，《终极算法》，中信出版社，2017年。

现在我们终于可以清理一下满天飞的名词了。我们在媒体上最常听到的是这四个名词：人工智能、机器学习、神经网络、深度学习。这四个词的关系如图 2.2 所示，人工智能是最大的一个圆，圆里面分为两部分：一部分叫人工学习，也就是前面我们讲的专家系统；另一部分叫机器学习，就是机器自己学习。机器学习里面包含神经网络，在神经网络里面还要再分，一个是浅度学习，一个是深度学习。在过去芯片集成度低时，我们只能模仿很少的神经元。现在由于集成度在提高，我们可以模仿很多的神经元，当很多神经元被组成多层的网络时，我们就叫它深度学习。所以人工智能、机器学习、神经网络和深度学习的关系，其实就像一个洋葱一样，一层包裹一层，最外面的是人工智能，往里一点是机器学习，再往里是神经网络，最深层就是深度学习。

所以这四个词有下面的包含关系：人工智能 > 机器学习 > 神经网络 > 深度学习。

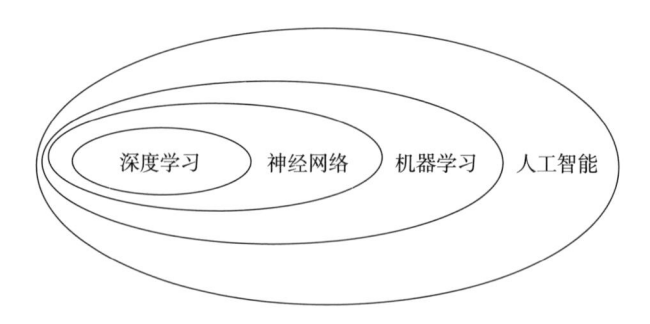

图 2.2 AI 中四个概念的包含关系

今天我们说到的人工智能，其实就是机器学习里面的神经网络和深度学习。但是在一般的商业讨论中，这四个概念经常是混着用的。

第三章

神经网络——萃取隐蔽相关性

导读

在了解了机器学习各个流派的方法后,本书的主角"神经网络"现在闪亮登场。本章将深入介绍神经网络学习的原理和在商业上应用最多的几种形态,以及它们的适用范围。有了这些基础,我们才可以真正理解 AlphaGo Zero 是怎样发现神迹般的暗知识的。对于只想了解 AI 商业前景的读者,也可以先跳过这一章,读完后面描述机器学习神奇应用的章节后再回来弄懂它是如何工作的。

从感知器到多层神经网络

1943 年，心理学家沃伦·麦卡洛克（Warren McCulloch）和数理逻辑学家沃尔特·皮茨（Walter Pitts）提出并给出了人工神经网络的概念及人工神经元的数学模型，从而开了人类神经网络研究的先河。世界上第一个人工神经元叫作 TLU（Threshold Linear Unit，即阈值逻辑单元或线性阈值单元）。最初的模型非常简单，只有几个输入端和输出端，对权值的设置和对阈值的调整都较为简单。

1957 年，一个开创性的人工神经网络在康奈尔航空实验室诞生了，它的名字叫作感知器（Perceptron），由弗兰克·罗森布莱特（Frank Rosenblatt）提出，这也是首次用电子线路来模仿神经元。他的想法很简单，如图 3.1 所示：将其他电子神经元的几个输入按照相应的权重加在一起，如果它们的和大于一个事先给定的值，输出就打开，让电流通向下一个神经元；如果小于这个事先给定的值，输出就关闭，没有电流流向下一个神经元。

1960 年，斯坦福大学教授伯纳德·威德罗（Bernard Widrow）和他的第一个博士生马尔西安·泰德·霍夫（Marcian Ted Hoff）提出了自适应线性神经元（ADaptive LInear NEurons，ADLINE）。他们第一次提出了一种可以自动更新神经元系数的方法（机器自我学习的原始起点）：用输出误差的最小均方去自动迭代更新神经元权重系数，直至输出信号和目标值的误差达到最小。这样就实现了权重系数可以自动连续调节的神经元。自适应线性神经元最重要的贡献是第一个使用输出信号和目标值的误差自动反馈来调整权值，这也为后面神经网络发展历史上里程碑式的反向传播算法奠定了基础。

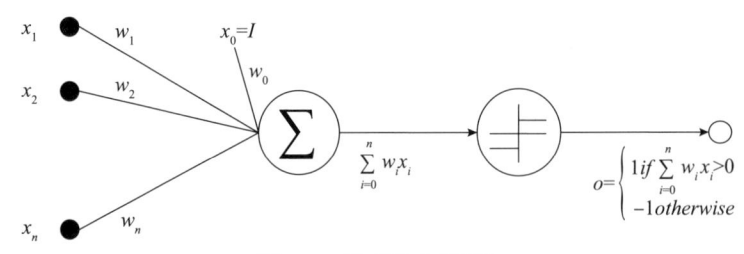

图 3.1 感知器的电子线路

这个单层的神经网络也被称为自适应信号处理器，被广泛应用在通信和雷达当中。霍夫后来加入英特尔，在 1971 年设计了世界上第一个微处理器 Intel 4004。威德罗教授也是笔者 20 世纪 80 年代后期在斯坦福大学的博士生导师。笔者曾经在他的指导下做过神经网络的研究工作。图 3.2 是笔者 2016 年和他讨论神经网络未来发展时的合影，笔者手中拿的那个黑盒子就是他 1960 年做出的 ADLINE 单层神经网络。这个盒子到今天还在工作，美国国家博物馆曾经想要这个盒子做展品，但威德罗教授回答说"我还要用它来教学"。

第三章 神经网络——萃取隐蔽相关性

图 3.2 笔者和自己当年斯坦福大学的博士导师，
神经网络鼻祖之一威德罗教授的合影

威德罗教授在 1962 年还提出过一个三层的神经网络（Multi-Layer Adaptive Linear Neurons，MADALINE），但没有找到一个能够用于任意多层网络的、简洁的更新权重系数的方法。由于单层网络有广泛应用而多层网络的运算速度太慢（当时的电脑运算速度是今天的 100 亿分之一），所以在 MADALINE 之后没有人去继续深入探讨多层网络。

由于缺少对人脑工作模式的了解，神经网络的进展一度较为缓慢，而它进入快速发展期的一个触发点则是医学领域的一个发现。1981 年，诺贝尔生理学或医学奖颁发给了美国神经生物学家大卫·胡贝尔（David Hubel）、托尔斯滕·威塞尔（Torsten Wiesel）和罗杰·斯佩里（Roger Sperry）。前两位的主要贡献是发现了人类视觉系统的信息处理采用分级方式，即在人类的大脑

051

皮质上有多个视觉功能区域，从低级至高级分别标定为 $V_1 \sim V_5$ 等区域，低级区域的输出作为高级区域的输入。人类的视觉系统从视网膜（Retina）出发，经过低级的 V_1 区提取边缘特征，到 V_2 区的基本形状或目标的局部，再到高层 V_4 的整个目标（例如判定为一张人脸），以及到更高层进行分类判断等。也就是说高层的特征是低层特征的组合，从低层到高层的特征表达越来越抽象和概念化。至此，人们了解到大脑是一个多层深度架构，其认知过程也是连续的。

神经网络学习的本质是大量神经元通过复杂的连接形成记忆。因为分析简单且容易用电子元件实现，一开始人工神经网络就如图 3.3 那样由一层一层组成。其实人脑的神经元连接非常复杂，没有这么一层一层的清晰和有秩序。但我们目前并没有弄清楚人脑神经元的连接方式，先从简单的假设入手是科学的一般方法。

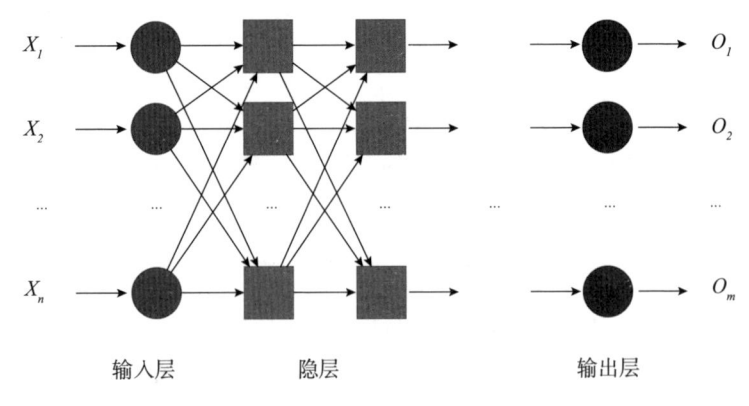

图 3.3 一个多层神经网络（其中每个方块代表一个神经元）

第三章 神经网络——萃取隐蔽相关性

20世纪80年代，神经网络的另一个重大突破是当时在加利福尼亚州大学圣迭戈校区任教的美国心理学家大卫·鲁梅哈特（David Rumelhart）和在卡内基梅隆大学任教的计算科学家杰弗里·辛顿（Jeffrey Hinton）提出的多层神经网络，以及一个普遍的自动更新权重系数的方法。前面说过，威德罗教授在1962年提出过一个三层的神经网络，但功亏一篑，没有找到一个简洁的任意多层网络权重系数的更新方法。这个问题在1986年被鲁梅哈特和辛顿解决了。他们借鉴了单层神经网络中威德罗－霍夫（Widrow-Hoff）反馈算法的思路，同样用输出误差的均方值一层一层递进地反馈到各层神经网络去更新系数。这个算法就是今天几乎所有神经网络都在用的"反向传播"算法。"反向传播"听上去很"高大上"，实际上就是在自动控制和系统理论里面多年一直在用的"反馈"，只不过在多层网络中反馈是一层一层递进的。因为一个多层的神经网络要通过成千上万次"用输出误差反馈调整系数"，所以运算量非常大。在20世纪80年代的计算能力限制下，神经网络的规模非常小（例如三层，每层几十个神经元）。这种小规模的神经网络虽然显示了神奇的能力（例如能够识别0~9一共10个手写体数字），但仍然无法找到真正的商用。

从第一个电子神经元感知器的发明（1957年）到神经网络的大规模应用（2012年）整整经历了55年的艰辛探索，许多天才科学家不顾嘲讽和失败，坚信这条路是对的。图3.4是在这个探索旅程中做出重大贡献的科学家。

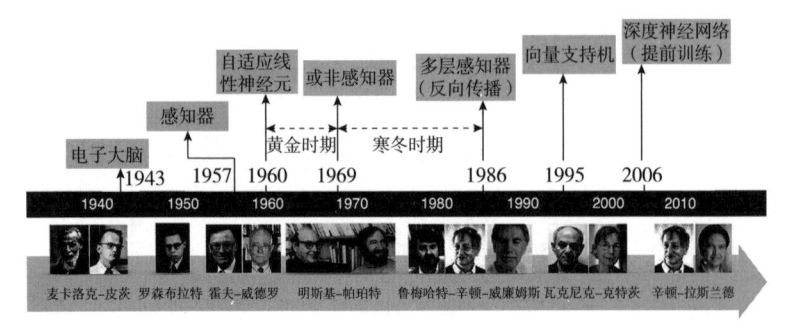

图 3.4　1940—2010 年基于神经网络的 AI 发展史上做出突破性贡献的科学家
图片来源：https://beamandrew.github.io/deeplearning/2017/02/23/deep_learning_101_part1.html。

神经网络模型：满是旋钮的黑盒子

在这一节中，我们用最简单的方法介绍机器学习的机理。像图 3.3 这样一个多层神经网络的左端是输入端，即要识别的信息从这里输入。例如要识别一幅图像，每个输入 X_i 就是这张图像的一个像素的灰度值（为了简单起见我们假设图像是黑白的，如果是彩色的，我们可以想象三个这样的网络重叠起来用）。从输入层的每个神经元到下一层的每个神经元都有一个连接，从输入层的第 i 个神经元到下一层第 j 个神经元的连接有一个乘法因子 W_{ij}。每一层到下一层都类似。在输出端，每根线对应一个识别出来的物体。我们可以把每个输出想象成一个灯泡。当机器发现输入是某个物体时，对应该物体的灯泡就在所有输出灯泡里最亮。

像这样一个多层次的神经网络是如何"学习"的呢？我们可以把这个多层网络看成一个黑盒子。盒子外面有许多可以调节的旋钮，如图 3.5 所示。

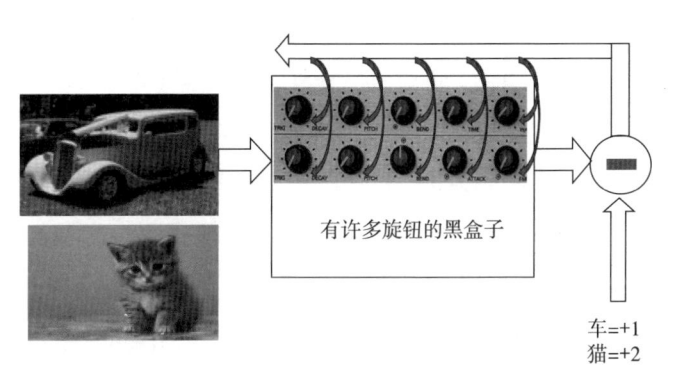

——机器上有许多可调旋钮（神经元之间连接的权系数）
——对应每类输入，输出有一个灯泡（即给每类数据赋一个输出目标值，如车 = +1，猫 = +2）
——把一类数据喂给机器，调旋钮直到只有对应这类数据的灯泡亮（输出达到目标值）
——循环喂数据、调旋钮，直到对所有类型的输入都达到输出目标值

图 3.5　机器学习：调节黑盒子外的旋钮

我们的第一个任务是训练这个黑盒子能够识别图像中的物体。例如在图 3.5 中，输入端有两张图，一张汽车图片和一张猫的图片。我们训练的目的是只要输入各种汽车的图片，机器就能告诉我们"这张图是汽车"（对应"汽车"这个物体的输出端的灯泡最亮）。同样，只要我们输入猫的图片，机器就告诉我们"这张图是猫"（对应"猫"的灯泡最亮）。训练的过程是这样的：我们先指定输出的一个灯泡最亮对应于识别出了汽车，第二个灯泡最亮对应猫，等等。我们先找到足够多的汽车图片（例如 1 万张，

训练图片越多，训练出的机器判断越准确），一张一张给机器"看"（实际训练是一组一组地给机器看）。在机器没有训练好时，当我们输入一张汽车图片时，输出的灯泡会乱亮。我们此时耐心地调节那些旋钮直到只有对应"汽车"的灯泡亮为止。然后我们输入下一张汽车图片，也调到只有对应汽车的灯泡亮为止，如此一直到1万张。然后我们再输入第一张猫的图片，调节旋钮直到对应"猫"的灯泡亮为止，也如此一直到1万张猫的图片都输入完为止。如果我们让机器学习1 000种物体的图片，那我们对每种物体图片都要如此操作，让输出端对应这种物体的灯泡最亮。所以在机器学习中，"训练"是最耗时的。在训练过程中，这些训练用的图片我们事先知道是什么内容，或者叫作"标注"过的图片。当训练结束后，第二步是测试。也就是拿一些不在训练集里面的图片让机器辨认，如果机器都能辨认出来，这部机器就算训练好了，可以交付使用了。一旦训练测试结束，机器的参数集就不改变了，也就是所有的旋钮都固定不动了。只要是输入训练过的种类，机器都应该能识别出来。

如果一部机器要识别1 000种物体的图片，就要至少有1 000个输出端（每个输出端对应一种物体）。假设图片分辨率是$100 \times 100 = 10\ 000$像素（很低的分辨率），如果这部机器只有三层神经网络（深度最浅的"深度"学习网络），输入端和中间层之间，中间层和输出之间的连接就有$10\ 000 \times 10\ 000 + 10\ 000 \times 1\ 000 = 1.1$亿个。也就是这部机器有1亿多个旋钮。截至2017年，最大的神经网络已经号称有上万亿的参数，即上万亿个旋钮。这

第三章 神经网络——萃取隐蔽相关性

么多旋钮显然无法用人工去调节。

雾里下山：训练机器模型

幸运的是数学上 200 年前就有了"自动"调节旋钮的办法。这个办法叫作"最陡梯度法"，或者通俗地叫作"雾里下山法"。当我们训练一个机器学习模型时，我们事先知道每一张图片是什么物体（汽车、猫等已经标注的图片），我们输入汽车图片时，要求只有对应"汽车"的那个灯泡最亮。在我们调节旋钮之前，灯泡的亮和灭都是混乱的，和我们的要求有很大误差。这些误差是由旋钮的值决定的。如果把这些误差画成一幅图像，就像图 3.6 一样有很多山峰，误差就是山峰的高度，图像的横轴和纵轴就是旋钮的值。

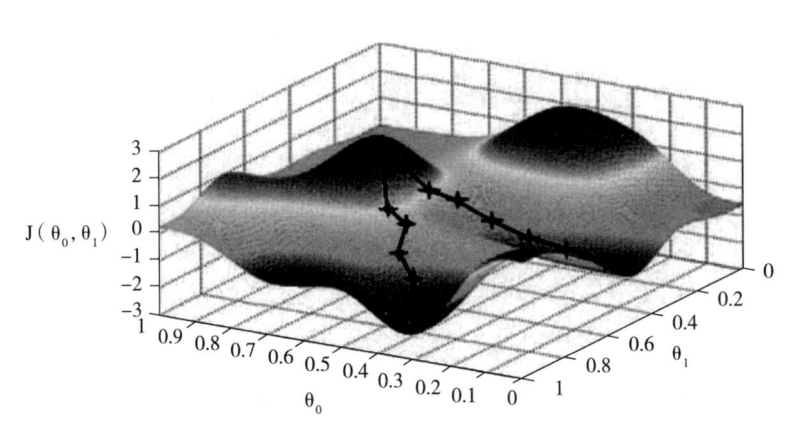

图 3.6 用"最陡梯度法"寻找误差最小的"山谷"
图片来源：维基百科。

057

当我们输入第一张图片时，我们可能站在一个随机的位置，例如某一座山峰的山顶或半山腰，我们的任务就是走到最低的一个谷底（误差最小）。我们此时相当于在大雾中被困在山里只能看见眼前的山坡，一个最笨的办法就是"最陡下降法"：站在原地转一圈，找到一个最陡的下山方向往这个方向走一步。在这个新的位置上，再转一圈找到最陡的下山方向再走一步，如此循环，一直走到山脚为止。

在"最陡下降法"中每次转圈找最陡下山方向相当于用误差函数的偏微分方程求梯度。简单地讲，旋钮的每一步的调节值是可以算出来的。这样我们根据输出的误差一步一步地算出旋钮的调节值，直到满意为止。这种根据误差回头调节旋钮的方法也叫"反向传播算法"，意思是用输出误差一层一层地从输出端向输入端把各层的权重系数算出来。

AlphaGo 的"上帝视角"

有了上面的基础，我们现在就可以理解为什么 AlphaGo 这么厉害。围棋棋盘有 19×19=361 个交叉点，每个交叉点可以二选一：白子或黑子。这样所有的摆法就是 2^{361}，或者 10^{108}。人类 2 000 年来一共保留下来的围棋残局中盘大约 3 000 万个。人类下过的棋局相当于大海里的一滴水（即使剔除那些明显没有意义的摆法）。一位棋手即使每天下 2 盘棋，50 年内天天下，一生也只能下 36 500 盘棋。图 3.7 是一张"雾里下山"的示意图。下棋的终极目标相当于在群山中找到最低的谷底（对应于最理想的走法）。如果所有可能的走法是绵延几千里的群山，人类棋手2 000年来就相当于一直在同一个小山坳里面打转转。第一位棋手偶然的棋路会影响他的徒弟，以后的徒子徒孙都始终在这个小山坳附近徘徊。而机器学习像个"神行太保"，以比人快百万倍的速度迅速扫遍群山，很快就能找到一个远离人类徘徊了2 000年的更低的山谷（可能还不是绝对最低，但比人类徘徊处低）。这也是连棋圣聂卫平都连呼"看不懂"AlphaGo棋路的原因。（见图3.7）

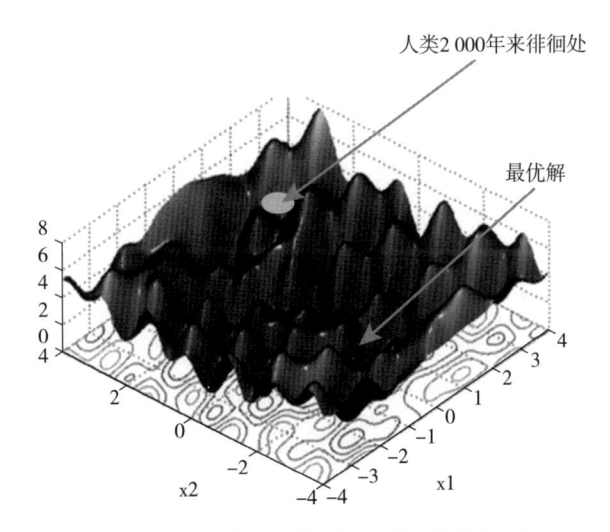

图 3.7 机器学习可以迅速扫过群山找到最低处

这个原理可以用于解决许多类似的问题。这类问题的特点是变量非常多，可能解是天文数字，例如经济和社会决策、军事行动策划等。

局部最优：没到山底怎么办

"雾里下山法"会遇到一个问题，就是会走进一个不是最低的谷底而且再也走不出来了。用一维函数能清楚地看到这个问题。图 3.8 是有两个"谷底"：A 点和 B 点的一维函数。当下山走到 A 点时，只要每次的步伐不是特别大，不论往左还是往右再移动，总是会回到 A 点。这在数学上叫"局部最小值"，而 B 点才是"全局最小值"。

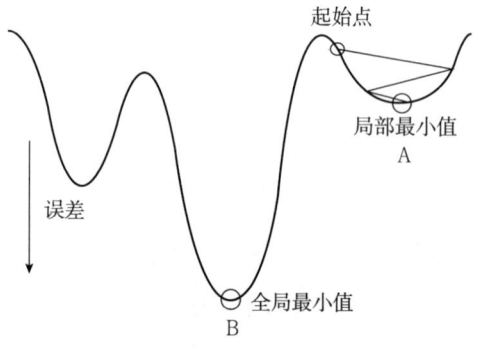

图 3.8 有两个谷底的一维函数

但是如果我们从一维扩展到二维，就有可能从一个"局部最小值"中逃逸。在图 3.9 中，假设函数 1 是一个沿 X 轴切下去的一维函数，A 点就是函数 1 的一个"局部最小值"。如果一个小珠子只能沿着 X 轴滚动，就会陷在 A 点出不来。但在图中的二维曲面上，小珠子只要沿着 Y 轴方向挪动一点，就到了 C 点，而从这个 C 点出发就能到达整个曲面的"全局最小值"B 点。当

第三章 神经网络——萃取隐蔽相关性

误差函数的维数增加时,这种从"局部最小值"逃逸的机会就会增大。我们无法画出三维以上的图像,但我们可以想象每个"局部最小值"附近都有许多"虫洞"可以方便逃逸。维数越高,这种虫洞就越密集,就越不容易陷在一个"局部最小值"里。

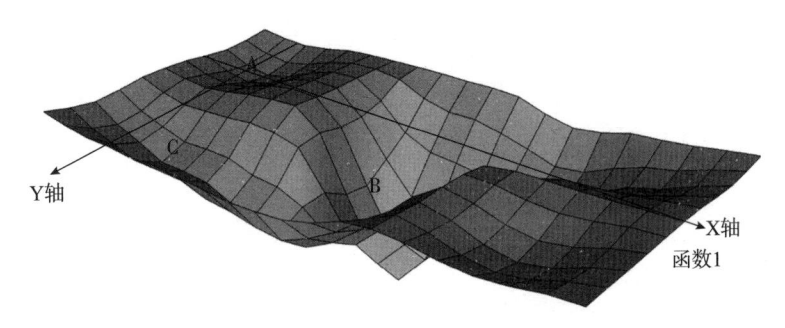

图 3.9 从一维空间扩展到二维空间,误差函数找到"全局最小值"的概率增大

如果图 3.9 不够直观,我们可以用一个数字阵列来表达。首先假设地形是一个一维函数,每个数字表示它的海拔高度。在图 3.10 中,有两个最小的海拔高度 0 和 5,但是无论从哪一边开始下山,每走一步的话,都会被困在高度 5 这个"局部最小值"里出不来,无法走到"绝对最小值" 0。

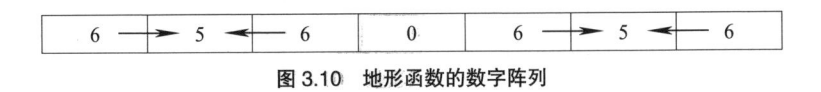

| 6 | → | 5 | ← | 6 | 0 | 6 | → | 5 | ← | 6 |

图 3.10 地形函数的数字阵列

但是,如果将这个地形叠加为二维函数,仍然用数字表示海拔高度,我们可以看到,无论从哪一边开始下山,每走一步,当在一维函数中走到"局部最小值" 5 以后,在另外一个维度的函

数中,则可以继续走到更低的海拔,直到到达"全局最小值"0。同样地,维度越多,在某一个维度到达"局部最小值"后,可以选择的其他维度和路径就越多,因此被困在"局部最小值"的概率就越低。(见图 3.11)

6	6	6	6	6	6	6
6	4	6	1	2	3	6
6	5	6	0	6	5	6
6	3	2	1	6	4	6
6	6	6	6	6	6	6

图 3.11　将地形叠加为二维函数

深度学习——化繁为简

为什么深度学习有许多层神经元?这是因为世界上许多信息和知识是可以通过分层表达的。例如人脸是很复杂的一幅图像,但人脸可以先分解成五官,五官的复杂程度就比人脸低了,五官又可以进一步分解为线条。深度学习就是用一层神经元去识别一个层级的信息。在图 3.12 中,左图是第一层网络来识别人脸上的线条,中间的图是第二层网络在识别出线条的基础上识别出器官,右图是第三层网络在识别出器官的基础上识别出长相。同样一个时间序列的信息,例如语音也可以分解为递进的层级:句子、单词、音节等。分层的最大好处是大大降低计算量,把原来的 N

次计算变为 m×logN 次计算，这里 m 是层数。

除了将要处理的信息表达为层级以外，另外一种降低计算量的方法是将"一大块"信息分解为许多小块来处理。例如想要在一张像素很大的图片中识别出一个小三角形，我们只需拿着这个小三角形的模板在大图中滑动比较即可。例如一张图的像素是 1 000×1 000=1 000 000，如果拿一个 1 000×1 000 像素的模板去比较，计算量大约是 1 000 000×1 000 000。如果这个三角形的大小是 10×10，我们用 10×10 "模板滑动法"，计算量只要 10×10×1 000 000，是原来的万分之一。

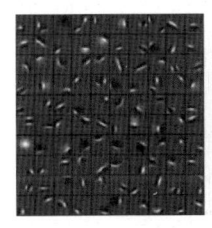

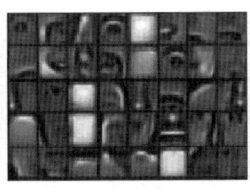

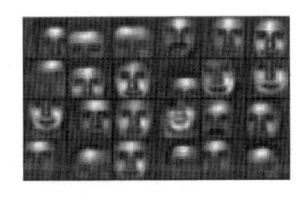

图 3.12 深度学习神经网络学习得到的不同层次的特征
图片来源：维基百科。

机器要处理的信息有些是空间信息，例如图片，有些是时间信息，例如语音。针对不同的信息，神经网络的结构不同。最常见的有两种，第一种是处理空间信息的卷积神经网络（Convolutional Neural Network，CNN），第二种是处理时间信息的循环神经网络（Recurrent Neural Network，RNN）。下面我们一一介绍。

化整为零的卷积神经网络

"卷积"这个词什么意思待会咱们再讲,但现在可以告诉你的是,目前人工智能和机器学习制造的奇迹,从下围棋到自动驾驶再到人脸识别,背后全是卷积神经网络。能知道卷积神经网络的工作原理,你就和周围大部分读了几本人工智能的书的人不是一个档次了。虽然大部分人不会从事人工智能的专业工作,但卷积神经网络解决问题的思路会让我们拍案叫绝。第一个提出卷积神经网络的是前面说的神经网络教父杰弗里·辛顿教授的博士后学生,一位叫岩拉孔(Yan LeCun)的法国人,现在任 Facebook(脸书)人工智能研究所主任,和辛顿同为神经网络四大天王之一。

降低运算量就是降低成本

神经网络每一层的每一个神经元都和后面一层的每一个神经元相连接。如果第一层有 1 万个神经元,第二层也有 1 万个,这两层之间的连接就有 1 亿个。如果像微软那个一举超过人脸识别图像能力的 ResNet(深度残差网络)有 152 层,这些连接就有 151 亿个。也就是说我们要调整的黑盒子上有 151 亿个旋钮。为了识别 10 种动物,要给训练机器看 10 万张动物图片,一张图片就要算 151 亿次乘法和加法,10 万张至少是 1 500 万亿次运算。这才是识别 10 种动物的训练运算量,如果要训练识别 1 万种动物呢?用今天的最快的 CPU(电脑中央处理器)或 GPU(图形处理器），也要算几个月甚至几年。对计算量要求更大的是识别，识别一张图片要算 150 亿次不难，但 Facebook 上每天上传的何止几亿张照片？降低运算量就意味着降低成本。

降低运算量的第一招就是把问题分类，如果只处理某一类问题，针对这些问题的共同特点，就有可能简化算法。我们知道，人从外界获得的信息 90% 以上是视觉信息，视觉信息主要是图像，视频也可以分解成快速闪过的图像。那图像有什么特点呢？一幅图像的信息量很大，但不管是风景还是人物，画面上总有大部分区域没有什么变化，像天空。引起你注意的东西往往都是一小块，例如人的眼睛、天空中的鸟、地上的花。这个叫作图像中信息的局域性。图像的第二个特点是可以分解为更简单的元素，例如风景分解为天空、大地、植物、动物，人物分解为五官。卷积神经网络就是利用图像的以上两个特点进行了大幅度的运算简化。

以人脸识别为例，要识别一个人，先要抓住他的特征，比如浓眉大眼高鼻梁。第一步就是把五官找出来。其实警察抓犯罪嫌疑人早就用了这一招。警察局的画师会问目击者犯罪嫌疑人的性别、年龄、身高、种族等，然后问目击者犯罪嫌疑人的五官长什么样，目击者能描述的五官种类非常有限，大眼睛、小眼睛，最多加个单眼皮、双眼皮、高鼻梁、塌鼻梁，根据目击者的描述画师画出一幅人脸，然后目击者再说眼角朝下，没这么大，画师再不断改，直到目击者觉得和记忆基本相符。人脸那么复杂根本无法用语言描绘，但如果变成五官的组合描绘起来就简单多了。假设每个五官都能分 10 种，就能组合出 1 万种脸来，再加上年龄、性别、种族就能组合出几十万张脸,这样把从 70 亿人中找一张脸的任务就分解成了从 10 种眼睛中找出一种眼睛,再从 10 种鼻子中找出一种鼻子这样简单得多的任务。

卷积神经网络是怎样工作的

卷积神经网络就是用的警察局这一招。假如我们现在要从分布在北京大街小巷的摄像头的视频中发现 100 个重要的犯罪嫌疑人,第一步是用这些犯罪嫌疑人的已有照片来训练机器。训练的第一步就是要从这些照片中提取五官的特征。因为五官在一张照片中只占一小块,那我们就做个找五官的小模板,专业术语叫滤波器,用这个小模板在要处理的图像上从左扫到右,从上扫到下,看看能否发现眼睛,另外一个小模板负责发现鼻子等。什么叫"发现鼻子"?就是负责发现鼻子的小模板是一张像鼻子的图案,这个图案扫到鼻子处时重合度最大。什么叫提取特征?就是一开始这个鼻子图案是个随机图案,像是随手那么一画,扫一遍下来发现没有什么重合度,那就变一变这个图案,最后变得和犯罪嫌疑人的鼻子很像时,重合度就会最大。等负责找出鼻子、眼睛、嘴巴等的模板图案都和犯罪嫌疑人的吻合后就算训练成功了。以后你输入一张照片,机器就可以飞速地告诉你这个是不是犯罪嫌疑人。

在机器学习中,是机器自己寻找特征。一开始机器并不知道要找哪些特征。所以这些小模板并不知道它们要找鼻子或眼睛。

这些小模板从开始的一个随机图形到最后一定会演变成五官吗？答案是如果五官是人脸上最重要的特征，这些小模板到最后一定会演变成五官。但神奇的是机器还能发现我们人类都没注意到的人脸上的重要特征。假如我们多加一个小模板变成六个，这六个中会有五个各自对应一个器官，还有一个就会找到一个新的特征，如两眼之间的距离，或者口鼻之间的距离，等等。所以小模板越多，抓到的特征就越多，识别就越准确。

现在你要问，这个小模板发现鼻子和前面讲的神经网络黑盒子的调旋钮是什么关系？其实这个小模板就是一组旋钮，一个有 $5 \times 5 = 25$ 个像素的小模板就相当于 25 个旋钮，每个像素的颜色浓度对应着一个旋钮的某个位置，调旋钮就是让小模板里的图案越来越像犯罪嫌疑人的鼻子。我们之前讲过，这个"调旋钮"不是人工调的，是算出来的。

现在我们可以看看到底省了多少计算量，如果一张图片是 $1\,024 \times 1\,024 \approx 100$ 万像素，每个像素对应一个接收神经元，每层有 100 万个神经元，这样一个全连接的神经网络每一层要有 100 万 $\times$ 100 万 $=1$ 万亿次计算。现在只要五个小模板，每个负责找到五官中的一个。每个小模板把图片上下左右扫一遍的计算量是 $5 \times 5 \times 100$ 万 $=2\,500$ 万次，5 个模板就是 1.25 亿次。计算量变成了原来的万分之一！

我现在可以告诉你什么叫"卷积"，上面说的小模板把图片上下左右横扫一遍发现重合度的过程就叫卷积。你看这个唬人的黑科技名词其实就是这么简单的一回事。

上面是对卷积神经网络的基本原理的一个通俗解释。对于想更深入了解的读者可以看附录 1 中一个典型卷积网络的精确描述。从附录 1 中可以看出卷积神经网络不仅是一个高阶的非线性网络，也是一个无法用方程式表达的函数。给定一个训练数据集，最后这些数据之间的相关性都会凝结在网络参数里。或者说神经网络是数据相关性的"萃取器"。但萃取了哪些相关性？为什么萃取这些相关性则是人们未必能理解的。比如人脸识别，机器抓取的用于识别的人脸特征可能是人类不熟悉的那些特征，甚至完全没有意识到的特征。对于那些人类感官无法感受的复杂数据集，比如一个核电厂成千上万个子系统产生的数据以及它们之间的相关性，那更是人类完全无法理解的。

卷积神经网络能做哪些事

首先，几乎所有的图像类的处理，如图像分类、人脸识别、X 光读片，都适合用卷积神经网络。图像分类最著名的大赛就是斯坦福大学李飞飞教授创办的 ImageNet（计算机视觉系统识别项目，是目前世界上图像识别最大的数据库）大赛。这个大赛提供 1 000 种不同物体的几百万张图片让参赛者训练自己的模型，参赛时给大家一些新的图片让参赛者识别，看谁的识别准确率最高。2012 年辛顿的学生亚历克斯·克里捷夫斯基（Alex Krizhevsky）第一次用一个 5 层的卷积神经网络就把多年徘徊在 74% 的准确率一举提高到 84%，震惊了业界。到 2015 年微软的 152 层 ResNet 把准确率提高到了 96%，超过了人类的准确率 95%。从那以后进展就越来越小。有些公司组织大量的人力，采集更多的训练图片，尝试更多的小模板，更精心地微调那些旋钮，最后能达到比现有结果好 0.1%，然后就可以宣称自己是世界第一了。但这个世界第一意义不大，因为没有在网络结构上和算法上有任何创新，当时人家一个研究生 Alex 一举提高 10 个百分点，你扑上去几十上百人提高 0.1 个百分点，不算本事。对不懂卷积神经网络的投资人、股民、政府官员来说，这块"世界第一"的牌子还挺唬人的。但读到这里你以后就不会被忽悠了。

更有用的是通过识别一张图片中所有的物体，甚至发现物体之间的关系来"理解"这张图片。譬如机器看完一张图片后会说出来"蓝天白云下，一位戴草帽的年轻妈妈在草地上教孩子学走路，她们的小狮子狗在旁边卧着"。

X 光读片也是卷积神经网络一个很好的应用。假如要在胸片中发现早期肺癌，就需要拿大量已经确诊的早期肺癌片子来训练机器，这样训练好的机器就可以快速地发现肺癌。随着 X 光仪、CT 机等医疗成像设备的普及，有经验的读片医生非常稀缺。特别是在小城市、县城、乡村更缺乏这样的好医生。如果机器读片能够达到甚至超过北京、上海大医院有经验的医生，将是普惠医疗的一个巨大进展。我们在第六章会专门讲 AI 在医疗健康领域的应用，包括 X 光读片的现状和挑战。

卷积神经网络虽然应用很广，但它解决不了一些重要的问题，如股票预测和自然语言理解。下面我们就介绍可以解决这类问题的另一个很牛的网络。

处理序列信息的循环神经网络

为什么需要循环神经网络

卷积神经网络可以处理图像分类和识别。图像信息处理的特点是一张图像的所有信息同时给你，而且下一张图像和上一张图像可以完全没有关系，就像是吃一盘饺子，先吃哪个后吃哪个都无所谓。但自然界还有另外一类信息和图像不同，信息的先后顺序很重要，不能前后颠倒，像自然语言、股票曲线、天气预报数据等。和图像信息的另一个不同之处在于这些信息是连续产生的，无法分成一块一块的，像一次喝进去一瓶啤酒，你无法清楚地分成几十"口"，你就是这么咕嘟咕嘟连着灌下去的。我们把图像这样不分先后的信息称为"空间信息"，把连续的、有先后顺序的称为"时间信息"或"序列信息"。卷积神经网络每次能处理的信息都是个固定的量，所以不适合处理连续发生的信息。

于是，一种不同的神经网络——循环神经网络就应运而生了，它的结构比卷积神经网络还复杂。但循环网络背后的直觉和道理不难懂，其实掌握一门学科最重要的是理解背后的直觉，有些研究生、工程师可以背很多方程式，写很多程序，但对背后的直觉并不清晰，这就大大限制了他们的想象力和创造力。我们这本书的目的不是要把大家训练成工程师，而是通过弄懂背后的道理来对这个未来的大潮流有高屋建瓴的理解，从而产生全局性的把握。

在介绍循环神经网络之前，我们先看个例子。譬如我们在下面的句子里猜词填空："我是广东人，会讲＿＿＿＿＿话。"在这里如果我们没有看到第一句"我是广东人"就很难填空。这就是一个典型的根据前面出现的信息对后面可能会出现的信息的预测。循环神经网络就特别适合处理这类问题。这个网络有两个特点，分别对应时间序列信息的两个特点：一是输入端可以接收连续的输入，二是可以记住信息的先后顺序。

循环神经网络背后的直觉

现在我们看看循环神经网络如何做这样的预测。像其他神经网络一样，第一步是训练机器。我们先一句一句地训练，比如训练的第一句就是"我是上海人，会讲上海话"。一开始训练机器时，给机器一个"我"字，机器会乱预测，比如预测出下个字是介词"但"，可"我但"没意义。机器和训练样本一比知道自己错了，就去调黑盒子上的旋钮，一直调到机器会在"我"后面预测出"是"来。训练就是这样给机器读大量的各种各样的句子，当机器读了很多以"我"开始的句子时，就会发现"我"后面一定是动词，特别是关系动词或能愿动词，像"我是""我要"。但"我"后面可以有很多动词，"我想""我吃""我喝"，到底选哪个呢？这就需要更前面的信息了。所以循环神经网络要存储前面的信息。当机器读了很多"我是上海人，会讲上海话""我是河南人，会讲河南话"这类的句子后，就会慢慢发现规律，这时候你让它填"我是广东人，会讲_____话"的空时，它就把我是"什么"人那个"什么"给填进去了。

这时候你会问，这好像不用这么复杂的神经网络吧，只要统计每个词后面出现的词的概率，然后预测哪个概率最高不就得了？过去的确是这么做的，但效果不好，像我们前面举的例子，"我"后面的可能性太多了。那你会接着说："我们也统计前面更多的字不就得了？"那我问你，统计前面多少个字呢？要不要把词组和短句也作为一个单位来统计？但词组和短句多得数不清，你怎么教会机器认识哪些是词组？你会发现越深究问题就越多，而且问题变得无穷复杂，以至于都不知道该提取哪些特征。而神经网络可以自动找到那些人类找不到的或者根本没意识到的前后信息之间的相关性。就像我们之前讲到卷积神经网络不仅能找到人脸的五官特征，还能找到人平时不注意的其他特征如两眼间距等。

有兴趣的读者可以看附录 2 里面关于循环神经网络的技术介绍。从附录 2 里可以看出由于循环神经网络里有反馈回路，整个网络更是一个高度非线性、无法解析表达的网络。循环网络萃取出的数据在时间上的相关性更是人类无法感受和理解的暗知识。因为人脑非常不善于存储很长一段时间的信息。

循环神经网络的神奇应用

循环神经网络的第一个重要应用是机器翻译。机器翻译最早是语言学家手工写一大堆语法，然后根据单词出现的顺序用语法把它们组织起来。这是典型的"专家系统"。我们前面讲过，这样的手工系统无法应付千变万化的自然语言。后来的机器学习翻译就是前面说过的统计方法，统计大量的句子中每个字出现在另外一个字之后的频率，然后挑选最可能出现的那个字。我们前面也说了这种方法的局限性。现在最新、最牛的机器翻译，从谷歌、Facebook、微软到百度统统都是用循环神经网络。翻译和前面的填空例子相比，多了可用的信息。例如英文"I am Chinese, I can speak mandarin"可以翻译成中文"我是中国人，会讲普通话"，机器翻译除了可以根据前面出现的中文词预测后面的中文词之外，还可以根据整个英文句子和整个中文句子之间的对应关系来提高预测的准确性。这就是目前最广泛使用的"编码器－解码器"翻译模型。这里用两个循环神经网络，一个网络先把整个英文句子的结构信息都压缩到一个字符中，然后第二个网络在一个字一个字地预测时可以根据这个包含了整个句子的结构信息做辅助判断。机器翻译正处在技术突破的边缘，一旦突破将给我们的生活带来巨变。

机器学习不仅在科学技术的进步上大显神威，也开始进入人文领域。循环神经网络第二个有意思的应用是写诗。我们会在第六章中详细介绍。同样的道理，还可以写小说。只要让机器大量阅读一位作者的著作，机器就会学会这个作者的文字风格，甚至可以写出海明威风格的《红楼梦》，或者曹雪芹风格的《老人与海》。

循环神经网络很神奇，但我们下面要介绍的"强化学习"更神奇。

AlphaGo 与强化学习

机器学习迄今为止最让人类惊奇的表现就是下围棋。下围棋的问题是当我每走一步时，如何使得最终赢棋的概率最大？如果我不走 150 步，只走两步，每步双方只随机选 5 种走法，我走第一步有五种选择，对方对我这五种选择的每一种又有五种选择，我走第二步一共有 5×5×5=125 种选择。但通常走完两步离终局还很远，那我从走完第二步的这 125 个位置上各派出一批"侦察兵"，每个"侦察兵"蒙着头一条道走到黑，看到岔路任选一条，尽快走到终局，如果猜对了，给这个出发点加一分，猜错了，减一分。从每个位置上派出的"侦察兵"越多，从这 125 个出发点到终局的赢率就越准确。这个"有限出发点，随机侦察"的方法有个唬人的专业名字叫"蒙特卡洛树搜索"。蒙特卡洛是摩纳哥的赌场区，所以蒙特卡洛就是"随机"的意思。

但这种下棋策略只能勉强达到一二段的业余水平，与围棋大师相比还差得很远。为什么？

因为"侦察兵"往前走时随机选岔道实际上是随机地替对方选了走法。我们不禁会想到：见到岔路随机选多笨，完全可以根据阳光、藓苔、足迹这些东西做个判断。"侦察兵"很委屈地说：我怎么知道该怎样判断？AlphaGo 寻思说："人类 2 000 多年下了那么多盘棋，咱能不能先学学？"这时候 AlphaGo 祭出了大法器，就是我们前面讲过的卷积神经网络。

卷积神经网络最适合处理图像，经过大量图片的训练后，你

第三章 神经网络——萃取隐蔽相关性

给它个新的图片，它告诉你是猫、狗、汽车的概率分别有多少。对于下棋，问题转化成：给个中盘，要判断哪种走法赢的概率最大。在人类下过的棋局中，每个中盘都对应着一个走法。现在可以把一个中盘看成一幅图像，把对应的走法看成与这个图像对应的物体。现在找到中盘最好的走法就相当于判断这幅图像最像哪个物体。那我就拿人类下过的棋局来训练AlphaGo里负责走子的卷积神经网络——决策网络。现在把3 000万个人类走过的中盘输入给决策网络，调整决策网络上的旋钮，一直到这个网络的走法和人的走法类似。现在AlphaGo已经是七八段的水平了，但还打不过大师，为什么？虽然现在"侦察兵"每一步都是按人类的走法，但"侦察兵"的每一步只是替对方随机选一个。如果能让对方的选择也按人类的走法，这条路对弈下去就更逼真了。AlphaGo这时候拔了身上一根毫毛，吹口仙气儿，"变！"又"变"出一个一模一样的AlphaGo。哥俩都是八段，再大战百万回合，又摸索出很多原来人类没有探索过的捷径，又产生了很多数据，继续训练决策网络，没多长时间就打败了李世石，再练一阵子，在网上打出Master的旗号，横扫天下高手，无一失手，直至把柯洁挑下马。

前面介绍的无论是卷积神经网络还是循环神经网络都需要大量的训练数据，这也叫"监督学习"。在"监督学习"中通常有唯一或明确的答案，猫就是猫，狗就是狗。但生活中还有一类问题是没有明确答案的。例如我们学习骑自行车，没有人能说清楚正确姿势是什么，不管你姿势多难看，骑上去不摔倒就是对的。

075

这类问题的特点是答案不唯一但知道结果的对错。这种通过每次结果的反馈逐渐学习正确"行为"的算法就叫"强化学习"。在强化学习算法中有一个"奖惩函数",不同的行为会得到不同的奖惩。譬如我们在楼里打电话时,如果信号不好,我们就拿着手机,边走边问对方"能听到吗?"。我们得到的信息并不能直接告诉我们哪里信号最好,也无法告诉我们下一步应该往哪个方向走,每一步的信息只能让我们评估当前的状况是更好还是更差。我们需要走动、测试,以决定下一步应该往哪儿走。AlphaGo 的随机树搜索就是强化学习,通过派出"侦察兵"来测试某种走法的赢率。赢了加一分,输了减一分,这就是强化学习中的奖惩函数,存储各种走法输赢积分的网络也叫"价值网络"。哥俩对战就是站在人类肩膀上的强化学习。所以 AlphaGo 是监督学习和强化学习的混合方式。

在 AlphaGo 的学习过程中,人类的 3 000 万中盘仅仅把它领入门而已,进步主要靠哥俩自己厮杀。相当于你去学围棋,一开始跟着你爸学,你爸就是个业余选手,你两个星期就跟你爸学不了什么了,以后都要靠自己琢磨了。AlphaGo 也一样,想清楚这点,干脆从零开始,人类 2 000 多年积累的东西也许就是老爸那点业余水平,学不学无所谓。AlphaGo Zero 横空出世了,这个"Zero"就是从零学起的意思。AlphaGo Zero 从一开始就是哥俩自娱自乐,和 AlphaGo 不同的是,在下每一步棋之前,不需要随机地选 125 个出发点了,而是根据当前的小路"记号"和打分先在这个中盘选一个最可能赢的走法和"双胞胎弟弟"试走一次到终局,试走

第三章 神经网络——萃取隐蔽相关性

过程中每一步双方都用同一个决策网络指导如何走子。这个决策网络的功能很简单：给我一个中盘，我告诉你所有走法的赢率，这样一次到终局后就对从这个走法出发的路是否能赢多了点信息。一路上边走边做记号，第一，记住有没有走过这条路；第二，等到了终局后根据输赢再记下这条路的好坏。这个"做记号"就是不断更新价值网络。这样在同一个中盘哥俩试走了几万次到终局，基本摸清哪条路好走，哪条路不好走，也就是对于这个中盘我已经估摸出了所有走法的赢率。此时，我用几万次试走出来的赢率来更新决策网络。更新的方法就是用这个中盘做网络的输入，调试网络权重系数让输出的各走法赢率接近试走测出来的赢率。这一切做完后再根据测出的赢率郑重地正式走一步棋。哥哥下完一步该弟弟走了，弟弟的程序和哥哥完全一样，也是先试走许多次，用测出来的赢率更新决策网络，再根据测出来的赢率走子。以后哥俩就这么不断重复下去。AlphaGo Zero 诞生后的第一局的第一个中盘，哥俩完全是乱下，但第一盘走完就多了一点点知识，哥俩用这点可怜的知识走第二盘就比第一盘靠谱了一点点，架不住计算能力强大，AlphaGo Zero 每秒钟可以走 8 万步，平均一盘棋不到 400 步，所以哥俩一秒钟相当于下 200 盘棋。每盘长进一点，到第 7 个小时，也就是相当于下了 500 万盘棋后就下得像模像样了。一天半后，也就是相当于下了 2 600 万盘棋后就超过了战胜李世石的 AlphaGo Lee。3 天后，AlphaGo Zero 就和 AlphaGo Lee 打了个 100∶0。AlphaGo Lee 一共学了 3 000 万个中盘，大致相当于 3 000 万 /400=8 万盘棋，这时 AlphaGo Zero 已经相当于下了 5 100 万盘棋。21 天后就打败了横扫天下无敌手的 AlphaGo Master，到 40 天后哥俩已经妥妥地称霸天下，独孤求败。到这里，AlphaGo 团队终于松了口气，放下了原先的一个最大担忧：如果不让人类引进门，从零学起，这哥俩会不会在野地里瞎逛，在林子里迷路，像梦游一样原地绕大圈，永远都走不出来。这证明了在强化学习中只要每一步都知道对错，有惩罚奖励，哥俩很快就会放弃那些明显不通的绝大部分的道路，很快就会找到一条正路。AlphaGo 用了 1 200 个 CPU，176 个 GPU，而 AlphaGo Zero 只用了 4 个 TPU（张量处理单元）。计算资源的大幅度下降主要来自算法的精简，不需要用人类数据训练了。由此可见，在不同的应用场景下，数据并非都那么重要。在下围棋这件事上，人类的经验反而拖了后腿。AlphaGo Zero 给我们最重要的启示是柯洁说的那句话，"人类下了 2 000 年围棋，连边儿都没摸着"。非常原始的机器在自己摸索了 36 个小时后，就超过了全人类 2 000 年来摸索积累的全部围棋知识。

现在请大家思考三个问题：

为什么 AlphaGo Zero 从零学起反而比人强？

AlphaGo Zero 再从头学一遍，功力还和原来一样吗？

AlphaGo Zero 是不可战胜的吗？

神经网络悖论

读者到这里会发现一个悖论：神经网络是模仿人脑，怎么能够发现和掌握人脑无法掌握的知识？我们知道目前的半导体芯片中的人工神经网络只是对大脑的一个简单模仿，无论是在神经元数量还是在连接的复杂性上都远不如人脑。到底是什么原因使得人工神经网络能够在发现隐蔽的相关性方面远超人脑，创造出如此多的神迹呢？

第一个原因是人的感官和机器的"感官"相比实在太差。人的感官在几亿年的进化中主要是为了在自然界中觅食和求偶。所以只能感受到部分外部世界信息。比如眼睛只能看到光谱中的可见光这一小段，无法"看见"从无线电波到毫米波再到远红外的电磁波，也无法"看见"从紫外线到X射线再到伽马射线。人的耳朵也听不到20赫兹以下的亚声波和20 000赫兹以上的超声波。不仅如此，人类的视觉和听觉对强度的分辨率非常粗糙，只能分出数量级。人类的触觉、嗅觉、味觉分辨率更是粗糙。而机器的"感官"，就是各类物理、化学、生物类的传感器则比人的感官精密得多。不仅可以"感受"到人类感受不到的信息，对信息的分辨率也远超人类。如果有办法把这些传感器信号不经过人类感官直接输入大脑，人类大脑也能和机器一样发现数据间复杂隐蔽的相关性吗？大脑能处理高分辨率的外界信息吗？我们可以合理地推测出大脑的进化应该和感官相匹配。如果感官只能提供低分辨率信息，大脑处理高分辨率信息的能力就是一种浪费，这种功能要么不可能演化出来，要么即使偶然变异出来也会被进化无情地消灭。

第二个原因是电子神经元比生物神经元的传输信号速度快，准确度高。由于人脑神经元在突触部分的信号是通过化学分子传导的（细胞膜内外带电的离子浓度差造成电压差），每秒钟大约只能传导 400 次信号。而电子神经元间的传输速度就是芯片上不同晶体管之间的传输速度，比人脑神经元要快几万倍。人脑神经元突触之间的传输非常不可靠，平均每次传输的成功率只有 30%（这种随机性也许是意识"涌现"的重要条件之一），而电子神经元之间的传输可靠性几乎是 100%。人脑神经元由于结构复杂，不同神经元之间的电信号会互相干扰，而电子神经元之间的干扰可以忽略不计。所以人脑神经元是一个慢腾腾的老出错的系统，而电子神经元是一个高速的精密系统。

第三个原因是目前还没有办法获得大脑内部每一个神经元的连接强度。即使我们有办法把外界传感器信号直接输入大脑，大脑也可以处理这些信息，这些信息也只能被雪藏在一个人的脑子里，成为无法沟通、无法传播、无法记录的默知识。但电子神经网络中的每一个神经元之间的连接强度，也就是两个神经元连接的权重系数都是可以存储、提取的。所以机器获得的暗知识是可以传播、复制、记录的。

所以对这个悖论的回答是，人工神经网络虽然是模仿大脑，但它具备了人类没有的三个优势：能"感受"人类感受不到的信息，与人脑相比又快又准，每一个神经元的状态都是可测量的。

神经网络五大研究前沿

之前介绍的几种神经网络都是目前商用中的主流算法，但机器学习的潜力还远没有被挖尽，现在每年关于机器学习的论文还在呈指数级增长，在研究型的大学里任何关于机器学习的课程都爆满。可以预期在今后 3～5 年中还会不断有新的算法突破，下面介绍的都是目前炙手可热的研究方向，每一个方向的突破都会产生巨大的商业价值。

非监督学习

在前述的机器学习算法中，我们总有一个训练数据集合，即"标注数据"，如所有汽车图片都会标注上"汽车"，所有猫的图片都会标注上"猫"等。这样在训练的输出端，我们就知道结果是否正确，因此可以用正确结果和输出结果的差来训练机器（调整各层的权重系数），就像一个妈妈教孩子认识东西，这类算法叫"监督学习"。在机器学习中还有一种算法不依赖于"标注数据"，叫"非监督学习"，像一个孩子在没人教的情况下自己学习。非监督学习最常用的情形是分类，例如一个孩子见过许多猫和狗后，如果大人不告诉孩子这两种动物的名字，孩子也许不知道名字，但慢慢会知道猫和狗是两种不同的动物。在商业上有很多应用，例如在营销上面可以根据人群的不同属性将其划分成不同人群进行精准营销；在社交媒体上面，可以根据人们之间的互动次数，划出每个人的朋友圈子；在医疗诊断上面可以根据不同症状之间的相关性更精确地预测还未发现的疾病；等等。

增量学习和连续学习

目前的机器学习算法都是"离线训练",先用一大堆数据训练模型,训练完测试好就拿去做识别用,在识别过程中,这个模型是固定的。如果发现了新的情况,有了新的训练数据,就要把新数据和原来的老数据合在一起重新训练这个模型,训练完还要重新测试才能使用。许多互联网巨头每个月都要训练几十万个模型,目前的计算量主要在训练上。增量学习就是当有新数据时,只用新数据训练原来的模型,使机器在原有的识别功能之上增加新的识别功能。连续学习就是能够边识别边学习。这两种学习算法都还在研究的早期阶段。

生成对抗网络

监督学习的最大问题之一就是需要大量人工标注的数据。在很多情况下,要么没有数据,要么标注的工作量太大。生成对抗网络(Generative Adversarial Network,GAN)解决了这个问题。因此 GAN 成为目前最炙手可热的非监督学习算法之一。

GAN 减少深度学习训练所需的数据量的方法是:从少量的已有数据出发去创造出更多的新的标注数据——多数情况下是图像数据。

图 3.13 是 GAN 的示意图,图中有两个深度神经网络:G 和 D,其中 G 是生成网络,D 是鉴别网络。生成网络的任务是根据

一组真实、有限的数据（例如一组图片）生成更多类似但不同的数据。然后把这些生成的数据和真实数据混在一起喂给鉴别网络。鉴别网络的任务是使用很少的真实数据训练后，分出哪些是真实数据哪些是生成数据。如果生成网络生成的数据能被鉴别网络认出来不是真实数据，就说明生成网络模仿得不够真实，需要继续调整网络参数，目的是让鉴别网络分不出来。如果鉴别网络分不出来真假，就说明鉴别网络不够好，需要继续调整参数分出真伪。这样"道高一尺，魔高一丈"地持续对抗下去，两个网络就越来越好：生成网络模仿得越来越真，鉴别网络越来越"火眼金睛"。当两个网络打得难解难分时，生成网络生成出来的数据就和真实数据无法分辨。当缺乏足够多的真实数据时这些生成数据就可以用于神经网络的训练了。

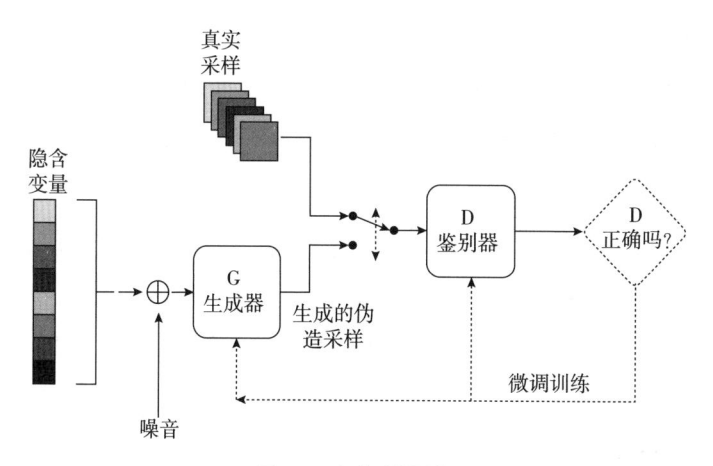

图 3.13 生成对抗网络

可以把这个过程想象为一个警察和假币伪造者之间的比拼，

伪造者想把假币做得像真的，警察希望看到任何钞票时都能鉴别出真伪。两个对抗网络也在彼此学习，也就是说，当一个网络努力去鉴别假币时，另一个网络就能把假币做得越来越真。

另一个例子是生成对抗网络可以模仿名画。经过训练之后的最终结果是，一个网络可以像凡·高、毕加索一样作画，另一个网络能以你闻所未闻的洞察力鉴别画作。这对于医疗等领域来说非常重要，在这些领域中，由于隐私的需要，可用的数据非常有限。GAN 可以填补缺失的数据，自行制作完全"臆造"的病患数据，而这些数据在用于训练 AI 时和真实数据同样有效。深度生成模型有广泛的应用，包括密度估计、图像降噪（从低分辨率或高噪音的图像中生成高品质图像）、图像修复（从部分残缺的图像中恢复完整图像）、数据压缩、场景理解、表征学习、3D 场景搭建、半监督分类或分级控制等。

相比判别模型（例如 CNN），生成模型更厉害的原因如下：

（1）能够从数据中识别并表现出隐藏的结构，例如三维物体的旋转、光强、亮度或形状等概念。

（2）能够想象世界"可以是什么样"，而不是仅仅展现世界"已经是什么样"。

（3）通过拟合并生成近似真实的场景，可以预见未来。

迁移学习

迁移学习的一个例子是当一个神经网络学会了中文翻译成日

文,再让它学德文翻译成英文时就比从头训练要花的时间少得多。这里面的道理在于语言的结构有很多相似的地方,一旦掌握了这些结构,学习下一个就快了。这和人的技能学习类似。可以想象,只要两种任务的结构有相似之处,就可以用迁移学习的方法。

学习如何学习

学习如何学习也叫"元学习"。目前所有的神经网络都是为了一个单一任务而被设计和训练的。换一个不同的任务,例如从识别图片换成学下棋,原来的机器就完全不工作了。目前的所谓"元学习"并非让机器和人一样掌握举一反三的能力,而是让同一个机器适应更多种类的工作。一个办法是训练时用多个种类的任务来训练。另一个办法是把机器分为两个层次:学习任务的机器和观察学习过程的机器。如果后者能够领悟出不同任务之间的相关性,就可以更快地学习新任务。

神经网络可以有许多不同的结构,例如不同的层数、不同的连接方式,等等。把这些结构看成一个可能的空间,让机器自己在这个空间中寻找对给定问题的最佳结构。

深度学习的局限性

上面介绍了一些目前最热的神经网络,例如卷积神经网络、循环神经网络、强化学习、生成对抗网络等,它们有很多神奇的地方，在实际中也得到了相当广泛的应用。但神经网络也好，深度学习也好，都不是万能的，它们有其自身的局限性。

神经网络的一个局限性是，需要依赖特定领域的先验知识，也就是需要特定场景下的训练，说白了就是神经网络只会教什么学什么，不会举一反三。神经网络的这个局限性，是因为神经网络的学习本质上就是对相关性的记忆，也就是说神经网络将训练数据中相关性最高的因素作为判断标准。打比方说，如果一直用各个品种的白色狗来训练神经网络，让它学会"这是狗"的判断，神经网络会发现这些狗最大的相关性就是白色，从而得出结论：白色＝狗。在这种情况下，让这个神经网络看见一只白猫，甚至一只白兔子，它仍然会判断为狗。机器学习的这种呆板行为，用专业术语描述叫"过度拟合"。如果想让神经网络变得更聪明，就必须用各种颜色、各个品种、是否穿衣服等各种场景下的狗来训练神经网络，如此它才有可能发现不同的狗之间更多的相关性，从而识别出更多的狗。人类则不同，一个两三岁智力发育正常的孩子，在看过几只狗之后，就能认出这世上几乎所有的狗了。无须大量标注数据和特殊场景的训练，只需要少量的数据，人脑就可以自己想清楚这个过程。在这方面，目前的神经网络和人脑相比，还有很大的差距。

再如前面提到的汽车和猫的例子，如果一直用正常的汽车来训练这个神经网络，那么当神经网络突然看到图 3.14 的时候，很有可能无法把它认作汽车，而觉得它更像猫。

这个问题在自动驾驶领域显得尤为突出，由于道路交通状况的复杂性，各种交通指示标志的多样性，想把所有的道路交通场景都训练到显然是不可能的。2016 年特斯拉第一起自动驾驶致死的事故也和这个原因有关。

图 3.14　机器学习会把这辆汽车当成猫

神经网络的另一个局限性是无法解释结果为什么是这样，因为人类无法理解暗知识，所以更无法解释。对于神经网络这个"满是旋钮的黑盒子"，每个旋钮为什么旋转到那个位置，而不是多一点或者少一点，都是无法解释的。这个不可解释性在许多涉及安全和公共政策的领域都是很大的问题。例如，医疗涉及人的健康和生命，医生的诊断需要根据极为严谨的医学逻辑，因此医疗对于人工智能的可解释性要求远高于其他行业，极少有医院或医生敢把无法解释的诊断结果用在患者身上。然而由于神经网络自身不具备医学逻辑，其输出的结果也缺乏医学上的解释性，因此目前人工智能在医学上的应用，无论是影像识别还是辅助诊断，都需要专业医生的复核，距离取代医生还有较大的距离。

  人工智能之所以有上述两个局限性，主要是因为目前的神经网络只有相关性的学习能力，没有因果推理能力，更无法把一步一步推理的过程表现出来。因此，想要克服这两个局限性，我们需要有因果推理能力的人工智能。要实现这件事情，人工智能需要做的，不仅是识别场景，还需要将识别出来的场景和它具体的功能以及想做的事情结合起来，从而实现合理的逻辑推理。

  让我们看看人脑是如何理解一个场景的。当人进入一个新的房间时，会很自然地对这个房间的大小，里面各个物品的大小、位置等有一个大致的认识。之后，人脑会把识别出的场景和物品，与其功能一一匹配，例如，床是用来躺的，而且是一张双人床可以躺两个人，椅子是用来坐的，杯子是用来喝水的，等等。然而值得注意的是，上述的几何重建和功能推理，其精度是和具体任务相结合的。例如，人一开始看到杯子，会匹配它喝水的功能，并看到它放在桌子上，判断距离自己两三米远，这个距离判断是非常不精确的。然而当人真的需要喝水时，喝水成为一个任务，人在走过去拿杯子的过程中，不断地、更加精确地判断自己和杯子的距离，直到非常精确地拿到杯子。这个过程就是一个典型的任务驱动的场景识别和功能推理。

此外，人类对于功能的推理，并非会拘泥于具体的物体，而是能抽象出这个物体和功能有关的物理特性，从而匹配其功能。仍然以喝水为例，如果房间里没有杯子，但是有一个瓢、一个盘子、一根擀面杖，人会很自然地选择瓢作为喝水的工具（如果连瓢都没有则可能选择盘子），因为瓢可以作为容器的物理特点和杯子是一致的。而且，选择了瓢之后，人拿瓢的动作，喝水的动作，都会和拿杯子不一样，这同样是由杯子和瓢不同的物理特性决定的。由此可见，人对于物体的功能推理，是会根据任务的要求，抽象其物理特性，从而推理它的功能并完成任务，因此人工智能的场景识别和功能匹配，是需要基于场景和物体的物理特性来完成的，而不仅仅是识别和标定具体功能。

这种基于任务驱动的因果推理和当前的神经网络的对比如下。（见表3.1）

表 3.1 神经网络和任务驱动的对比

	神经网络	任务驱动
物体识别	识别物体是什么 如果没训练过，就无法识别	识别物体的物理特性 即使没训练过，也可以识别
功能匹配	通过标定和训练匹配功能 如果没训练过，就无法匹配	通过物体特性匹配功能 即使没训练过，也能匹配功能
驱动本质	数据标定驱动	任务驱动
数据数量	需要大量数据训练	只需要少量数据
推理能力	无	有推理能力

资料来源：朱松纯，《正本清源》，2016年11月刊登于《视觉求索》。

目前在这个方面探索的代表人物是加州大学洛杉矶校区（UCLA）的图灵奖获得者朱迪亚·珀尔（Judea Pearl）教授以及他的同事朱松纯教授。他们认为可以建立一个基于常识之上的"概率决策图"，也叫"概率语法图"。这个模型把人类的常识和世界模型都包含进来，又采用贝叶斯原理，可以像人类一样不需要许多数据就能学会，在处理许多问题上效率远高于神经网络。在高科技领域，硅谷一家由斯坦福大学教授威德罗的弟子创办的人工智能公司 Vicarious 得到了著名风险投资人蒂尔（Peter Thiel）、特斯拉创始人马斯克、脸书创始人扎克伯格（Mark Zuckberg）和亚马逊创始人贝佐斯（Jeff Bezos）的投资。他们也是采用了概率决策图的方法。虽然目前他们是少数派，但也许若干年后会异军突起，就像神经网络坐了50年"冷板凳"今天突然一飞冲天一样。

第四章

逐鹿硅谷——AI 产业争霸战

> **导读**　这一章不谈理论和技术，只谈 AI 的产业生态。对于想抓住 AI 时代投资机会的人，这章提供了对 AI 产业和商业的一个基础理解。没有读过前面章节的读者也可以直接读这一章。

最新技术巨浪

人工智能毫无疑问是继移动互联网之后的一次超级大浪，其规模和影响至少是互联网级别的。这次创新大浪启动的标志性事件是 2012 年的 ImageNet 比赛。ImageNet 目前有 1 400 万张图片，其中上百万张有文字标注。标注的文字通常是用短语描述该图片的内容（例如"草地上卧着的一条黄狗"）。ImageNet 的比赛主要是看谁的程序能够最准确地识别出图片的内容。在 2012 年以前，识别主要是人工选择物体特征并且写出识别这些特征的程序，准确率的最高水平一直在 74% 左右徘徊。2012 年，亚历克斯·克里捷夫斯基使用多层神经网络 AlexNet 一举把识别率提高了 10 个百分点，达到 84%。

这个突破性结果立即引起了产业界的强烈兴趣和关注。谷歌大脑的负责人杰夫·迪恩（Jeff Dean）敏锐地发现了这个重大机遇，他用了一年的时间说服了谷歌当时的 CEO（首席执行官）兼创始人拉里·佩奇（Larry Page），开始全公司大举转型 AI，随后 Facebook、微软、百度等科技巨头纷纷跟进。如图 4.1 所示，在今后几年，神经网络不断提高识别的准确率，终于在 2015 年达到 96% 的准确率，超过了人类所能达到的 95%。这些突破证明了机器学习可以开始解决实际问题，也让工业界认识到了巨大的商业潜力。但这个突破来之不易，AI 走过了 60 年的艰辛道路。

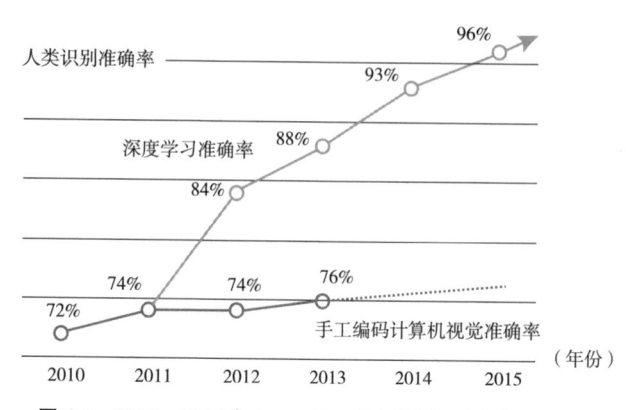

人类识别准确率 96%
93%
深度学习准确率 88%
84%
74% 74% 76%
72%
手工编码计算机视觉准确率
2010 2011 2012 2013 2014 2015 （年份）

图 4.1　2010—2015 年 ImageNet 大赛历年识别准确率

图片来源：http://yann.lecun.com/。

AI 突破三要素

AI 发展了 60 年，为什么到今天能够突破？这是由于长期积累的三个条件成熟了。

第一个条件是计算能力。计算能力和半导体的集成度（在单位半导体材料面积上可以集成的晶体管的数量）直接相关。从第一个集成电路晶体管诞生以来，在过去的 50 年中，半导体的集成度的增加速度基本遵循"摩尔定律"。1965 年 4 月 19 日，《电子学》杂志（Electronics）发表了仙童半导体公司工程师戈登·摩尔（Gordon Moore，后成为英特尔的创始人之一）撰写的文章《让集成电路填满更多的组件》，文中预言半导体芯片上集成的晶体管和电阻数量将每年增加一倍。1975 年，摩尔在 IEEE（电竞和电子工程师协会）国际电子组件大会上提交了一篇论文,根据当时的实际情况对摩尔定律进行了修正,把"每年增加一倍"改为"每两年增加一倍",而这个定律经过传播演化,变成今天普遍流行的说法"计算机运算速度每 18 个月提升一倍,价格每 18 个月下降一半"。1970 年一个芯片上的晶体管数量约为 1 000 个,今天一个芯片上的晶体管数量达到 100 亿个,不到 50 年中提高了 1 000 万倍。相应地,计算能力也提高了 1 000 万倍。目前虽然单个芯片的晶体管数量增加速度放缓,但人们开始把成百上千个芯片封装在一起以便提高总的计算速度。

计算能力对人工智能的巨大推动还体现在一个标志性事件上——GPU(图形处理器)被用于训练 AI 算法。2009 年,斯坦福大学计算机系教授吴恩达和他的博士生拉加特·蓝恩纳(Rajat Raina)第一次提出由于神经网络中大量计算可以并行,用一个 GPU 可以比双核 CPU 快 70 倍,原来需要几周完成的计算一天就可以完成。之后纽约大学、多伦多大学及瑞士人工智能实验室纷纷在 GPU 上加速其深度神经网络。赢得 2012 年 ImageNet 竞赛的 AlexNet 同样用的也是 GPU。从此之后,GPU 就在神经网络的训练和识别中树立了公认的王者地位。再到后来 AlphaGo 发威战胜人类顶级围棋手,背后则是谷歌自行研发的专为深度学习使用的 TPU 发挥了重要支撑,每个 TPU 可以提供 10 倍于 GPU 的计算能力。在本章中将会详细分析为什么 TPU 比 GPU 快。

第二个条件是数据。如果说算法是火箭发动机,那么数据就是燃料。由于互联网的发展和各类传感器(例如在各种环境中的温度、位置、压力等物理化学变量的测量,社会中大量摄像头的存在）成本的大幅下降和广泛安装，根据 IDC（互联网数据中心）的监测统计，2011 年全球数据总量已经达到 1.8ZB（1ZB = 1万亿 GB），相当于 18 亿个 1TB 的移动硬盘，而这个数值还在以每两年翻一番的速度增长，预计到 2020 年全球将总共拥有 35ZB 的数据量，增长近 20 倍。

这比从人类出现到计算机出现前产生的所有数据都多。以目前的传感器技术发展速度，若干年后回头看今天的数据量，不仅量小而且数据采集的密度和广度都远远不够。

第三个条件就是那批甘愿坐"冷板凳"的科学家经过了几十年的积累，终于从 2006 年开始在算法上有了重大突破。当时在多伦多大学任教的辛顿教授在美国《科学》杂志和相关的期刊上发表了论文，证明了深度神经网络的能力和实用性。从此，基于多层神经网络的深度学习理论成为本轮人工智能发展的重要推动力，相当于过去飞机从达·芬奇设计的扇翅膀的飞行器变成有螺旋桨的发动机，人工智能的概念和应用开始一路攀升，语音识别、机器视觉技术在几年间便超过了人类的水平。

正是算力、数据、算法这三个要素同步成熟，形成合力，终于带来了今天 AI 的爆发。这三个要素中最重要的是计算能力的发展和算法的互相促进。

金字塔形的产业结构

一个产业的生态主要是指这个产业有哪些环节和这些环节

之间的关系，例如哪个环节是生态的瓶颈并掌握最强的砍价能力。更深入的产业生态分析还包括各个环节的未来发展以及对整个生态的影响。AI 的产业生态如图 4.2 所示，是一个金字塔形的结构。

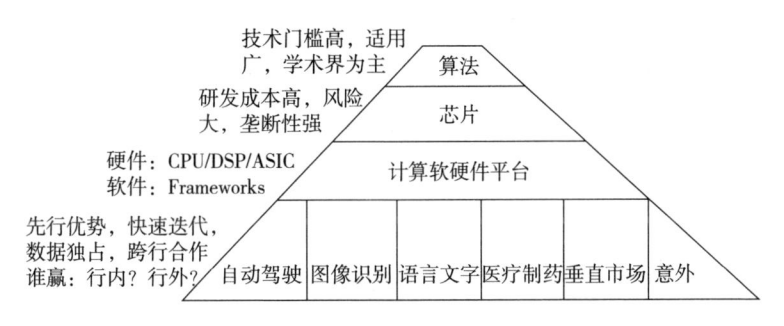

```
                技术门槛高，适用
                广，学术界为主  /  算法  \
              研发成本高，风险    /         \
              大，垄断性强      /   芯片    \
    硬件：CPU/DSP/ASIC      /              \
    软件：Frameworks       /  计算软硬件平台  \
先行优势，快速迭代，      /                      \
数据独占，跨行合作      /                        \
谁赢：行内？行外？   /自动驾驶|图像识别|语言文字|医疗制药|垂直市场|意外\
```

图 4.2　AI 产业生态的金字塔形结构

金字塔的下层对上层有依赖性，但反之不成立。也就是说上层是驱动力，是自变量，下层是驱动结果，是因变量。金字塔的宽度大致对应市场规模和公司的数量。所以越上层对整个行业的影响越大但市场规模越小，越下层市场规模越大但影响越小。

产业的皇冠：算法

我们前面说过，AI 近年的突破性发展的三个驱动因素之一是神经网络算法的突破。其实这是三个因素中最重要的因素，因为其他两个因素（计算能力和数据量）属于"搭便车"。目前研究算法主要集中在美国的一流大学和几家超级互联网公司（谷歌、Facebook、亚马逊、微软、IBM、百度等）。大学的算法研究大部分都是学术性和公开的，而大公司的算法研究最核心的只留给自己用。专门研究算法的私人企业屈指可数，一家著名的算法公司就是被谷歌收购的大胜围棋世界冠军的 DeepMind。另一家是由硅谷老将，曾经做出世界上第一台掌上电脑 PalmPilot 的杰夫·霍金斯（Jeff Hawkins）创办的 Numenta（公司名来自拉丁文 mentis，意为"心灵"）。Numenta 是一个由私人资助的研究所，他们过去十几年专注于发展一种叫作层级时序记忆（Hierarchical Temporal Memory，HTM）的算法。这种算法受大脑新皮质中锥体细胞的启发，网络结构远比各种神经网络复杂。这种算法的一个特点是可以连续学习。神经网络都有一个缺陷，在模型训练完毕后，如果有新数据可以用，就必须把新数据和原来的老数据合并在一起重新训练模型。而 HTM 的连续学习没有这个缺陷，当新数据来了以后，只要继续把新数据喂给模型即可。HTM 的第二个优势在于可以将物理世界的基本常识融入模型。Numenta 并不寻求直接提供商业解决方案，而是仅仅提供算法的许可，让合作伙伴用自己的算法来解决商业问题。Numenta 还提供了开源的平台，让更多的开发者在这个平台上完善 HTM 算法。从 Numenta 出来创业的威德罗教授的博士生迪利普·乔治（Dileep George）基于 HTM 创办了一家做机械手通用软件的公司 Vicarious。相对于应用，纯粹做算法的公司少得可怜，原因主要是缺乏商业模式。

第四章 逐鹿硅谷——AI产业争霸战

技术制高点：芯片

半导体芯片是一切信息技术的基础，有了芯片才有电脑和存储，有了电脑和存储才有互联网，有了互联网才有大数据，有了大数据才有人工智能。在这每一波的发展中，芯片都是最关键的环节，芯片厂商总是处在霸主地位。在大型机时代，能够自己开发芯片的 IBM 独占鳌头。在个人电脑时代，能够生产出最好的 CPU 的英特尔成为新的霸主。在移动通信时代，高通（Qualcomm）几乎垄断了手机芯片，直接挑战英特尔的霸主地位。在云计算大数据时代，三星（Samsung）凭借自己在存储芯片方面的优势成为世界半导体第一大厂家。在人工智能时代，谁将是新的霸主？

这个新霸主的桂冠很可能落在硅谷的半导体公司英伟达（Nvidia）头上。英伟达成立于 1993 年，创始人是出生于中国台湾，小时候随父母来到美国的斯坦福大学毕业生黄仁勋（Jen-sen Huang）。公司最初是做电脑图形显示卡，20 多年来一直在研发销售图形显卡和图形处理芯片 GPU。除了工业应用之外，图形显卡的最大市场是电脑游戏，今天高端电脑游戏里面几乎清一色用英伟达的显卡。当电脑游戏市场开始成熟后，英伟达也曾经想进入手机市场并收购过相应的公司，但是并不成功。直到 2012 年上天为准备好了的英伟达掉下一块"大馅饼"，这个馅饼就是我们前面提到过的 2012 年的 ImageNet 比赛。在这个比赛中取得突破的 AlexNet 的发明人亚历克斯就使用了英伟达的 GPU，证

099

明了 GPU 非常适合用于有许多并行计算的神经网络，比 CPU 快得多。在这之后的几年，其他人都开始采用 GPU，比谁能将网络做得更大，层数更多。从此以后，GPU 成了神经网络计算的引擎，相当于 CPU 对电脑的作用一样。

为什么 GPU 会成为神经网络计算的引擎？训练神经网络就相当于调黑盒子上的旋钮，调旋钮是通过数学的算法调的，这些旋钮动辄几十亿个，需要大量的计算。传统电脑用的是 CPU，用 CPU 去调旋钮相当于调完第一个再调第二个，一个一个按顺序来，虽然现在 CPU 很快，但神经网络的旋钮实在太多了，连 CPU 都招架不住了，这时候 GPU 就出现了。

GPU 和 CPU 不一样的地方是它一次可以同时调成千上万个旋钮，原来 CPU 几年才能调完的活 GPU 几天就干完了（有兴趣的读者可以看附录 3 中关于 GPU 的技术描述）。GPU 的出现，让神经网络可以更大，因而处理能力更强，从一个纯学术的研究项目变为有巨大商业价值的工具。

深度学习需要用 GPU 的主要有两类：模型训练和识别。前者不光要处理大量训练数据，还要不断地试验不同的模型和参数，因此运算量巨大，一个训练模型可能要成百上千个 GPU 来算。识别的计算量少很多，但是用户多（例如谷歌、Facebook 的用户都以 10 亿计），所以总的运算量更大，通常是模型训练的几十倍甚至上百倍。由于几乎所有的深度学习都从英伟达买 GPU，所以英伟达芯片一直供不应求，其股票从 2015 到 2017 年涨了10 倍。

第四章　逐鹿硅谷——AI 产业争霸战

面对如此大的权力和利润，其他公司都心有不甘。首先是英特尔不甘心被摘下霸主桂冠，开始在 CPU 里集成更多的核心，2017 年的 Xeon Phi（处理器）里面多达 72 个核。但 CPU 毕竟还要做许多其他事情，单论深度学习还是远不如同档次的 GPU。先进微器件公司（Advanced Micro Device，AMD）发扬一贯的"宁做老二"的传统，在 CPU 上紧盯英特尔，在 GPU 上紧盯英伟达，永远走"功能类似，价格便宜"的路线。

其他几家互联网巨头也不想眼睁睁地看着英伟达控制着深度学习的命脉。谷歌就撸起袖子自己做了一款自用的 TPU。TPU 的设计思路是这样的：既然 GPU 通过牺牲通用性换取了在图形处理方面比 CPU 快 15 倍的性能，为什么不能进一步专注于只把神经网络需要的矩阵运算做好，进一步提高速度呢？所以 TPU 设计的第一个诀窍是比 GPU 更专注于神经网络里面计算量最大的矩阵计算，而不需要像 GPU 一样去顾及图形处理的许多需求。TPU 的第二个诀窍是采用低精度的计算。图形与图像处理需要很高的精度（通常用 32 比特浮点精度），而用于识别的神经网络的参数并不需要很高的精度。

所以谷歌的第一款 TPU 就专门为识别设计，在运算上放弃 32 比特的浮点运算精度，全部采用 8 比特的整数精度。由于 8 比特的乘法器比 32 比特的简单 4×4=16 倍，所以在同等芯片面积上可以多放许多运算单元。谷歌的第一款 TPU 就有 65 000 个乘加运算单元，而最快的 GPU 只有 5 300 个单元。有兴趣的读者可以看附录 3 中对于 CPU、GPU 和 TPU 的详细技术分析和比较。

对于机器学习的芯片市场,不仅各大半导体厂商在攻城略地,美国、中国、欧洲至少有几十家新创公司也在摩拳擦掌。新创公司有机会吗?

神经网络芯片大致可以分成三大类。第一类是数据中心里面使用的用于训练模型和识别的芯片。目前这类芯片几乎被英伟达垄断。这类芯片客户不惜成本,不太计较耗电,只要计算速度快。这些芯片通常都用最新的半导体工艺以便集成最多的晶体管。截至本书成稿时,最先进的开始成熟商用的半导体工艺是 7 纳米晶圆线,使用最新的工艺成本也最高,一个芯片从研发、设计、流片、测试到量产的过程耗资动辄数十亿美元,新创公司通常没有这么多钱,风险资本也不愿意冒这么大风险。即使能生产出来,销售也是一个极大的问题,要说服大客户们使用一家没有验证过的芯片极为艰难,除非新创公司的芯片能比现有芯片快至少 10 倍以上。如果要比现有芯片快 10 倍以上,那么新创公司在设计阶段至少要比市场最快芯片快 100~1 000 倍,因为现有厂商也不会原地不动,也在不断地设计新一代的芯片。即使一个新芯片能快 10 倍,编程软件环境包括编译器、程序库等完善也需要若干年的时间。综上原因,一家新创公司想觊觎数据中心市场风险非常大。

第二类是用于汽车自动驾驶或机器人中的芯片,这类芯片的耗电不能太大,例如在电动汽车里,芯片耗电不能使电池巡航距离降低超过 1%。对成本有一定的要求,计算速度也要比较快。目前英伟达的 GPU 是各大汽车厂商的首选,英伟达也将自动驾驶作为最重要的布局领域。

AMD、高通、英特尔都在竞争这块市场。高通曾经想以440亿美元收购荷兰半导体厂商恩智浦（NXP）公司，因为恩智浦的芯片已经广泛用在汽车的各个控制系统里。2017年3月，英特尔以153亿美元收购以色列汽车视觉公司Mobileye，从而在高级辅助驾驶系统（ADAS）市场实现领先。AMD联合了原本是英伟达合作伙伴的特斯拉开发适用于自动驾驶的AI芯片。在巨大的市场潜力的吸引下，一些新创公司也进入这个领域。但整体而言新创公司在这个市场的机会也比较小，原因类似：研发成本太高，客户（汽车公司和它们的一级供应商）大而保守等。

第三类是用于各类终端的芯片，例如用于摄像头、手机、医疗设备、小型机器人等。这类芯片要求耗电非常低（例如手机），成本非常低，在机器学习类的运算中速度只要能比CPU快10倍以上即可。新创公司在这一类芯片中机会最大。在这类终端芯片中，以手机市场最大，但进入一流手机厂商的机会也最小。例如苹果、三星、华为等一流手机厂商几乎都用自己的芯片以便提供差异化用户体验，对它们来说设计一个神经网络加速器的难度并不高。2017年苹果、华为已将AI元素融入自家芯片，发布内置AI芯片的iPhone X（苹果手机）、Mate10（华为手机）等。另外，手机芯片厂商绝不会放弃这个未来市场，高通、三星、联发科等计划在2018年也推出融入人工智能的芯片产品，其他手机厂商也会陆续使用神经网络芯片。即使是二三流的手机厂商也一定要求AI加速芯片被集成到CPU里而不是增加一个新的芯片（这样几乎不增加成本）。新创公司根本不可能开发一个全新的带AI加速器的CPU，最多只能把自己的AI加速器的设计给CPU芯片公司使用，但CPU芯片厂商都有自己设计AI加速器的能力，所以AI芯片的新创公司想进入手机市场几乎没有可能。

摄像头市场规模非常大，尤其是许多国家或城市正在打造智慧城市，AI芯片的需求潜力很难估量，很多AI芯片和算法创业公司都将安防作为最重要的落地场景之一，但该领域的集中度也很高，给安防设备厂商提供视频处理芯片的公司一定会把AI功能集成进去，安防设备龙头厂家也会研发自家的AI芯片。所以新创公司的最大机会在于为那些还不存在的或者目前规模很小的应用提供芯片，例如各种小机器人、物联网的应用。投资人要赌的是这些目前大厂看不上的市场会在短短几年内爆发。

许多读者会关心，中国的新创公司在AI芯片上有没有机会？对这个问题的回答是：上面的分析对任何一个国家的新创公司都是适用的。

生态大战——编程框架的使用和选择

在AI领域经常听到一个新技术名词叫作"编程框架"。这个编程框架和过去我们熟悉的"编程语言""操作系统"是什么关系？简单讲，所谓编程框架就是一个程序库。这个库里有许多常用的函数或运算（例如矩阵乘法等）。这样的程序库可以大大节省编程人员的时间。这些编程框架的程序库大多都是"面向对象"的高级编程语言,例如 C++(计算机程序设计语言)、Python(一种面向对象的解释型计算机程序设计语言)等。高级编程语言易于编程但效率低,低级编程语言例如汇编语言编程复杂但效率高。用这些高级编程语言写的程序库可以在各种不同的操作系统上运行,例如 Linux(一种开源操作系统)、Windows(微软电脑系统)、Mac OS(苹果电脑系统)等。

作为机器学习的一个早期现象,现在有许多种不同的编程框架在竞争。其中比较著名的有 TensorFlow、theano、Caffe、MXNet、CNTK、torch 等。这些不同的编程框架的本质类似,通常都由以下五部分组成。

张量对象

张量就是一组多维的数据。例如一组 24 小时每小时平均温度的数据就是一个有 24 个数据的一维张量,也叫向量。一张 480×640 像素的黑白图像就是一个二维张量,也叫矩阵。第一个维度有 480 个数据,第二个维度有 640 个数据,共有 $480 \times 640 = 307\,200$ 个数据,每个数据的值就是这张图中一个像素的灰度。如果是一张彩色图像,每个像素又可以分解为红、绿、蓝三原色,这张图像就变成一个三维的张量,一共有 $480 \times 640 \times 3 = 921\,600$ 个数据。张量是一种能涵盖各种数据的形式,不论要处理的数据是天气、股票、人体生理指标、语音、图像还是视频,都可以用不同维度的张量表示。这样数据的统一的表达使数学运算形式的表达也能够统一：都是张量运算。所以在机器学习计算时（不论是训练模型还是识别特征）都要先把数据转化为张量形式，计算结果出来以后，再从张量形式转化为原来的数据形式。在所有的张量里，最常用的就是二维张量，即矩阵。下面为了直观易懂，我们在讨论过程中都用矩阵作为张量的代表。

对张量的运算

基于神经网络的机器学习在本质上是对输入数据的一系列矩阵运算、卷积运算和非线性运算（例如只取正值，负值一律等于零的运算）。作为模型训练，通过反向传播不断地调整加权系数（即矩阵的各个元素）使最后的输出与目标值的差达到最小。作为特征识别，将输入数据经过一系列矩阵和非线性运算后提取出某个训练过的特征，然后再拿这个特征和一类已知特征比较进行分类。这些常用的运算例如矩阵乘法、非线性处理等都可以成为程序库里的一个运算或函数。当我们调用这个函数时，只需要把该填的参数填进去，例如矩阵的大小和内容，而不必再自己写矩阵的具体运算。

运算流程图和程序优化

许多编程框架都提供可视运算流程图，这个工具可以把一个神经网络的全部运算用框图的方法画出来，框图中的每个节点就是程序库中的一个函数或运算（用编程语言说叫作一个对象），这样整个运算非常直观，也容易找到程序漏洞。当运算流程图画出来以后，编程框架就可以自动把流程图变成可执行程序。对于一个复杂的程序，用可视流程图方法画出来后有全局观，很容易优化（改动流程图比改程序容易）。编译器（把用编程语言写的程序转化成计算机底层指令的内置程序）可以根据流程图优化底层资源（内存、计算等资源）的分配。

自动求导器

在神经网络训练时最复杂的计算就是把输出误差通过反向传播，用最陡梯度法来调整网络各层的加权系数直至输出误差最小。这个计算基本是一个连锁的在网络各层对权重系数集求导数的计算。在大部分的编程框架中，这个连锁求导被打包成一个运算函数（在 Python 程序库里是一种"类"）。在有些提供高级应用接口的编程框架中，例如 TensorFlow，甚至把整个"训练"打包成一个运算（"类"）。在把运算流程图画出来以后（等于定义好了神经网络的大小和结构），只要调用"训练"这个运算开始运算训练数据，就可以得出训练好的网络参数。

针对 GPU 的线性代数运算优化

传统的许多线性代数的函数是在 CPU 上运算的。前面介绍

GPU 时讲过，GPU 的特点是大量的并行计算。线性代数中的运算许多都是矩阵运算，而矩阵运算中有大量可并行的计算。由于目前 AI 的计算平台以 GPU 为主，所以许多原来常用的线性代数函数和运算包要重新写，让这些运算充分并行。但这部分工作不影响编程框架用户的使用方式，这些优化后的接口和使用方式保持不变。

这些编程框架都是早期的机器学习编程者为了自己方便使用而积累出来的程序库。它们形成的时间不同，目的相异，解决的问题的侧重面也不同。有些框架提供的可调用程序属于底层（每个函数或运算相对基本，相当于盖房子的砖头），需要编程人员透彻理解神经网络，这些底层程序库的好处是编出来的程序灵活性高、适用性强、运行效率高。有些框架提供的调用程序属于高层（每个函数或运算复杂，相当于盖房子的预制板，如同一面墙）。不太懂神经网络的人也能很容易编程，但程序灵活性和适应性受限制，运行效率低。另外一个主要不同之处是程序库内的函数和运算的具体实现方法不同，有些效率高，有些效率低。关于各主要编程框架在使用单个和多个 GPU 进行机器学习中最常见的矩阵运算和卷积运算的效率比较，可以参见香港浸会大学褚晓文教授的论文《基准评测 TensorFlow、Caffe、CNTK、MXNet、Torch 在三类流行深度神经网络上的表现》。想更多地了解这些编程框架的读者可以参阅附录 4，其列出了目前业界的主要编程框架。

开源社区与 AI 生态

我们从程序库的介绍可以看出，几乎任何早期的机器学习的编程者都会自己编写一些常用的函数和运算，建一个自己用的或自己的公司内部用的程序库。发源于大学的这些程序库，例如发源于加州伯克利大学（UC Berkeley）的 Caffe，通常从一开始就是"开源"的，也就是这些程序库里面的源代码都是公开的。近年来谷歌、Facebook、微软、亚马逊等公司也将自己的程序库开源。为什么它们会如此"大公无私"？当然这些公司内部推动开源的技术人员中不无理想主义者，希望通过开源来推动机器学习的快速发展。但公司作为一个营利主体，开源的主要商业动机是吸引更多的软件编程人员使用自己的编程框架，滋养一个围绕着自己的编程框架的生态系统。那么"开源"这个游戏是怎么玩的呢？程序源代码开放后随便什么人都可以改，如何控制质量？下面我们就介绍一下"软件开源"这个游戏的历史和规则。

软件开源在美国有悠久的历史，最成功的开源项目就是互联网的开发。从 1962 年兰德公司提出互联网的概念，到 1968 年头三个网络节点（斯坦福大学、斯坦福研究所、加利福尼亚州洛杉矶大学）的连接，再到网络协议 TCP/IP 的开发和成熟，其间没有任何政府部门出面组织，也不受任何一家公司控制，完全靠社区志愿者。美国这个国家就是从社区到小镇，到州，再到联邦这样自下而上建立起来的。当 1620 年从英国驶往新大陆的"五月花"号轮船被季风从原来的英王特许地纽约吹到北边的荒无人烟的今

109

天叫作波士顿的地方时，船上的 102 名男性清教徒在一起订下了"五月花号圣约"。这份圣约就是美国第一个社区的"乡民公约"。之后美国的各个移民社区都是这种自治管理模式，没有官，也没有"上级"，所有的社区都由社区居民自己定规则，自己管理。"政府"就是自己订的乡民公约。所以在美国独立战争后许多人认为根本没有必要成立一个联邦政府。这种强大的自治传统是开源软件的文化基础。所以像互联网这样无中心，没"领导"的"怪物"只能在美国成长起来，在世界任何其他地方都不太可能。这和技术无关，而和文化、历史有关。互联网的技术很简单，只要有一台显示终端、电话线和提供信息的计算机就可以搞互联网了。其实世界上联网最早的国家不是美国，而是法国。法国 1968 年就开发出了"Minitel"（法国自行建立的国家网络，建成早于互联网），由法国邮电部开发、控制。1982 年就在全国铺开，给每个居民家里面安装一个统一的终端，通过电话线连接到邮电部的数据库里，可以查天气、订票等。法国这样的欧洲大陆国家有悠久的皇权传统，从一开始就和美国的思路完全相反，一切由邮电部控制。在互联网的冲击下，法国 Minitel 和其他国家政府控制管理的互联网门户一样早就荡然无存。回过头看，孰优孰劣一目了然。

软件开源也是一个社区，这个社区也有乡民公约，这个公约的主要内容就是鼓励每个人分享对开源软件的改进。经过多年的演进，目前开源社区的公约大多使用"Apache2.0 协议"。这个协议的主要规则如下：任何人都可以使用 Apache 2.0 协议许可下的软件，并且可以用于商业；任何人都可以任意修改原有的软件，并将修改后的软件申请商标和专利，但修改的软件必须注明使用了 Apache 2.0 的许可，必须明确标示修改的部分。

开源社区允许在开源软件的基础上开发自己的商用软件，而大多数商用软件是不愿意公开的。那么开源社区如何解决"搭便车"的问题呢？这个问题就像问为什么总有人愿意出头为社群出力，为什么人会有利他的动机。答案在于种群的竞争和演化。设想远古两个邻近的部落，第一个部落里面的所有人都很自私，另一个部落里面有些人愿意为大家冒风险和做事，第二个部落的合作能力和战斗力就会比第一个强，两个部落发生战争时第二个部落就会把第一个部落消灭了。那些"纯自私"的人的基因就无法遗传下来，而获胜存活下来的基因中就会有利他成分。就像我们在日常生活中看到的一样，一个社群中愿意牺牲自己的利益为大家服务的人虽然总是极少数但永远存在。开源社区其实是同一个道理，在里面免费干活不断改进软件的人也是少数，所以许多开源社区都是一路艰难。但是对于那些逐渐成为重要基础设施的开源软件，例如互联网协议、操作系统 Linux 等，就会有更多的人来关心和付出。例如许多商业公司使用了这些开源软件，一旦公司做大，这些公司就非常关心这些开源软件的改进、更新和安全。这些公司就会出钱出力。还有一些用户也会捐献，许多常年依赖维基百科学习和检索的读者，因为希望这个工具越来越有用，就会定期捐款支持。笔者已经不能想象离开维基百科这样的工具该怎么工作和生活。但以上这些因素仍然没能彻底解决开源社区"搭便车"的问题。这和我们在一个社群社区的情况完全相同，总有人会"搭便车"。区块链技术的出现也许能彻底解决这个问题,这又是一个很长的话题。笔者也许会在下一本关于区块链对社会的冲击的书中详述。

所以有了开源的编程框架以后,大量的 AI 应用开发公司就可以使用现成的程序库而不必从头开始。这就大大降低了 AI 应用的技术门槛。一个不懂机器学习的有经验的软件工程师,可以用一个月时间在网上学一门机器学习的基础课程,再花一周时间就可以掌握像谷歌的 TensorFlow 这样的编程框架。所以今天融资的新创技术型公司都可以说自己是"AI 公司"。如果这些公司的技术都使用开源编程框架,它们的技术差别就很小。因此这些公司比拼的是对某个行业的理解和在该行业的营销能力,以及对该行业数据的占先和占有程度。有 AI 技术实力的公司通常不完全依赖开源的编程框架,而是自己开发很多自己专用的底层程序库,甚至有自己的编程框架。

在 AI 的开源运动中,除了各大学和各大技术公司的开源编程框架,还有一些纯粹的公益组织。其中最著名的就是由"钢铁侠"马斯克和迄今最成功的孵化器之一 Y Combinator 的创始人山姆·艾特曼(Sam Atman)创建的 Open AI。创办 Open AI 的动机有两个:一是不能让大公司控制人类未来最重要的技术之一。这一点和当年乔布斯、盖茨发起个人电脑革命时的驱动力相同:不能让 IBM 这样的大公司垄断计算机技术。二是现在就开始警惕 AI 对人类社会的潜在威胁(我们将在第七章专门讨论此问题)。Open AI 的使命是"AI 民主化"。意思是要让更多的人掌握 AI 技术，让更多的人受惠于 AI。也有人反驳说让每个人都掌握一种威力无比强大的技术是否使人类更安全？应该说对 AI 的担心是明确的，但如何使 AI 更安全的路径是模糊的。但这就是那些创业家的性格，只要大方向对了就先干起来再说。Open AI 的最大挑战是如何吸引第一流的人才。在硅谷，顶级的 AI 人才的工资、奖金、期权加起来每年可达数百万美元，而 Open AI 作为一家非营利性机构，只能给出一般的市场价（例如每年 20 万～30 万美元）。即使如此，也曾经吸引了重量级的 AI 大神，例如发明了生成对抗网络的岩·古德菲勒（Ian Goodfellow）等人。Open AI 的主要研究工作集中在通用人工智能，使用开源社区的方法吸引全世界的 AI 人才来贡献。Open AI 是否能够最终成为 AI 生态中的一支重要力量，还要看他们的研究结果是否能被广泛应用，要看这些为理想而来的年轻人能否禁得住市场以 10 倍以上的待遇把他们挖走。

乱世枭雄

今天的 AI 就像 20 年前的互联网，是兵家必争之地。几乎所有的大公司都在争夺高地。其中最有代表性的就是世界上几大科技和互联网巨头：谷歌、Facebook、亚马逊、微软、IBM、百度、阿里巴巴、腾讯等。这些巨头可以分为三类：第一类是掌握大量用户数据的互联网公司；第二类是微软和 IBM 这样的技术公司；第三类是华为、小米等这类缺乏数据，但有应用场景，又希望通过 AI 提升自身产品的公司。第一类公司首先在自己的数据上全面使用 AI 技术，例如图片搜索、用户行为预测、智能推荐等。第二类公司则希望打造 AI 云计算让客户使用。第三类公司积极和前两者进行合作，或快速将它们的 AI 开源能力运用到自身的产品中。

在互联网公司中，技术驱动型的公司例如谷歌和百度都是在 AI 战略上最激进的公司。谷歌放弃了"移动第一"的战略，提出"AI 第一"的新战略。百度也宣称自己是一家 AI 公司，要全力以赴投入 AI（all in AI）。谷歌和百度除了在自己的数据优势上全面使用 AI 以外，也四面出击，企图进入自己不占有数据优势的垂直行业，例如自动驾驶和医疗健康行业。中美的搜索公司在进入垂直行业上比社交网络和电子商务公司更激进的另外一个原因是搜索公司的用户数据比社交和商务的用户数据"浅"，挖掘的价值没有社交和商务用户高。

这些互联网和科技巨头都在云计算方向上激烈竞争，每家都希望自己的 AI 云计算占有最大的市场份额，亚马逊、谷歌、百度、IBM、腾讯等都在其云计算平台推出了计算机视觉、语音识别、自然语言处理、翻译等能力。谷歌传统的云计算市场份额远不如亚马逊，但 AI 为其提供了一个翻身的机会。谷歌开发自己的 TPU，除了降低成本以外，更重要的是 TPU 能够对 TensorFlow 编程框架下的计算提供更快的计算。相对于亚马逊的云服务 AWS 等竞争对手，谷歌不仅可以提供成本更低、拥有更强 AI 能力的云计算服务，还可以进一步吸引更多的人使用谷歌的编程框架 TensorFlow。这样 TensorFlow 和谷歌的云计算服务的绑定就越紧密，TensorFlow 和基于 TPU 的云计算就形成了正循环。目前 TensorFlow 的 SDK（开发工具包）在全球有 1 000 万次下载，遍布 180 个国家和地区。同时谷歌云 AI 团队正在快速降低 AI 技术上的门槛。2018 年初，谷歌发布全新的"自动机器学习云"（Cloud AutoML），不会用谷歌编程框架或任何编程框架的人也可以创建机器学习模型，用户只需上传数据便能自动创建机器学习模型，包括训练和调试。目前已经有上万家企业使用谷歌的自动机器学习云服务。

华为在通信设备、移动终端领域有领先优势，虽然该公司很早就部署了 AI，但是在 AI 技术上整体还是大幅落后于谷歌、百度这类公司。因此该公司采用了全面开放合作的态度，构建自身的 AI 能力，以便升级现有的产品与服务能力。华为通过开放平台的搭建，在芯片层一开始采用了寒武纪的 NPU（嵌入式神经网络处理器），在语音交互方面采用了科大讯飞和自主研发相结合，并通过开放的架构和战略合作将谷歌的 TensorFlow、百度的 Paddle Paddle 等深度学习能力便捷地提供给开发者与合作伙伴，并和微软联合开发内置于系统层的机器翻译功能，以及和商汤等公司联合开发 AI 技术，以便为旗下产品打造更多的 AI 型应用，拉开和竞争对手的距离。

大卫和哥利亚

大公司既有技术又有数据，那新创公司怎么活？简单来讲，新创的 AI 公司要进入大公司不占有数据优势的那些垂直的行业。这样的行业又可以分为两类：一类是新兴领域，以前完全没有人做，一切从头开始；另一类是原有行业，例如金融、保险、能源等。新创公司进入第一类行业最容易，因为大公司通常不会进入一个全新的、市场还未知的领域，自动驾驶和人脸识别都是这样的新兴领域。目前在美国和中国做自动驾驶的新创公司有上百家，在中国做人脸识别的公司也有数百家。与任何新兴领域一样，这些新创公司的大部分将被淘汰或并购，尤其是自动驾驶，其属于未来汽车厂商之间竞争的核心技术，又牵涉到安全。大车厂不可能把这样的技术交给一家创业公司（二流以下车厂有可能，所以还是有市场的）。它们要么自己建研发队伍，要么收购最好的自动驾驶软件公司，目前几乎所有的一线国际大车厂都已经这么做了。自动驾驶软件公司遇到的第二个问题是它们的软件通常要通过一级供应商（Tier1）的集成后进入车厂。但一流的一级供应商也认为自动驾驶是它们未来的核心竞争力，也是要么自建研发，要么收购，也不会把人命关天的事交给一家新创公司。所以那些没能被收购的自动驾驶软件公司最后要么去攻比较简单的、限定的场景，例如校园、景区、小区等，要么去攻垂直市场，例如卡车、港口、仓库等。而人脸识别由于应用场景不同，客户要求不同（例如发现犯罪分子和刷脸支付要求完全不同），所以可以容纳更多的厂家存活。

现在难以看清楚的是那些既有钱又有数据的传统行业，例如金融、能源、医疗等。在这些领域有三类竞争者：第一类是本行业内部的团队，例如许多证券公司已经开始大规模自建 AI 交易和理财团队。第二类是各大互联网公司企图挟巨大技术优势进入或者颠覆传统行业，例如谷歌和腾讯都企图进入医疗领域。第三类是企图进入垂直行业的新创 AI 公司。两个有意思的行业是证券交易和医疗图像。前者几乎都在建立自己的团队和能力，而后者则基本都和外面合作。对于证券公司来讲，AI 算法是未来交易的核心技术，证券公司必须掌握。交易算法必须由技术团队和交易团队紧密配合快速迭代，算法和数据必须严格保密，所以很难外包。而医疗成像识别目前主要是提高 X 光读片效率，不是生死攸关的技术，X 光读片对于一家医院来说只是很小的一部分业务。美国的大连锁医疗集团例如凯撒（Kaiser Permanente）等还有一些内部的技术资源，大部分美国和中国的医院基本没有这样的技术能力。医疗图片即使泄露到同行手里，对医院本身也不会造成致命伤害。所以它们愿意承包给外面做。新创 AI 企业是否能顺利进入传统行业，要看 AI 技术在这个行业中的作用和对数据的敏感程度。预计银行和保险行业将和证券业类似，不会愿意分享数据外包 AI，大银行和保险公司都将以自己为主。所以 AI 公司只能去攻那些中小规模的企业，它们自己没有技术能力，又面临被淘汰的危险。还有一种做法就是与新业态合作，例如新兴互联网银行、互联网保险。这些公司有互联网和大数据基因，属于行业新进入者，做法激进，天然拥抱 AI 技术。但对这类公司来说，AI 将是核心技术，它们最终还是要自己做，也许会收购外包团队。

总体来讲，今天 AI 创业公司进入传统行业的商业模式还都不清晰，如果有选择，那么在为传统行业增加效率和从外部颠覆传统行业两者之间，前者更容易，但后者利益更大。

许多人今天对 AI 新创公司的一个担忧就是用户数据都在互联网巨头手里。这是一种静态的看法，今天互联网公司的数据主要是人们使用电脑和手机产生的浏览数据，它们并不掌握下列几大类对人类有用的，AI 也需要用的数据。

（1）人类本身的数据，例如身体数据和心理数据。

（2）环境数据，其中包括自然环境、社会环境。

（3）各种人类劳动过程数据，例如农业、工业、服务业的过程数据。

人类劳动过程中的数据是未来最重要的数据，劳动过程无非是对一个给定的环境施加一组行为，让这个给定的环境变得对人类更有利（例如给一块地播种、灌水、施肥，使之长出庄稼，冶炼铁矿石变成钢，给患者打针吃药治愈疾病）。只要这个环境能够被测量（庄稼亩产、矿石和钢铁质量、人体健康程度），这组行为能够被控制（浇水施肥量、高炉温度、药的种类剂量），机器学习就可以被用来优化这个过程。所以一切能够被测量的环境和过程都将产生机器学习需要的数据。几十年以后回头再看，人类上网和玩手机产生的那点数据根本就不叫数据。如果把数据比作金矿，那么互联网巨头今天拥有的无非是地表面沙土里一层浅浅的金沙，真正的金疙瘩都还埋在迄今没发现的地方。这些地方有些是我们前面提到的现有行业，有些是我们今天还没看到的环境和过程。随着各类传感器成本的降低,越来越多的环境被更细密地感知。随着物联网的普及,这些无所不在的传感器将搜集到比今天互联网大许多数量级的数据。

新创公司和大公司竞争的最大的优势还是人才和激励机制。创业者通常都是最优秀、最有激情、敢于冒险的一批人。新创公司在一个全新领域可以随时掉头,快速迭代,迅速摸清市场需求,它们所有的脑筋都会放在如何满足用户需求上。而在大公司很少有人愿意冒风险尝试新东西,有些项目会牵涉许多部门利益,想做一件事要花大量时间去协调,有时还会打得不可开交。凡是在大公司待过的人对此都深有体会。以半自动驾驶功能为例,特斯拉率先推出自动线道保持功能,使驾驶员开车时可以不扶方向盘。这个线道识别技术最初是以色列公司 Mobileye 提供的,其他使用 Mobileye 方案的汽车厂家按理说都可以推出这个功能但却没有,因为这个功能风险很大。传统车厂的中高层经理打死都不会签字发布这个功能,后来也确实出现了交通事故的例子。特斯拉发布这样的功能极可能就是老板自己拍的板,因为除了利益之外,创始人天天泡在产品上,对细节非常了解,拍板时心里多少有数。一个新功能谁都无法打包票,不冒这样的风险就无法在自动驾驶技术上领先,无法领先新创公司就存活不下去。而传统大公司的 CEO 都是职业经理人,对某个具体功能不可能了解得那么细,要依赖一层一层的建议,如果下面没人愿意担这个风险,CEO 就不敢随便签字。传统大公司的第二个问题是激励机制无法和新创公司比。大公司那点奖金和期权没法与创业公司的期权比（如果成功），大公司内部的人事斗争和协调成本都会把那些智商高的技术天才吓跑，即使招来也会气走。传统车厂有资金、渠道，甚至也掌握了相应的技术，由于上述种种原因也只能眼睁睁地看着特斯拉这样的公司冒出头来把它们甩得越来越远。

AI 的技术推动力

许多人都在关心 AI 这波行情还能走多高、走多远。如果说算法是 AI 引擎的设计，算力是引擎的马力，数据是引擎的燃料，那么让我们分别看看这些技术推动力的发展。

算法

前面介绍过，目前新算法层出不穷，有些在继续沿着神经网络的方向走；有些开始探讨其他路径，例如贝叶斯网络、支持向量机；有些在把不同的算法融合起来；有的干脆另辟蹊径，提出新的人脑认知模型。算法的研究目前非常活跃，在未来 5～10 年还会有大量新的算法涌现。

算力

算力的增加基于摩尔定律。目前除了芯片的线宽继续变窄（最新半导体工艺线宽 4 纳米）导致集成度继续变高以外，还有

第四章　逐鹿硅谷——AI 产业争霸战

各种封装技术，例如三维芯片封装可以将 64 个芯片摞在一起。目前芯片的耗电比人脑耗电还大几个数量级，在许多数据中心能耗成为制约瓶颈，大幅度降低耗电也是芯片设计的重要方向。虽然单个芯片计算能力的增长变缓，但是现在倾向于用越来越多的芯片。对于 AI 计算来讲，不论是训练还是识别，重要的不仅是单个芯片的能力，更是能够把多少芯片有效地组织在一起来完成一个计算任务。2012 年以前还很少使用 GPU，现在一个计算任务动辄使用成千上万个 GPU 或专用计算芯片，例如 TPU。2018 年 Open AI 发布的一份报告显示，自 2012 年以来，在 AI 训练运行中所使用的计算能力呈指数级增长，每 3.5 个月增长一倍。2012—2018 年，这个指标已经增长了 30 万倍以上。具体说就是 2018 年谷歌的 AlphaGo Zero 比 2012 年 ImageNet 大赛获胜的 AlexNet 快了 30 万倍。

数据

数据的增加基于传感器或存储器越来越便宜，几乎所有传感器和存储器的成本都是由芯片成本决定的。当芯片集成度提高，芯片需求量增大时，传感器和存储器的成本会大幅度下降，更多的传感器会产生更多的数据。

综上所述，推动 AI 的三个技术要素都在快速发展，所以目前 AI 只是莱特兄弟刚刚把飞机飞离地面，离 5 马赫超音速还很远。

从市场看，目前受到 AI 冲击的传统行业还很少，大部分行业还没有开始被改造、被颠覆，因为AI从业者都在忙乎进入那些没有传统巨头的行业，例如人脸识别和自动驾驶。

图4.3是一个很著名的"新技术成熟曲线"。互联网过去20多年的发展就非常符合这条曲线：一个新的重大技术创新一开始没多少人相信，但超过一个转折点后就开始被热炒，大家的期望值都很高，大量的资金盲目进入，很快发现技术还不成熟，远不能达到期望值，大家都很失望，行业跌落到谷底。但这个技术其实只是需要时间，经过一段时间成熟起来，就会重新站上高地。就互联网来说，今天的发展远远超过了2000年泡沫时最狂野的想象。

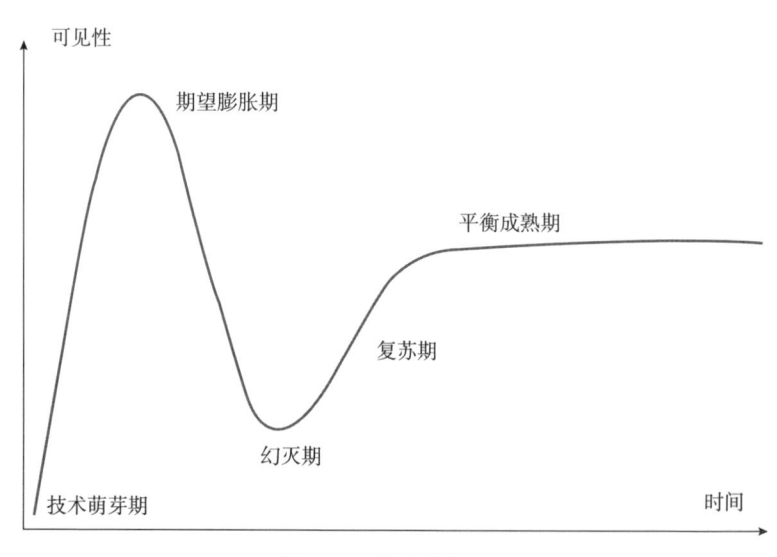

图4.3 新技术成熟曲线

图片来源：https://www.gartner.com/smarterwithgartner/whats-new-in-gartners-hype-cycle-for-emerging-technologies-2015/。

那么 AI 处在这条曲线的什么位置呢？大约在峰值刚过，还远未到低谷。注意这条曲线只是个一般性规律，并不准确，也不一定适用所有新技术，即许多新技术都会经历这么两个起伏，但不同的技术起伏幅度不同。笔者预测 AI 有"冷静期"而没有"幻灭期"，因为 AI 在许多行业都已经证明有用。回头看过去几年还是有一些泡沫，泡沫体现在某些领域出现大量同质化公司和这些领域融资的估值上面。据不完全统计，中美两国的自动驾驶公司已经超过 100 家，中国号称做人脸识别的公司有数百家。显然市场不需要这么多家企业。在自动驾驶领域一个没有任何收入，也看不到清晰商业模式的公司可以喊价到数亿美元的估值。估值泡沫通常都是由于一次估值离谱的收购造成的。通用汽车公司在 2016 年宣称以 10 亿美元的估值收购了位于旧金山的 Cruise Automation，以后所有的自动驾驶公司都以这次收购作为自己估值的对标。所有投资自动驾驶公司的投资者都赌自己投资的公司也会被高价收购。但是即使所有大的整车厂商都收购一家自动驾驶软件公司，市场也不需要上百家同质化的公司。当供大于求时，收购价格也会大幅度降低。笔者预计在今后 2~3 年中，大部分同质化公司在资金耗尽后将因为无法进一步融资而死亡，与此同时，少数几家技术独特或市场能力强且资金雄厚的公司将快速发展。

目前许多融资的新创公司都宣称自己是 AI 公司或者使用 AI 技术。但这些公司的技术大多是用几大公司的开源编程框架，例如谷歌的 TensorFlow 和英伟达的 GPU 或者市场上的云计算服务。技术高度同质化，没有任何壁垒。就像当年任何公司都说自己是 .com 公司一样。那么我们如何判断一家 AI 创业公司的价值呢？首先，应该看是否能够拿到别人拿不到的数据。做到这一点很难，你能拿到的数据别人通常也能拿到。如果不能独占数据，那就要看有多大先发优势。如果进入一个行业早，通过快速迭代，让自己的模型在这个行业中变得有用，就可以得到更多的数据和资源，后进者即使拿到同样的数据，模型质量差也打不进去。其次，要看该企业对所进入行业的独到理解和业务开发、落地能力。当然如果能够针对本行业在算法上有突破，就能够大大提高进入壁垒。

AI 与互联网的三个区别

这次 AI 创新浪潮堪比互联网，但是 AI 浪潮和互联网浪潮有三个区别。

第一个区别是 AI 从一开始就要颠覆传统行业。互联网 1994 年起步时从经济的边缘开始，和传统产业似乎一点关系都没有，没有人懂一个网站能干什么。互联网 20 多年来逐步从边缘蚕食中心，直至今日影响每个行业。但即使是今天，互联网对制造业、农业、建筑业、交通运输等搬运原子的行业的影响也局限在媒体和营销方面，没有进入制造业的核心。而 AI 的特点是从第一天起就从传统产业中心爆炸，自动驾驶对汽车行业的颠覆就是一个典型的例子。

第四章　逐鹿硅谷——AI产业争霸战

第二个区别是技术驱动。互联网除了搜索以外基本没有太多技术，主要是应用和商业模式。互联网创业者完全可以是不懂技术的人。目前为止 AI 创业者以技术大拿居多。当然随着 AI 技术的普及，许多有商业头脑的人只要看明白 AI 在一个行业的价值也可以拉起一家公司，但目前最稀缺的是 AI 的高级技术人才。

第三个区别是可能不会出现平台性公司或赢家"通吃"的局面。互联网的一个特点是连接供需双方，一旦用户超过一个门限，后来者就很难赶上，所以很容易形成赢家"通吃"的局面。但在 AI 产业里目前还没有看到这样的机会，不论是自动驾驶还是人脸识别都是一个一个山头去攻，无法在短期内形成垄断。造成融资泡沫的一个重要原因就是有些投资人还以为 AI 和互联网一样赢家"通吃"：只要投中第一名，多贵都值。

简单用一句话说就是互联网是 to C（对用户）的生意，AI 是 to B（对企业）的生意。AI 中 to C 的生意都会被现有互联网巨头吸纳，创业者的机会在于 to B。

第五章

飓风袭来 —— 将被颠覆的行业

导读 | 本章探讨在未来十年内,人工智能将给哪些商业领域带来翻天覆地的变化。有了第三章对机器学习基本原理的了解,就能深刻体会到为什么机器学习将造成这些商业的颠覆。但即使没读第三章也完全能理解本章。

自动驾驶颠覆出行——10万亿美元的产业

人工智能未来十年最大的市场之一就是通过自动驾驶彻底颠覆汽车的制造、销售、本地出行和物流行业。

自动驾驶传感器

如果让机器开车,机器就要和人一样能做四件事:第一,感知:离车100米处是一辆大卡车还是过街天桥。第二,判断:马路边站的人是要抢着穿行还是在等我的车过去。第三,规划:什么时机挤进边上的车流中去。第四,控制:为了实现规划,如何控制方向盘的角度和车速。以上四点除了控制是成熟技术以外,其他三点都还在拐点上。图5.1是一辆自动驾驶汽车的感知系统。

第一个重要的传感器就是摄像头。摄像头由于受到像素的限制,只能看清前面几十米,但也能分辨不同的物体。摄像头还能够做到其他所有传感器都做不到的:识别交通标志。摄像头是目前最成熟的传感器,也是最便宜的传感器。但是从摄像头里识别物体和标志并不容易。摄像头的弱点是看不远,尤其是遇到雨、雪、雾霾天气时,摄像头就不行了。能够弥补摄像头弱点的另一个传感器是毫米波雷达。毫米波雷达可以看清200~300米甚至更远的距离，不受日光和天气影响，还能精确测量物体的距离和速度。但现有的毫米波雷达的空间分辨率很低，也就是虽然知道 200 米处有一个物体在以每小时 50 千米的速度移动，但弄不清是摩托车还是汽车。如果结合雷达和摄像头的数据，就可以更准确地检测和跟踪目标。当一个物体在距离 200 米处时，该物体在摄像头里还是一个黑点，但是可以根据相应的雷达数据获得该物体的距离和移动速度。等物体稍微近点，摄像头就可以看清这个时速为 50 千米的物体是一辆摩托车。摄像头 + 毫米波雷达是半自动和自动驾驶车辆最基本的配置（少了任何一个都不行），也是目前（2018 年）特斯拉所有车型的标准配置。

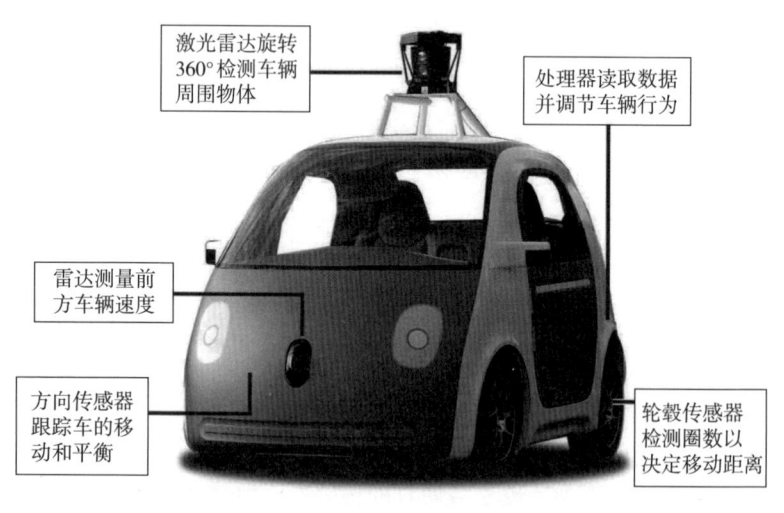

图 5.1　自动驾驶汽车所需的传感器

图片来源：https://insideevs.com/googles-self-driving-cars-ready-road-video/。

传统毫米波雷达的主要问题是空间分辨率太低。解决这个问题有两种办法。一种办法是将单一天线变成一组天线（4个、8个、16个等），天线越多，多个天线合成的空间分辨率就越高，但是天线多体积也随之变大，不容易安装。另外一种办法是利用汽车移动或信号变化做出"虚拟天线阵列"。后者对技术要求很高，必须建立在对雷达成像的深度理解之上，并且需要许多年的设计经验。美国的 Oculii 公司已经研发出 77GHz 的高分辨率点云成像雷达。图 5.2 就是这个雷达产生的点云数据，已经和市面上的中低精度激光雷达可比。如果毫米波雷达能够达到高分辨率，一辆自动驾驶汽车只要摄像头和毫米波雷达就足够了。

图 5.2　美国毫米波雷达公司 Oculii 成像雷达产生的周围环境点云图
图片来源：美国 Oculii 公司。

在自动驾驶行业里，许多人认为全自动驾驶汽车必须精确知道周围环境里的物体和距离。激光雷达是许多厂商都在试验的精准传感器。激光雷达在本质上就是一个三维照相机。三维相片上的每一个物体、每一个像素的距离都能精确到厘米级。这种三维照片的像素集合也被称为"点云"。图 5.3 就是斯坦福大学棕榈大道的激光雷达三维点云。这张图上有每一个点到测量激光雷达的距离。

激光雷达晚上的效果比白天还好，因为没有阳光的干扰。但与摄像头类似，它的问题是当遇到雨雪雾霾天气时穿透距离会大大下降。另外一个问题是到目前为止它的成本仍然很高。目前市场上唯一在销售的 Velodyne 128 线激光雷达（垂直空间分辨率只有 128 线，电视机是 1 024 线，这已经是目前在售激光雷达的最高分辨率）的零售价格为 7 万 ~ 8 万美元一台（一个毫米波雷达价格不到 500 美元），相当于两三辆中档汽车的价格。很显然，这种价格只能用于少量的测试车辆。许多厂商都在努力降低成本，目前世界上有 60 多家企业在研制激光雷达，它们的技术路线大致分为三类。

图 5.3 高分辨率激光雷达点云

图片来源：https://techcrunch.com/2018/04/12/luminar-puts-its-lidar-tech-into-production-through-acquisitions-and-smart-engineering/。

1. 机械扫描式激光雷达

我们看到的谷歌和百度自动驾驶车辆头顶上顶的"花盆"就是机械扫描式激光雷达,这也是目前市面上少数几种可用的激光雷达。

图 5.4 是美国 Velodyne 公司的三种激光雷达,从左至右分别为 64 线、32 线和 16 线。

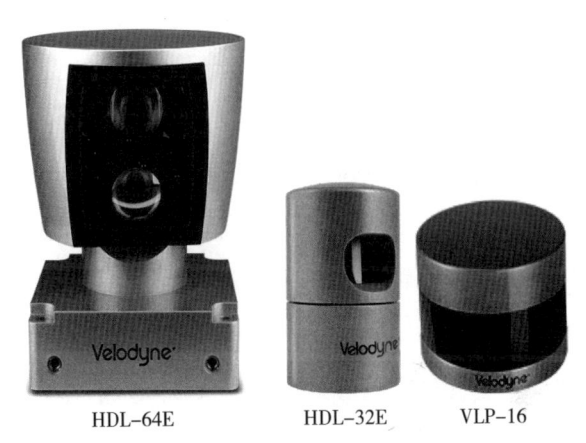

HDL-64E　　　　HDL-32E　　　VLP-16

图 5.4　美国 Velodyne 公司的激光雷达产品

图片来源:http://velodynelidar.com/products.html。

64 线激光雷达里面有 64 对垂直排列的激光发射管和光学接收器。整个激光雷达在水平方向上做 360° 旋转。在旋转时,64 个发射管按照一定的顺序依次发射短激光脉冲,激光脉冲从远处物体反射回来后被相应发射管的光学接收器收到,此时该物体的距离 $=c \times \frac{T}{2}$,这里 c 是光速,T 是脉冲往返时间。如果这部 64 线激光雷达每秒转 20 圈,每水平角度整个 64 线激光发射三次（角度分辨率为 1/3 度），每秒就会产生 $20 \times 3 \times 360 \times 64 = 1\,382\,400$ 点数据。把这些带有距离和方位的三维空间点全部画出来就是如图 5.3 所示的"点云"。这种机械扫描式激光雷达有两个缺点：第一是机械容易损坏，特别是车载、震动、高温、潮湿等对机械部分危害很大。第二是装配时需要很多手工调试，成本很高。许多公司在研发时不用或少用机械部件。完全没有机械部件的激光雷达也叫固态激光雷达。

2. 固态激光雷达

固态激光雷达有两种做法，一种做法是通过控制不同的几束激光相位（"相位"即时间延迟）让它们形成一束聚焦的激光在空间扫描；另一种做法是用激光发射器点阵。前者技术复杂，控制激光相位对温度敏感，在汽车行驶环境极端的情况下，激光雷达性能不容易稳定。后者需要大量激光发射器，例如一个 100×100 的点阵就需要 10 000 个激光发射管。固态激光雷达还有一个问题是只能照射一个方向，所以在一辆车上要看到全方位的情况，至少要 4 个激光雷达分别装在车的四个面上。

固态激光雷达中还有一种"闪光激光雷达"，它的原理和闪光灯照相类似。只用一个激光管，发射出一个脉冲面光源把前方一大片空间都照亮，接收器类似数字相机里面的感光阵列芯片，只不过这种芯片在像素感光的同时，可以记录每一个像素收到脉冲的时间，因此能测出这个像素对应的空间点的距离。这种闪光激光雷达成本最低，但是由于发射能量分散，所以要照亮一大片，成像距离很短（十几米到几十米）。

3. 微机械扫描激光雷达

介于机械扫描式激光雷达和固态激光雷达之间的是一种微机械扫描激光雷达。这种激光雷达是用半导体芯片上的微机电器件（Micro- Electronic-Mechanical-System，MEMS）。微机电器件的原理是在半导体材料上刻蚀出微小的机械镜面，用电可以控制镜面的摆动。把激光射到镜面上，当镜面摆动时就可以扫描一定的空间范围。图 5.5 就是 MEMS 镜面的示意图。但这种镜面的转动角度有限，所以激光雷达前方能照射的角度仍然受限。

图 5.5　在半导体材料上刻蚀出来的微机电镜面放大图
图片来源：http://www.preciseley.com/technology.html。

目前还没有一种激光雷达既能够达到距离足够远（200～300 米），同时分辨率和可靠性也足够高，而且价格便宜（几百美元）。如果毫米波雷达可以在远距离达到足够高的分辨率，那么激光雷达只要用于近距离精确测量即可,这样成本最低,没有任何机械部件的闪光式激光雷达将足以敷用。

除了摄像头、毫米波雷达和激光雷达这三个传感器之外,几乎所有半自动和自动驾驶的车都用声呐。声呐能探测的距离很近,只有几米,主要用于停车、倒车时的防撞提醒。一个车用声呐只要几美元,一辆车会沿着底盘放十几个声呐。

全自动驾驶还要使用 GPS(全球定位系统)。通常手机和车里用于地图的 GPS 的精度在 15 米左右。这样的精度做自动驾驶和防撞都不够。所以用于自动驾驶的 GPS 是可以做到 10 厘米高精度的"差分 GPS"。差分 GPS 系统在地面设一些固定的校准基站(不需要像移动电话基站那么密集,每隔几十千米甚至几百千米一个即可)。这些点的精确坐标已知。把这些点上用普通 GPS 测量出的坐标和已知坐标相比较就会知道 GPS 的误差,把这个误差通过无线频道(例如手机信号)传给附近的 GPS 接收机,让大家都修正这个误差。这种高精度的差分 GPS 可以让汽车知道自己在哪条线道上,是否偏离了线道的中心。差分 GPS 过去主要用于航空和测量,每台差分 GPS 的价格高达几万美元。目前也有硅谷创业公司如 Polynesian Exploration 等在研发用于自动驾驶的低成本差分 GPS。

自动驾驶分级

此前,自动驾驶的自动化程度分级有两个标准。美国交通部下辖的美国国家公路交通安全管理局（NHTSA）在 2013 年率先发布了自动驾驶汽车的分级标准，其对自动化的描述共有 4 个级别。到 2014 年，世界汽车工程师协会（SAE）也推出了一套自动驾驶汽车分级标准，其对自动化的描述分为 5 个等级。2016 年 9 月 20 日，美国交通部发布的针对自动驾驶汽车的首项联邦指导方针中放弃了 NHTSA 之前提出的分级标准，宣布将采用在世界范围应用更加广泛的 SAE 分级标准，这代表 SAE 的 5 级标准基本成为行业共识。自动驾驶根据自动程度目前被分为以下 5 个级别。

L1：驾驶辅助，对方向盘和加减速中的一项操作提供驾驶支持，例如自动巡航、紧急自动刹车等。其他的驾驶动作都由人类驾驶员进行操作。在这个阶段，汽车主要实现了一些预警类功能，当汽车遇到紧急情况时，汽车发出警告信号，例如车道偏离预警、碰撞预警、盲点监测等。目前这些功能已经被广泛应用到现在的汽车上。

L2：部分自动化，通过驾驶环境对方向盘和加减速中的多项操作提供驾驶支持，其他的驾驶动作都由人类驾驶员进行操作。在该阶段，汽车已经具备一些自主决策和执行的能力，例如自适应巡航、车道线保持、紧急刹车、自动泊车等。目前特斯拉的"AutoPilot"辅助驾驶系统就达到了 L2 级别。

L3：有条件自动化，由自动驾驶系统完成所有的驾驶操作。根据系统要求，人类驾驶员提供恰当的应答。主要实现的功能为自动加速、自动刹车、自动转向、编队行驶、汇入车流、主动避障等。在 L2 的基础上增加识别交通标志、红绿灯、自动转弯，可以判断简单的交通竞争状况（例如两辆车同时到达十字路口停车线）等功能。驾驶员无须一直监视行驶，但复杂情况仍需准备接管。

L4：高度自动化，由自动驾驶系统完成所有的驾驶操作。根据系统要求，人类驾驶员不一定需要对所有的系统请求做出应答，也不限定道路和环境条件等，除了特定的天气和路段，汽车在大多数场景下能够自动驾驶。

L5：完全自动化，在所有人类驾驶员可以应付的道路和环境条件下，均可以由自动驾驶系统自主完成所有的驾驶操作。车辆在全天候、全场景下都能够实现自动驾驶，无须人的介入。

读者可能发现上面的定义有很多模糊之处，各层级的功能似乎也有很多重叠，笔者在这里尝试给出一个更为简单清晰的定义。

L1：人全程负责驾驶，有某个单项的机器自主功能，例如自动紧急刹车。

L2：仍然是人全程负责驾驶，但在限定条件下可以由机器驾驶几十秒到几分钟（例如在线道清晰的高速公路上驾驶员手离开方向盘，眼睛不看路，脚不放在刹车上的时间不超过几分钟）。有多项机器自主功能同时使用，例如自动巡航和线道保持同时用，驾驶体验比 L1 轻松很多。

L3：驾驶过程可以明确分为两种不同的时间段：人负责驾驶的时间段和机器负责的时间段。当机器负责驾驶时，人可以手离开方向盘，眼睛不看路，脚离开刹车。当遇到情况时，机器会请求甚至强制人接管驾驶。目前市场上还没有任何一个量产的 L3 乘用车。

L4：机器驾驶时间达到 95% 以上，但仍然不时有特殊情况需要人接管。

L5：机器驾驶时间 100%。即车里不再需要方向盘、刹车、油门等。

自动驾驶上分为两大技术流派：演进派和激进派。演进派认为自动驾驶不可能一蹴而就，必须一步一步循序渐进。演进派囊括了所有的汽车制造商，包括新进入的"互联网造车"或"新势力造车"厂商。原因很简单，它们每年都要造和卖大量的车，只能是什么技术成熟就安装什么技术。截至 2018 年，只有少数在售的汽车有 L2 功能，例如特斯拉、Audi A8 和奔驰公司 E 级车型等。目前全世界几乎所有的大汽车厂商和一级供应商都在紧张研究自动驾驶，但它们打算推出的未来新车主要集中在 L2 或 L3 级别。

激进派的代表是谷歌的自动驾驶公司 Waymo，谷歌的实验车根本没有方向盘。这一派认为 L2 和 L3 很危险，什么时候该人管，什么时候该机器管不仅很难分清，而且两者之间的切换也会产生问题（例如人打盹儿睡着了叫不醒），一步到位全让机器开车反而安全。全自动流派因为目前并不造车卖车，所以它们只对未来感兴趣。另一个重要原因是它们要想颠覆行业，就必须做目前车厂做不了的。

演进派的优势是它们的车不断地给用户提供新的功能和价值，一直从技术上获益。演进派的风险是如果激进派的全自动驾驶成功了，将会颠覆整个行业。所以演进派，特别是一流大车厂都同时在做全自动驾驶的研究。激进派的优势是专注于全自动，它们成功会比演进派早，一旦成功就会让演进派无路可走。激进派的风险是如果实现全自动很困难，它们就会长期投入而没有收入，时间太长哪家公司都扛不住。

L4 和 L5 全自动驾驶又有两条不同的技术路线：一条是基于高精度地图和精准定位，另一条是无须高精度地图。基于高精度地图需要两个条件：第一是所驾驶区域已经有测量好的高精度地图；第二是车上有能精准测距或定位的仪器，例如激光雷达和差分 GPS。做到第一点需要有大量的高精度地图测量车把一个国家内的所有行驶道路测量出来。这种测量通常也是使用激光雷达加上差分 GPS。但测量时车的行驶速度不能太快，大约为时速 50 千米，因为行驶速度会影响测量精度。有人估计如果只用一辆测量车把全美国的高精度地图都测量完毕需要 6 000 年的时间（或者 600 辆车用十年时间）。由于地图的精度高，数据量很大，所以汽车里只能存储一部分地图。当汽车驶出车内存储的地图范围时，需要有很宽的无线传输带宽不断将新区域的高精度地图传给汽车。依赖高精度地图还有一个巨大的挑战是路况和路障的实时更新。这种实时更新只能靠"众包"的方式，即靠正在路上行驶的汽车收集并实时上传到云端，且实时下载到路障附近的车里。这就出现了一个先有鸡还是先有蛋的问题：一开始没有几辆车有实时数据收集的能力，这样就没人敢用自动驾驶，没人敢用就没有数据收集。

第五章　飓风袭来——将被颠覆的行业

第二种自动驾驶的技术路线不依赖于高精度地图。这里的逻辑是人的眼睛不能精确测量周围物体的距离，为什么非要每一点像素的距离？有一个大概即可。这种方案的最大优势是不依赖于不知道什么时候才能有的高精度地图，成本很低。但坚持高精度地图技术路线的人批评说，高精度地图方案可以保证99.9999%的安全性，而没有高精度地图也许只能保证99%的安全性。但即使是1%的错误也是致命的。

有了之前介绍的那些传感器汽车就相当于有了眼睛。但是人类视觉不光是眼睛，还包括脑神经对接收信号的识别和判断。自动驾驶软件的核心就是识别和判断。一辆车的传感器有很多，第一个挑战是要把这些传感器传进来的信号融合起来。融合的主要任务是要把不同传感器探测到的物体一一对应起来。例如毫米波雷达发现了一个物体，要在摄像头的视频中把这个物体找出来。当各个传感器探测到的物体很多，又要在极短的时间里把所有物体都识别并对应起来时，融合就变得不那么简单了。

自动驾驶软件的第二个挑战是要处理大量的数据。我们前面算过，一个64线激光雷达每秒钟产生130万个三维数据点。我们假设使用神经网络来识别物体，需要处理能力非常强大的芯片。目前在自动驾驶上使用的英伟达Xavier芯片（2016年9月发布）的处理能力是每秒20万亿次运算，功耗为20瓦。

自动驾驶软件的第三个挑战，也即迄今最大的挑战是如何识别和判断各种复杂情况。如果单纯使用机器学习的方法，需要训练的情形几乎无穷多，不仅无法收集到这么多数据，而且计算量

141

惊人或计算成本是天文数字。目前的自动驾驶软件大部分都是混合式的，即简单的和常见的情形用基于规则的判断，例如线道保持、自动停车、遵守交通规则等（目前特斯拉 L2 功能主要是基于规则的判断）。非常见的情形可以用机器学习。

自动驾驶软件的第四个挑战是如何不断地学习。目前是将车里采集的数据上传到云里，在云端进行训练。我们前面的算法部分提到过，目前的机器学习一旦有了新数据，就要把新老数据放在一起重新训练神经网络，只用新数据来改进原有模型的"增量"训练方法还在研究阶段。这样新的模型就要经过大量测试以确保万无一失。

自动驾驶软件的第五个挑战是如何个性化。目前的驾驶算法在所有车上都是一样的，和很多人的驾驶习惯不同。但个性化的驾驶算法需要每一辆车的模型都不同，个性化驾驶不仅需要大量的路况数据，还需要每个人的驾驶习惯数据。但一个人能遇到的状况有限，为了让汽车足够聪明，需要许多人的路况和驾驶数据，如何能够学到其他人的驾驶经验同时又符合自己的驾驶习惯是一个两难问题。

自动驾驶软件的第六个挑战是如何学习和道路上的车辆博弈。人们日常驾驶并不总是严格遵守交通规则，许多情况交规里面也没有规定。在世界上的许多地方，如果严格遵守交通规则驾驶，那么汽车可能寸步难行，此时驾驶软件该如何办？一种可行的方法就是"随大流"，这就要求机器能学习各地的"驾驶文化"。这种博弈学习同样需要模型有"连续学习"和"增量学习"的能力。

一套自动驾驶软件大致由下列几个模块组成。

(1) 感知和数据融合。

(2) 物体检测、分类、跟踪。

(3) 场景识别和判断。

(4) 路径规划。

(5) 控制（方向、速度、刹车等）。

电动车和自动驾驶

和自动驾驶几乎同步成为未来趋势的是电池动力汽车。电动车的控制反应时间（加速减速等）比汽油车要短得多。例如汽油发动机把油门断掉，喷入汽缸的汽油还会继续燃烧一小段时间，而电动车马达一断电马上就没有动力。电动化也能更好地支撑自动化程度的不断提高。汽车自动化过程需要识别、接收和处理大量复杂的信息，不仅需要数量庞大的传感器、控制器、芯片等硬件支撑，同时也需要实时对数据进行传输、存储和计算。这一系列复杂的过程需要足够多的电能作为支撑。电子产品配置增多，耗电量越大，需要的电池容量越大。电动化和自动化这两者结合的典型代表就是特斯拉的具有辅助驾驶功能的 S 型轿车和 X 型 SUV（运动型实用汽车）。

电动汽车曾经面临的第一个问题是巡航里程数。美国 87% 的汽车每天驾驶距离不会超过 117 千米，2017 年美国最便宜的电动车巡航里程已经达到 200 千米。电动车巡航里程已经能够完全满足绝大部分人日常本地活动和上下班的需求,"电池焦虑"问题已经大大缓解。特斯拉 S 型轿车的最高巡航里程已经达到每次充电行驶 500 千米。过去锂电池技术的发展是每十年容量翻番,也就是说,在没有大的技术突破的情况下,十年后同等体积或重量的电池可以达到每次充电行驶 1 000 千米。

目前汽车电池的最大问题是充电时间。特斯拉的"超级充电桩"代表目前大规模商用电动汽车中最快的充电时间,从零到充满需要 75~90 分钟(根据电池容量大小),这成为目前电动车无法出远门的主要障碍。只有把充电时间缩短到和汽油车加油时间可比(5~10 分钟)才能彻底解决出远门的问题。目前美国和以色列都有创业公司在研发快速充电电池和材料,如硅谷的新创公司 Gru Energy Lab 等。

电动汽车的第二个问题是电池成本。2018 年锂电池的成本约为 200 美元/千瓦时,一辆能够巡航约 338 千米的特斯拉 S-60 型电池成本约为 200×60=12 000 美元,电池成本约占整个车的 1/5。所以同等档次的电动车要比汽油车出厂价格贵。但在驾驶过程中由于充电费用是汽油的 1/3,所以这个出厂成本差额可以在汽车整个寿命期间内补平。① 如图 5.6 所示,预计锂电池的成

---

① 假设汽油 3 美元/加仑,特斯拉同等级汽油车油耗 16 英里/加仑,2017 年电费 0.25 美元/度,特斯拉 4 英里/度,所以每 16 英里的成本是 0.25×4=1 美元,这样每驾驶同样 16 英里距离的 4 度电可以比一加仑油省 2 美元,这样电池成本相当于 12 000 美元/2 美元=6 000 加仑,6 000×16= 96 000 英里,一辆车平均驾驶 10 万英里。所以正好把电池成本赚回来。(1 英里=1.609 千米)

第五章 飓风袭来——将被颠覆的行业

本在2020年会降到100美元/千瓦时，这时一辆电动汽车的成本就将相当于一部同档次的汽油车成本（因为电动车除了电池这个额外成本，其他成本和汽油车相比大幅下降，比如没有汽油发动机和变速箱等，电子控制也更简单）。这个时点将成为电动车的爆发点，因为行驶寿命期间节约的油费将成为用户的净收益。如果今后十年电池成本继续按这个速度下降，十年后电池成本只占到整车成本的1/50，几乎可以忽略不计。电池成本的下降也意味着巡航里程数的增加，当电池只占到整车成本的1/50时，用户可以选择增加1/50的成本来增加巡航里程。

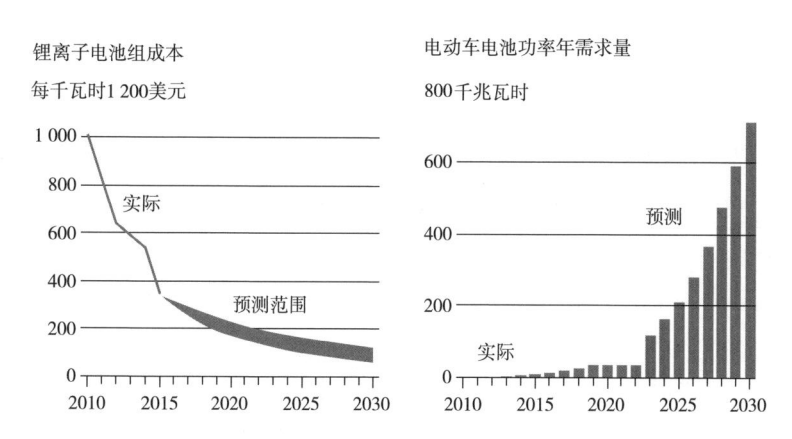

电池成本在电动车部件中排名第三位
电池成本持续下降，将驱动电动车需求的不断上升

锂离子电池组成本
每千瓦时1 200美元

电动车电池功率年需求量
800千兆瓦时

图5.6 锂电池成本下降趋势和电动车对电池的全球需求量趋势
图片来源：彭博社。

即使没有自动驾驶技术，由于动力电池的容量增加和成本下降，整个汽车行业也会向电动汽车大规模转型。但电池驱动技术

将使汽车行业的新进入者的进入门槛大大降低。所以几乎新进入者全部是造电池动力车，而且新进入者几乎都是互联网厂商，例如谷歌、百度或者电子设备厂商苹果、华为等。相比于传统汽车厂商，在传动系统上，电池动力几乎让新进入者与传统厂商处在同一条起跑线上，在自动驾驶技术上新进入者往往更有优势。

如图 5.7 所示，一辆巡航里程 322 千米的电动车成本在 2017 年已经低于一辆美国汽油车的均价，将在 2030 年左右低于美国新车的最低价格。与此同时，电动车销量每年增长达 30% 以上，全球保有量在 2033 年左右将超过 1 亿辆。

图 5.7　巡航 322 千米的电动车成本下降趋势

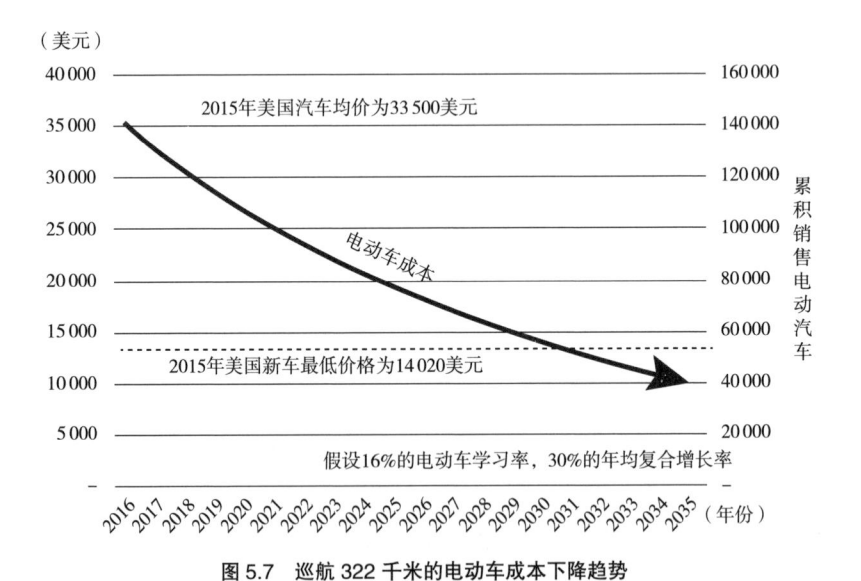

图片来源：https://www.nextbigfuture.com/2016/04/by-2030-electric-vehicles-with-200-mile.html。

特斯拉电动车证明了电动车未来的巨大商业前景后，几乎所

第五章 飓风袭来——将被颠覆的行业

有的主流厂商，包括过去认为电动车不可能成功的厂商都大幅调高未来电动车的占比，开始研发电动车新型号。仅德国大众一家厂商就宣布到 2025 年生产 300 万辆多达 30 个不同型号的新电动车。中国政府出台政策要求电动车占比从 2017 年的 8% 上升到 2020 年的 12%。如果 2025 年全世界电动车占比达到 25%，共需要 1 500 千兆瓦时（GigaWatt-Hour）的电池，这相当于要建 40 个目前世界最大的在内华达州的特斯拉电池厂。按照届时 100 美元/千瓦时计算，光汽车所需电池行业每年的产值就达 1 500 亿美元。如果加上储能、换电池等需求，动力电池行业届时将轻易成为一个数千亿美元的产业。电动车对电池有如此巨大的需求，任何电池技术的突破都将具有巨大的商业价值。

电动汽车本身将形成一个新的生态系统。除了电池（以及电池行业的子生态包括电池正负极材料、隔膜、生产设备、原料矿石、电池组管理软硬件等），另一个巨大的商业机会是充电桩和充电站。当电动汽车保有量超过汽车的 10% 时，就将需要大量的充电桩和换电池站。目前每个充电桩设备安装成本大约为 5 000 美元。当世界电动汽车保有量达一亿辆时，届时至少需要 100 万个公共充电桩。充电速度仍然是电动车长途出行的一个最大障碍。目前的技术进展完全有可能在未来五年内将 300 千米巡航充电时间缩短到 10 分钟之内。各种高速充电设备也将是一个巨大的市场。届时大量的汽车在高峰时间高速充电将对电网造成不可承受的负荷。电网的改造和储能设备的商机也将应运而生。除此之外，电动汽车的核心部件之一是高速、高扭矩马达。谁能率先研发出低成本高性能的马达，谁将迅速占领世界市场。电动车的检修与汽油车完全不同，检修设备和修理站也将是一个商业机会。

谁是明天的诺基亚

一辆自动驾驶汽车的核心是传感器、计算能力和软件。自动驾驶汽车实际是一个会自己高速行走的机器人。汽车最重要的零部件将是电子元件，目前一辆车中各类半导体芯片成本大约 500 美元，预计十年后一辆车中的芯片成本将达到 5 000 美元。一辆电动自动驾驶车本质上就是一台有四个轱辘的电脑。传统汽车的核心能力在于将发动机、传动系统等机械子系统打磨成为精密的工艺品。但一夜之间这些核心技能不重要甚至不再被需要了，例如目前的电动汽车的马达加速已经大大超过最好的汽油发动机，而且不需要任何传动系统。自动驾驶需要的重要技能例如计算机视觉、人工智能算法等都不是传统汽车厂商的强项。第一次驾驶特斯拉半自动电动车的感觉就像第一次使用 iPhone 手机，而驾驶传统汽车就像使用诺基亚手机。传统汽车厂商的营销渠道非常"线下"，依托于成本巨大的经销商、专卖店和维修体系。电动车的车体就是三样东西：电池、轱辘和马达。一辆内燃发动机汽车的零件有上万个，而一辆电动车的机械零件只有几千个。这意味着发生机械故障的概率和维修成本的降低。由于零部件的减少，电动车和电脑、家电一样将会变得标准化。这使电动车更易于在线销售，这将又一次冲击传统汽车厂商。

谁胜出？底特律还是硅谷

传统汽车厂商并非坐以待毙，几乎所有的整车厂商都在投巨资研发电动车和自动驾驶技术。通用汽车和福特都巨资收购了自动驾驶软件公司，丰田在斯坦福大学旁边斥资10亿美元打造自动驾驶研发中心，奔驰、大众等欧系车厂也是全力以赴。传统汽车厂商仍然有许多新进入者不具备的能力。第一个能力是大规模生产制造能力。这是一个设备和资金密集型行业，很难简单地通过代工生产解决（世界的主要代工厂商例如富士康目前代工的主要是电脑手机类产品，世界上并没有成熟的汽车代工厂商，这也许是一个商机）。目前全世界汽车生产线的产能过剩，新进入者完全可以收购一条生产线，但仍然面临改造生产线的任务。传统汽车厂商的第二个能力是供应链管理。传统汽车厂商对市场需求有长期经验，对库存和供应链管理已经达到精细化程度，这两个技能可以把库存风险降至最低。互联网厂商通常没有供应链管理和库存风险管理经验，更不擅长流动资金的管理和运用，稍有不慎就会造成重大亏损。传统汽车厂商的第三个重要能力是汽车设计能力，凭借它们对客户和市场的多年理解，以及在设计细节（例如安全性等）上的经验积累，不会出现太多诸如召回之类的风险。而对于第一次造车的厂商，难免有疏漏，一次重大召回就可能置公司于死地。传统汽车厂商的第四个能力是对线下经销商的管理以及相应的个人贷款、保险和维修体系。建立这一整套体系要求新进入者投入大量的资金，招收大量传统产业管理人员，并且需要相当长时间的学习和磨合。

但传统汽车厂商的最大软肋就是软件。传统汽车厂商作为总系统集成商，自己基本不开发软件，它们的任务是把各个子系统的软件集成到一起，如图 5.8 所示。传统汽车厂商的软件系统集成通常会出现两个问题：第一个问题是软件模块之间不兼容所造成的程序漏洞。由于各个软件模块是由不同厂商写的，源代码又未必公开，所以集成商即使发现漏洞也无法及时修复，只能让各厂商一起解决。而且一个漏洞有时很难说是哪个厂商造成的，各个厂商之间会扯皮。第二个问题是当一个软件需要更新时，要和所有其他软件共同重新测试一遍，这样成本很高，使随时更新软件变得几乎不可行。而汽车软件能随时下载更新在未来对自动驾驶至关重要，因为今后 5~10 年自动驾驶软件随着技术进步将持续快速更新。传统汽车从设计定型到第一辆汽车出厂需要三年左右的时间，在此期间所有的零部件都不允许改变设计。但在电脑手机行业几乎不可想象一个软件三年不被更新，目前特斯拉汽车几乎每个月都有一次软件自动更新。另外，当模块增加时，又加上很多原来没有的模块，例如自动驾驶模块等，软件的可靠性会降低。这件事将会成为传统厂商的阿喀琉斯之踵。对于新进入者，特别是电动车来说，几乎所有的软件都可以从头写起。像图 5.8 右边这样的软件结构清晰简单，易于检错纠错，还可以随时进行更新。

第五章 飓风袭来——将被颠覆的行业

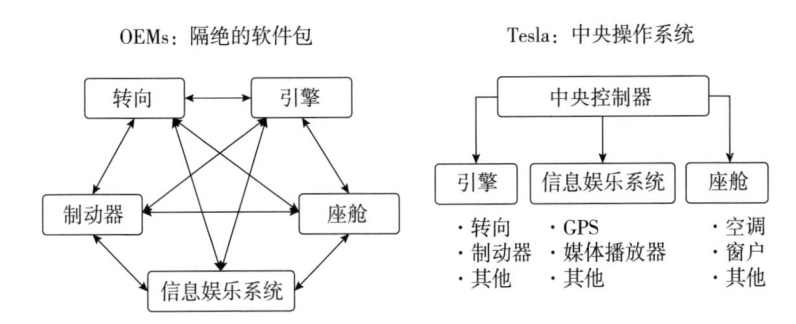

```
OEMs：隔绝的软件包              Tesla：中央操作系统
       转向 ←→ 引擎                   中央控制器
                                    ↙    ↓    ↘
    制动器      座舱              引擎  信息娱乐系统  座舱
        信息娱乐系统              ·转向   ·GPS        ·空调
                                 ·制动器  ·媒体播放器  ·窗户
                                 ·其他   ·其他       ·其他
```

图 5.8 汽车软件结构（左图是传统汽车软件集成，右图是电动车全部自己开发）

颠覆供应链

任何一个制造业产业，当产量大到某一个数量级时（例如上千万台），就开始分层。原因是只专注于一个水平层面的厂商比垂直集成的厂商效率更高。产业分层的必要条件有两个：产量足够大和技术成熟。汽车行业历经上百年的演化，早已变成一个多层次的供应链生态。所谓供应链就是这个产业会形成由不同公司组成的复杂分工合作和价值增加体系。2017 年全球共销售 7 800 万辆车，按每辆车均价 3.3 万美元计算，汽车产业全球产值超过两万亿美元。居于供应链顶端（和消费者最近的一端，通常也是生态系统中砍价能力最强的一端）的是整车厂商。整车厂商设计、组装和营销汽车，但是一辆汽车上几乎所有的部件都是从生态系统的其他厂商采购的。直接给整车厂商提供完整子系统（例如发动机、传动、刹车、转向、音响等）的叫作"一级系统集成商"（Tier-1 system integrator），全球有上百家一级系统集成商。给一级

151

系统集成商提供零部件的叫二级系统集成商。甚至还有三级供应商等，整车厂商自己几乎不制造任何部件。除了少数几款豪华车以外，绝大部分乘用车都是由这种水平分层的供应链生产的。

像汽车产业这种传统产业的供应链是相对稳定和静态的。所谓稳定是指汽车行业在供应链各层次都有许多成熟的大型供应商并且多年不变。所谓静态是指一辆汽车的子系统和零部件由哪些厂商提供在汽车定型时就确定下来了，在这辆车的寿命期内不会改变。但自动驾驶将会打破这个稳定的供应链，一个可移动的、联网的自动驾驶汽车将成为继电脑和手机之后的下一个超级规模信息和数据平台，原来的静态供应链将变为动态的生态系统。除了供应链中的子系统和零部件生产厂商以外，用户和一系列内容服务提供商也将参与到这个生态系统中来一起为生态系统增值。传统汽车供应链是一个封闭系统，新汽车的生态系统是一个开放系统。传统供应链是稳定和静态的，新生态系统将是变化和动态的，特别是内容和服务。玩转这个动态的生态系统，又是许多新进入者的强项。

合纵连横

在传统汽车产业链中，整车厂商毫无疑问居于龙头地位，具有最强的砍价能力，但是在自动驾驶生态系统中，谁将是产业链龙头还有待观察。如果汽车嬗变为电脑和手机，那么掌握核心芯片和操作系统的厂商可能变为龙头。如果汽车嬗变为像互联网一样的信息数据平台，那么掌握用户的内容服务提供商可能变为龙头。有一点很清楚，不论谁想成为产业链龙头，都要掌控自动驾驶软件。目前围绕着自动驾驶软件在美国市场已经形成了数个竞争集团。

第一个集团是围绕在图形芯片厂商英伟达周围的供应商集团。这个集团包括整车厂商丰田、奥迪、福特，一级供应商中的老大博世（Bosch），自动驾驶软件平台提供商百度等。这个集团侧重的是提供需要更强大计算功能的 L3 和 L4 自动驾驶解决方案。

第二个集团是以英特尔 2016 年收购的以色列公司 Mobileye 为首的供应商集团，这个集团包括 Mobileye 的东家英特尔、整车厂商宝马、一级供应商前十大厂商之一的德尔福（Delphi）等。这个集团提供 L2～L4 的解决方案。

第三个集团是以高通公司曾经想收购的 NXP 公司为首的供应商集团。这个集团包括整车厂商奥迪（也同时和英伟达集团合作），一级供应商中前九大厂商之一的采埃孚（ZF）。

在这三个集团中，英伟达集团的 AI 芯片能力最强，但 Mobileye 集团几乎垄断了 L2 半自动驾驶市场。未来的争斗将主要在这两个集团之间进行。

这种结盟说明了两个问题：一是新技术新产品在成熟的过程中需要产业链各单元更紧密的合作甚至垂直集成；二是说明自动驾驶解决方案非常复杂，没有一家公司可以单独提供。在这种三足鼎立的情形下，传感器供应商例如激光雷达可能被迫选边站队，加入一家集团。因为英伟达和 Mobileye 本身就在自己的芯片上提供自动驾驶软件解决方案，大部分独立的自动驾驶软件解决方案新创公司只能寄希望于自己的软件解决方案比三大集团的方案更优秀，最终被三大集团之一，或者被某整车厂商收购。

除了以上三个提供解决方案的集团之外，谷歌也是最重要的自动驾驶解决方案提供商。谷歌从 2009 年开始就研究自动驾驶，试验车在谷歌总部加利福尼亚州山景城已经行驶超过了 483 万千米。谷歌的目标从第一天开始就是提供 L5 的全自动驾驶方案。它不仅是市场上第一个研究自动驾驶的，而且是今天被公认为最成熟可靠的自动驾驶解决方案提供商。但谷歌似乎并没有全力以赴把它的解决方案卖给整车厂商，而是直接和分享出行公司 Lyft（来福车）进行战略合作。

当一个产业产量小或者技术更新很快时，垂直集成往往是更好的选择，即由一家公司直接购买所有的零部件，甚至自己生产部分零部件。电动汽车的量一定会很大，但技术还在快速发展，特斯拉与当年苹果公司做电脑和手机一样，选择了垂直集成。它不仅用自己的半自动驾驶方案取代了 Mobileye 的方案，甚至自己研发芯片和传感器。垂直集成的优势是完全掌控产品的性能和用户体验，劣势是要投入大量的研发成本。总体来讲垂直集成产品更好，但比水平分层价格更高。所以许多没有那么财大气粗的电动汽车的新进入者仍然选择供应链模式。到底孰优孰劣很难说，当年苹果电脑选择垂直集成后，败给了更便宜的个人电脑（后来改用英特尔芯片再加上设计的改进才又夺回一部分市场份额，但已经不是市场第一了）。苹果手机到今天还是垂直集成，虽然市场份额一直在受安卓手机的蚕食，但仍然是市场第一。几乎可以断定在今后 5~10 年电动车的产品性能和用户体验一定是特斯拉这样的垂直集成厂商更好，水平分层厂商只能靠价格优势。目前除了特斯拉以外卖得最好的两款电动汽车分别是通用汽车的 Bolt 和日产的 Leaf。前者在美国的售价和特斯拉 3 型车的售价相同，约为 3.5 万美元，两者巡航距离都是 320 千米左右。日产 Leaf 在美国售价为 3 万美元，但巡航距离只有 240 千米。这两款车都没有半自动驾驶功能，从设计和功能上对用户来说不够新潮。

共享颠覆出行

20 世纪初汽车刚被发明时，绝大部分人能想到汽车因为比马车更快所以未来会取代马车。但很少有人能想到未来汽车还能带来哪些其他变化。人们无法想象由于汽车的速度，人们可以搬到郊区居住。由于郊区地方大，人们的住宅会由城里的高层公寓变为独家独院的小楼。由于人们居住的分散化，郊区开始出现有大停车场的购物中心。由于居住在郊区，所以进一步增强了对汽车的需求，由于汽车保有量的急剧增加，大量多车道的快速道路和高速公路开始修建。由于出行的方便，旅游和度假成为普通大众的生活娱乐方式。100 年来汽车的出现彻底改变了都市和乡村的地貌，改变了人类的基本生活方式，改变了社会组织。

同样，自动驾驶也绝非仅仅取代人来驾驶汽车，我们今天能够看到的只是未来可能性的一部分。对汽车产业冲击最大的也不是技术变化带来的新进入者,而是技术变化带来的产业形态的变化,其中最大的变化之一就是自动驾驶将使自己买车并且独享变得极为不经济,共享出行将成为最经济的选择。目前在美国每英里驾驶成本约为 1 美元,每年供养一辆汽车的成本约为 10 000 美元(包括车辆折旧、保养、加油、各种牌照、保险等)。在大都市由于停车不便和道路拥挤,私家车的成本更高,但一辆私家车的利用率只有 5%。目前即使还是人工驾驶,共享出行的成本也已经接近或低于私家车。有数据表明,每一辆共享汽车的使用将会至少减少 5 辆私家车。所以在旧金山等美国大城市,年轻人买车的比例开始明显下降。目前共享出行汽车成本中 70% 是人工。一旦实现大规模自动驾驶,共享出行成本将降低到目前的 30%。有研究表明,自动驾驶的共享出行成本将是私家车的 10%,到 2030 年私家车将降低到今天的 20%,美国汽车总保有量将从 2.5 亿辆降至 5 000 万辆,石油的总需求量将从每天 1 亿桶降至 7 000 万桶,这一切将为美国家庭每年节约 1 万亿美元。未来个人仍然可能会买车,但不会独占这辆车,未来拥有车辆的方式可能有两种:第一种是自己优先使用,当自己不用时放出去为别人服务;第二种是自己买车作为投资加入一个共享出行的组织。

目前在美国用手机打车的平均等待时间是 3 分钟,在中国由于交通拥挤,平均等待时间更长,特别是上下班高峰。当共享出行成为出行的主要方式时,由于参与的车辆增加,所以平均等待时间会进一步降低。自动驾驶带来的另一个变化是大都市的道路拥挤将一去不复返。目前许多美国城市已经开始停止道路扩建规划，停止修建新的停车场，甚至开始考虑将已有的停车场改为微型城市绿地。未来城市交通规划也将深受共享出行影响，城市交通将形成以高速轨道交通和自动驾驶及自行车为主的公共交通系统。高速轨道系统负责远距离主干线运输，自动驾驶和自行车负责支线和最后一千米。当上下班更依赖轨道交通时，轨道交通将面临提速的压力。目前中国各地地铁的平均区间行驶速度是每小时 30~50 千米，这个速度完全可以再提高一两倍。以北京这样的超大城市为例，如果从五环外到国贸上班，自动驾驶可以根据地铁时刻表精确地在地铁站接送,使整个通勤时间缩减至少一半。

自动驾驶将为房屋建筑带来变化，例如大量的独院房屋不再需要车库，大量高层公寓不再需要这么多停车位等。自动驾驶还会给社区带来新的变化，例如上下班方向相同的邻居将会每天有见面或接触的机会。

汽车内部的设计将被自动驾驶根本性地改变，例如多人共享的一辆自动驾驶汽车内部可能会分为几个私密的空间，大屏幕地图显示和视听娱乐设备将成为标准配置，车中将有自动饮料售货机等。车型也会发生巨大分化，根据不同的需求，可能出现可以睡觉的车、可以打牌的车、可以唱卡拉 OK 的车，等等。

未来自动驾驶汽车大部分将是电动车，电动车还会给汽车基础设施带来巨大变化。第一个变化是当汽油车减少时，加油站也会减少，加油变得不方便也将会进一步减少汽油车，如此循环下去，汽油车可能会和今天的柴油车一样稀少。第二个变化是维修体系。由于个人不再拥有汽车，所以汽车的管理和维修将主要由出行公司负责，车辆的检修和维护将更程序化与集中化，个体的修车店将消失。

自动驾驶将改变汽车保险业。目前的汽车交通事故中90%以上是人的原因。当道路上大部分是自动驾驶车辆时，交通事故率将大大下降。研究表明，美国车险市场到2040年将从现在的年度2 000亿美元下降为800亿美元，下降60%。

以上的变化都是今天可以预见到的，还有许多变化是更间接隐蔽的，今天不容易预见。例如今天共享出行主要由几家全球性的移动互联网平台公司提供，服务主要是车辆的安全保障、驾驶员管理、自动路线规划等。当车辆自动驾驶后，这些流程的成本会越来越低。再加上共享出行的本地化特点以及和其他公共交通的紧密关联，未来共享出行很可能会整合为本地公共交通出行服务中的一部分，由本地机构以极低的成本提供，而不是由几家全球或全国性公司统一提供。

运输和物流

自动驾驶带来的另一个巨大变化将体现在运输和物流行业。目前美国和中国都有一批新创公司在研究卡车自动驾驶、港口装卸、仓储自动拣选分配和自动快递。相对于乘用车，货物运输卡车大量时间是在高速公路上驾驶，要处理的状况相对简单。目前在美国人工成本占卡车运输的40%，汽油占25%，自动驾驶和电动车将使卡车运输的成本降低至少一半。港口、堆场、矿山、农场、建筑工地、仓库等相对封闭的场合比城市驾驶的情形更为简单。即使在技术早期，也不会有过多人身生命安全风险，在这些领域将会率先实现自动驾驶。在每一个自动驾驶的垂直市场都可以造就一个市值超过 10 亿美元的"独角兽"企业。今天中国的各种物品的快递主要依赖于廉价劳动力，随着劳动力成本的提高，"最后一公里"快递自动化（自动驾驶汽车和无人机）也将早于乘用车自动驾驶的全面普及。

中国的机会

即使自动驾驶局限在狭义的造车产业，也将会创造全球每年 2 万亿美元的机会。如果加上对其他行业的影响，自动驾驶产生的商业机会可能在十年后达到每年十万亿美元的数量级。自动驾驶将是中国今后 10～20 年面临的最大的一个全球性产业机会。

1. 庞大的制造业能力和全球第一的电子制造生态系统

未来的自动驾驶电动汽车主要是一个电子产品，而中国的电子制造业规模和水平都已经是世界一流（核心芯片除外）。中国的汽车产量在 2016 年已经达到 2 800 万辆，成为世界第一。中国的汽车产业的短板在于发动机和自动变速箱等，但电动汽车恰恰同时跨越了这几个短板。自动驾驶的核心硬件主要是各类传感器，例如 GPS、声呐、毫米波雷达和激光雷达，这些电子零部件都能够在中国生产。所以强大的电子制造能力将成为中国最大的优势。

2. 具有前瞻性的新能源和环保政策

中国目前是全世界空气污染最严重的国家之一，同时也是碳排放量最大的国家。中国政府为了迅速改善空气质量和大幅降低碳排放量，制定了全世界最具有力度的鼓励发展新能源的政策。与此同时，2017年上台的美国总统唐纳德·特朗普在新能源政策上大幅度倒退，这给中国提供了一个成为全世界新能源技术领导者的机会。

3. 发达的交通基础设施和现代物流

中国四通八达的高速公路以及发达的物流，为自动驾驶技术提供了世界最大的垂直市场。

4. 电动车发展速度快

中国目前对电动车的政策补贴力度是全世界最大的。2017年中国共销售60万辆电动车，比2016年增加71%，占全世界总量的一半。随着规模的增加，中国生产的电动车（包括动力电池）成本会更低，中国的电动车将具有大规模出口的潜力。

5. 世界第一大共享出行市场

中国目前也是世界第一大共享出行市场。截至2018年3月，滴滴出行每天提供2 500万次服务，美国的Uber（优步）在其提供服务的78个国家每天共提供约1 000万次服务。

6. 移动支付世界普及率最高

中国的手机支付量世界第一，为共享出行和未来一系列复杂的商业模式提供了基础。

7. 复杂多元的驾驶场景

自动驾驶软件是一个"大杂烩"，主要靠大量的数据学习和软件迭代，中国提供了大量的数据和复杂的场景，在中国场景学习出来的驾驶软件在其他地方适应性会很强。

8. 对中国自动驾驶产业政策的建议

（1）继续梯度式补贴电动车，直到在不补贴情形下电动车的购买＋保有成本低于同档次的汽油车。

（2）顺应技术对产业的颠覆，打破地方政府资本造成的分散格局，鼓励产业重组。

（3）自动驾驶在成熟的过程中难免会出事故，不能因噎废食。

（4）技术创新主要依靠市场和企业，特别是高科技创新企业。

（5）创新先行，监管押后。

关于自动驾驶的六种预测

预测未来永远有风险，但可以促使自己深入思考，也能引起有质量的讨论。

1. 2022年以后半自动驾驶功能将成为所有15万元人民币以上车型的标配

半自动驾驶包括2016年特斯拉率先推出的自适应巡航（自动和前车保持距离）、自动紧急刹车、自动线道保持、自动换道、自动泊车等基本功能。目前，这些功能所需的硬件成本（摄像头、毫米波雷达、处理芯片等）不超过5 000元人民币。2016年中国生产了2 800万辆汽车，跃居世界第一，每辆车均价13万元人民币。假设汽车均价每年增长3%，2022年汽车均价会达到15万元人民币，届时所有均价以上车型都将配备半自动驾驶功能。

2. 分步演进成为主流

目前许多厂家宣称2021—2022年会推出L5全自动驾驶汽车，这个目标很难实现，乘用车不会一次到位L5，甚至不会一步到位L4。下一步是在半自动基础上再加上交通标志识别和本地高精度地图，这样就能够做到在都市地区把每天上下班通勤自动化，这就能够带来90%的便利，其他10%的长尾情况可以逐步解决。2021—2022年有望实现这样的便利。

3. 非限定场景乘用车全自动驾驶到来的时间比想象得晚

最后的10%将要耗费比前面90%多得多的时间。由于在非限定区域驾驶的复杂性以及覆盖大范围的高精度地图尚需时日，所以真正的非限定区域的无方向盘全自动驾驶至少需要十年以上的时间,也许会进入一个瓶颈期,很长时间也解决不了。

4. 垂直市场将早于乘用车市场

率先成熟的市场是那些驾驶环境相对简单的行业应用,如海港、货场、矿山、农业、基建、仓储、货物运输、旅游景区等。

5. 新进入者将逐步占领市场

从电子制造业和互联网行业进入汽车行业的新进入者,在十年内将"吃掉"一半以上的汽车市场。未来产业融合更多的是新科技巨头收购传统汽车公司。

6. 中国制造将成为世界领袖

中国电动车制造规模将成为世界领袖,同时将制造全球 80% 以上的传感器,包括毫米波雷达和激光雷达。在技术上除了核心处理芯片以外全面领先,特别是需要复杂场景训练迭代的自动驾驶软件。

以上对未来做出的几个明确而不含糊的预测,等待未来验证。

医疗与健康——世界上最有经验的医生

医疗健康是 AI 最热门的应用领域之一,医疗行业有太多的方面可以借助 AI 得到质的提升。据追踪风投动态的数据公司 CB Insights 的数据显示,从 2012 年至 2017 年 7 月,医疗行业有

270 笔投融资交易。语音识别、图像识别技术、深度学习技术已经和医疗行业快速融合,在辅助诊疗、医学影像、药品研发、数字健康、疾病预测、虚拟护士等领域应用,提升药品的研发速度、医生的诊断医治效率、患者的健康管理等。医疗数据目前较为分散,这给不少创业公司提供了从垂直领域切入的机遇。

医学影像

AI 在医疗健康领域的第一个重要的应用是医学影像诊断。2016 年 11 月,美国 FDA(食品药品监督管理局)颁发了第一个医疗 AI 软件平台的许可。这个软件平台是斯坦福大学校友创办的 Arterys 心脏核磁共振成像诊断平台。这个平台用 1 000 个已知图像对模型进行了训练。心脏可以分为 17 个部分,通过这些部分的影像可以判断心脏是否有问题。要通过 FDA 批准,这个平台的判断至少要和专业医生一样准确,这个平台可以在 15 秒内做出判断,而有经验的医生通常需要半小时到一小时,比医生快了 200 倍左右。

我们知道癌症早期发现的治愈率远远高于中晚期。如果发现得早,那么五年存活率可以达到 97%,但如果在最晚期发现,那么五年存活率只有 14%。如何让那些不方便看皮肤科医生的人能够最早发现病情就成为关键。美国每年有 540 万例皮肤癌,2017 年初,斯坦福大学 AI 实验室的 Thrun(特伦)教授的博士生开发出了一个可以诊断皮肤癌的 AI 算法。他们用已经认证过的 370

张含有恶性皮肤癌和恶性黑色素瘤的图片让算法和 21 位皮肤科医生的判断相比较，算法在各方面都达到了和医生相同的判断准确度。

中国是全球肺癌死亡率和发病率最高的国家。据测算仅 2015 年中国就有 429.2 万新发肿瘤病例和 281.4 万死亡病例，肺癌是发病率最高的肿瘤，也是癌症死因之首。2015 年中国新发 47.7 万例食管癌，占全球的 50%。新增肺癌病例 73.33 万，占全球的 35.8%，中晚期占 70%。目前最有效的手段就是筛查，早期诊断和早期治疗能将患者的五年生存率提高到 80% 以上。

表5.1　中国、美国、英国的癌症发病率与死亡率

国家	中国	美国	英国
人口	13.5 亿	3.14 亿	6 300 万
75 岁前患癌症的风险	16.8%	31.1%	26.9%
75 岁前因癌症死亡的风险	11.5%	11.2%	11.3%
癌症死亡率/发病比率	70%	33%	40%

资料来源：IARC《五大洲癌症发病率》。

肺癌早筛的难点主要是：早期肺癌多表现为肺部结节。它们尺寸小，对比度低，非常容易跟其他的组织部位混淆，患者的 CT 扫描数量通常超过 200 层，人工阅片耗时耗力。腾讯公司推出的"腾讯觅影"技术，利用多尺度三维卷积神经网络实现肺部图像的三维分割与重建，结合金标准（指当前临床医学界公认的诊断疾病的最可靠、最准确、最好的诊断方法）病理诊断数据和大

量医生标注的结节位置信息，3～10毫米肺结节检测准确率达到95%，肺癌识别率已经达到80%，并且还能通过增强图像与放大片子辅助医生查看。目前，该技术已经与数家三甲医院进行合作。该类技术的逐步商用有望大幅降低癌症患者的发现率和死亡率。

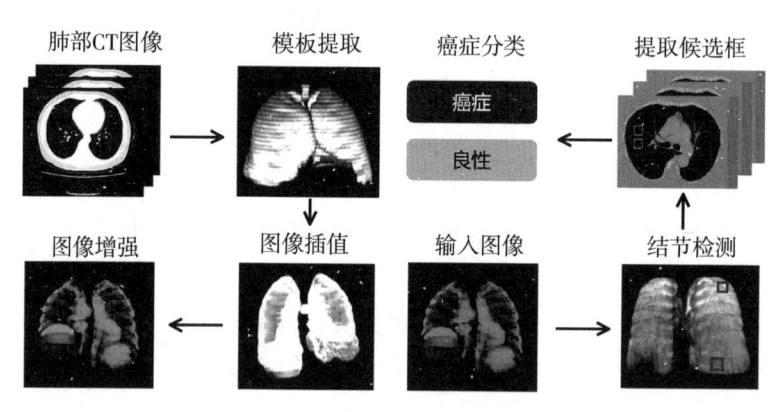

图 5.9　人工智能在早期肺癌筛查中的应用

图片来源：腾讯觅影。

表 5.2　50 例早期肺癌筛查人机对比实验结果

人机对比实验	早期肺癌（敏感度）	良性样本（特异度）
腾讯觅影	96%	88%
20 名三甲医院主治医生以上（包括数名主任医生）平均	77%	81%

资料来源：https://miying.qq.com/official/product/lung。

医疗图像识别比人脸图像识别要困难。例如早期肿瘤的诊断，人体组织是否有病变常常表现为该组织影像的大小、形状、灰度上细微的差别。与人脸图像识别相比较，医疗图像识别的挑战在于病变组织的形状和样态变化非常大。这些变化由下列因素造成。

（1）成像噪音。由于在使用医疗成像仪器时照射剂量和显影剂浓度不同，所以组织的清晰度差别很大。

（2）患者个体差别。患者的身高、体重、器官大小、脂肪厚薄都会影响成像。

（3）患者在成像过程中的姿势、动作和器官活动也会影响成像。

（4）内脏器官的位置，例如器官之间的接触和遮挡会影响成像。

（5）医疗判断的准确性和可靠性要求。与大部分人脸识别不同，医疗图像的判断关乎人命，不可出错。

为了使医疗图像识别更准确，通常借助下列两个办法。

第一，大数据库。美国每年有9 000万张CT片子，训练数据集越大，各种情形就包含得越多。

第二，解剖学和病理学背景知识。所有的医疗图像都来自人体的某一个部分，解剖学和病理学的知识可以帮助识别和判断。但解剖学和病理学知识通常用于基于规则的判断或者是基于病理模型的判断。但这两种方法无法融入神经网络模型，所以只能和神经网络并行使用。当两者判断一致时可以增加神经网络判断的可信度，但当两者判断不一致时，该相信哪一个的判断呢？最后还是需要有经验的医生。

目前的人工智能医疗影像识别判断的主要作用是辅助判断，

还不能不经过医生审核签字就直接做判断。但即使是辅助判断，也可以提高读片质量或加快速度。中国的三甲医院每天可能产生上千张各种影像，目前的程序是先由初级医生读片，包括在影像上寻找异常位置、测量和记录，初步判断后把报告交给资深医生审阅再做最后判断。即使医生在每张医疗图片上只花 10 分钟时间，一名医生 8 小时不间断读片也只能读 48 张片子，一天如果有 480 张片子，则需要 10 位医生读片。况且在一些国家与地区，为了保证准确度，医生的阅片数量被限定在一定范围内。在三甲医院，有经验的医疗影像（例如放射科）医生远远供不应求。如果人工智能读片能够把时间从原来的 10 分钟缩短到 5 分钟，就可以多读一倍的图片。由于医疗成像设备成本快速下降，超声、X 光、CT、核磁共振以及 PET（正电子发射计算机断层显像）等设备正在广泛普及，医学影像数据大幅度增长。美国的数据年增长率达到了 60%，但专业图像医生的增长率只有 2%。中国的医学影像增长也达到了 30%，而医生的增长只有 4%。这意味着医生的工作量大增，判断准确性下降。从影像方面的误诊人数来看，美国的误诊人数达到了 1 200 万 / 年，而中国因为人口基数庞大，达到了惊人的 5 700 万 / 年，这些误诊主要发生在基层医疗机构。

目前中国优质医疗资源高度集中在大城市。许多县级以下医院虽然都有能力添置更多的医疗影像设备，但严重缺乏有经验的读片医生。如果 AI 医疗影像诊断能达到有经验医生的水平，那么通过网络上传读片将大大提高中国基层医疗机构对疾病的诊断水平。可以预见，未来基于云服务的医疗影像识别判断将在基层医院的影像识别和判断上发挥主要作用。一旦这样的实验成功，将适用于全世界所有的发展中国家，甚至很多发达国家。

从目前来看，人工智能医疗影像的技术都是从医院体系外部开始的，主要由高科技新创公司提供技术和医院合作。这些公司的后台算法模型和计算能力都大同小异。关键看谁能从医院得到更多以往被验证过的独家数据（即用于训练神经网络模型的"干净"的已标注数据）。这些公司竞争的第二个能力就是业务拓展能力和市场策略（例如专攻三甲医院还是面向基层）。在这个领域未来可能出现一些新的商业模式，例如当技术成熟时设立一家专门的医疗影像识别判断机构，专门为大量的基层医院提供外包服务。这样的趋势也将影响医学院的课程设置和培养学生的方向。

发现新药

AI 在医疗健康领域的第二个重要应用是制药。小分子化合物新药发现的简单原理是找到一种化合物的分子结构能够和要"对付"的生化目标（例如癌症细胞中的某种蛋白质或被病毒攻击的人体正常蛋白质）发生反应，激活或抑制目标蛋白质的某些功能。传统的发现新药的方法是试错，像爱迪生发明钨丝灯泡一样试验成千上万种不同的化合物。但是这种试错法成本极高，因为筛选出一个新药的备选化合物要做大量的实验，还要逐一比较该化合物的有效性和毒副作用等。如图 5.10 所示，世界大药厂研发一款新药的费用在 2010 年已经达到 26 亿美元，今天早已大大超过这个数额。其中临床前阶段超过10亿美元,这10亿美元主要是用于初期的筛选和试错。从大量的化合物中筛选出备选化合物直到最后优化出新药不仅耗资巨大,而且过程长达数年。

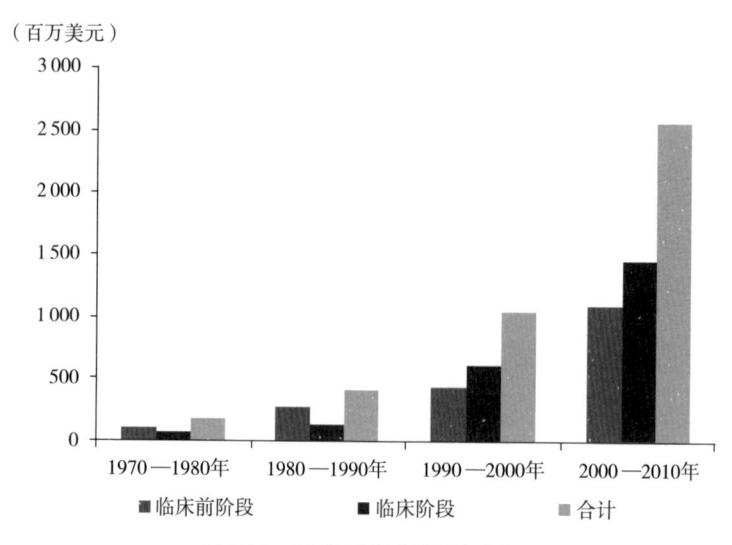

图 5.10　不同年代新药的研发成本

数据来源:Tufts Center for the Study of Drug Development,CSDD。

在基于深度学习的人工智能成熟之前,新药研发已经广泛使用计算机辅助制药。根据人类已有的生化知识,例如备选化合物以及目标分子结构和特性,计算机可以通过建立模型来模拟化合物和目标蛋白质的生化反应,从而减少实验和缩短时间。传统的计算式新药发现可以说是建立在对分子结构理解基础上的"白箱操作"模式。而基于深度学习的新药发现则是一种"黑箱操作"模式。在"黑箱操作"模式下,计算机并不需要建立化合物的分子结构模型，甚至不需要了解备选化合物及生化目标的特性，而只需要有大量的已有化合物和已研究过的生化目标之间的生化反应数据。用这些已有数据来训练神经网络模型，训练好的深度学习算法可以在很短的时间里从大量不同化合物中筛选出可能有用的备选化合物。这里被筛选的大量化合物也不是随机产生的，完全可以根据人类已有的知识用计算机模型产生那些可能性比较大的化合物。同样的原理，在备选化合物进一步被筛选时，例如进行化合物的生物可利用性、代谢半衰期和毒副作用的实验时，仍然可以用已有的数据进行识别和筛选。这个原理类似一个有经验的媒婆，当媒婆拿到一个要找对象的小伙子的资料时，媒婆根据小伙子的长相、身高、脾气、职业、收入等在自己的记忆中寻找类似的小伙子成功配对的案例，就能八九不离十地给他介绍一个有希望成功的姑娘。目前硅谷和欧洲已经有几家用深度学习发现新药的公司，如位于旧金山的 Atomwise。

诊断与监测

AI 在医疗健康领域的第三个重要的应用是基于医疗大数据的诊断、预测和健康监测。医疗诊断的挑战在于：第一，人体是一个复杂的系统；第二，所谓"同一种疾病"其实在每个个体身上都有很大的不同，例如当一个患者血糖高时，可能影响到心、肝、脾、肺、肾、胰腺等多个器官，不同的患者影响不同。即使是很有经验的医生也很难考虑得很周全，特别是优质医疗资源紧张的地方，例如中国的北京、上海等地，门诊医生能花在每个患者身上的诊断时间只有几分钟，医生只能根据经验和患者的情况做一个大致的疾病分类判断，而基于人工智能的诊断可以做精细化的诊断。第一步是收集整理患者的数据，包括各类化验和检查结果、患者主诉和医生判断。将这些数据整理和清洗（剔除明显错误或无关数据）后，将各类病症的相关性整理出来。图 5.11 是硅谷 AI 医疗诊断公司 CloudMedx 关于各种疾病症状之间的相关图。图中的每一个节点都是某类特定患者（特定性别、年龄、种族等）的某种症状。节点之间的连线是两种症状之间的相关性，收集的患者数据量越大，节点就越多，相关性就越准确。这种超级相关图就可以是深度学习里面的用于训练机器模型的已标注数据。一旦一个新的病例数据输入机器中，机器就可以马上根据已有的数据做出一个比有经验的医生还准确的判断。

图 5.11　疾病症状之间相关性的超级链接

图片来源：CloudMedx Inc.。

第五章 飓风袭来——将被颠覆的行业

同样的原理也适用于疾病的预测和预防。医生有很多工具预测患者的健康状况，但他们也经常被人体复杂性所难倒，尤其是心脏病发作是很难预料的。现在，科学家已经证明能够运用人工智能实现比标准的医疗指南更有效的预测，能大大提高预测的准确率。目前，各国的科学家已经在大脑疾病、心脏疾病、慢性病、心脏病、骨关节疾病、流行病等的预测研究上取得较好的成果。随着这些方法的进一步成熟和落地，每年可以挽救数百万人的生命。

每年有将近 2 000 万人死于心血管疾病，包括心脏病、中风、动脉阻塞和其他循环系统功能障碍。许多医生使用类似美国心脏病学会 / 美国心脏协会（ACC / AHA）的指南预测这些病例。这些指南基于年龄、胆固醇水平和血压等八个风险因素，经过医生有效叠加进行预测。但这种方式太简单了，不能涵盖患者可能使用的许多药物，或者其他疾病和生活方式等因素。并且一些因素的影响是违反人类直觉的。英国诺丁汉大学的流行病学家斯蒂芬·翁（Stephen Weng）说："生物系统中有很多因素相互影响。在某些情况下，大量的脂肪实际上可以预防心脏病。"翁和他的团队使用了四种机器学习算法，以便发现病历记录和心血管疾病之间的关联，他们基于英国 378 256 名患者的电子病历训练了人工智能模型。与 ACC / AHA 指南不同，机器学习方法考虑了 22 个影响因素，包括种族、关节炎和肾脏疾病等。利用 2005 年的记录数据，他们预测在未来十年内哪些患者会有第一次心血管发病事件，并对 2015 年的记录进行预测。四种机器学习方法的表现明显好于 ACC/AHA 指南，通过 AUC 的统计方法（得分为 1 意味着 100% 的准确率），ACC/AHA 指南得分是 0.728。这四种机器学习方法的得分介于 0.745~0.764。最好的一个神经网络比 ACC/AHA 方法准确率高 7.6%，并且它减少了 1.6% 的误报，在大约 83 000 条记录的测试样本中相当于可以多挽救 355 名患者的生命。翁说这是因为预测结果可以通过降低胆固醇的药物或改变饮食来预防。这个研究发现，机器学习算法认定的最强预测因素没有被 ACC / AHA 指南囊括，例如严重的精神疾病和口服皮质类固醇。同时，ACC/AHA 列表中没有一种算法将糖尿病列入前 10 名预测指标。翁希望在后续的研究中算法能包含其他生活方式和遗传因素，以便进一步提高其准确性。

另一个通过人工智能预测心脏疾病的研究机构也取得了很好的效果。英国医学研究委员会下的 MRC 伦敦医学科学研究所称，人工智能软件通过分析血液检测结果和心脏扫描结果，可以发现心脏即将衰竭的迹象。研究人员发现肺内血压的增高会损害部分心脏，大约 1/3 的患者会在确诊之后的五年内死亡。目前的治疗方法主要是直接将药物注射到血管以及肺移植，但是，医生需要知道患者还能活多久，以便选择正确的治疗方案。研究人员在人工智能软件中录入了 256 名心脏病患者的心脏核磁共振扫描结果和血液测试结果。软件测量了每一次心跳中，心脏结构上标记的 3 万个点的运动状况，把这个数据与患者八年来的健康记录相结合，人工智能软件就可以预测哪些异常状况会导致患者的死亡。人工智能软件能够预测未来五年的生存情况，预测患者存活期只有一年的准确率大约为 80%，而医生对于这个项目的预测准确率为 60%。

目前世界上超过 5 亿人患有不同的肾脏疾病，但是全社会对于慢性肾病的知晓率不足 10%，因为慢性肾病早期没有明显的症状，很容易被忽视，很多患者等到肾功能恶化时才去就医，因此肾病分级预警是一件很急迫的事情。华南农业大学食品学院的研究员曾经基于人工智能对肾小球过滤进行预测，通过神经网络构造了预测模型，从而最终构建出一个实用性良好的慢性肾病分型预警模型。

医疗健康诊断和预测是一个典型的暗知识案例。一个疾病的原因非常复杂，每个病人的身体情况和病史又都不同。人生活在一个超级复杂的环境中，环境中的所有因素都对人的健康有影响。过去的医疗教育是把这些非常复杂的情况大大简化，编写成各种教科书和指南，但这些明知识根本无法覆盖所有的情况，所以一个好的医生主要是通过多年实践掌握了大量的默知识。但由于人体的复杂性，每个医生掌握的默知识只是一点皮毛，无论是广度和深度都远远不够。只有机器学习才能系统地通过数据挖掘出大量复杂的，医生通过自己经验和理解都无法触及的暗知识。这些数据不仅包括病人的数据，也包括生物、药理、生理、气候、环境等数据，机器能在这些复杂的数据中找出隐蔽的相关性。机器将发现越来越多的医疗健康方面的暗知识，这不仅将从根本上改变未来的医疗诊断，也将深刻影响未来的医学教育和医生培养。

健康管理

健康管理是 AI 在医疗领域的第四个重要应用。移动智能终端与移动互联网的发展让人们越来越多的行为以数字化的方式被记录下来,包括医疗就诊、饮食营养、运动状况、睡眠时间、社交、生命体征等数据。而人工智能将逐步让这些数据释放出它们应有的价值,基于数据的分析,提供更为健康的生活方式,通过帮助人们管理摄入饮食的营养成分、生活方式、精神情绪等,让健康群体对自身的健康实现更具前瞻性的管理和风险预测,让亚健康和正在康复的群体获得更好的恢复方案。

Virta Health 是由加利福尼亚大学戴维斯分校医学院的教授斯蒂芬·菲尼(Stephen Phinney)博士和俄亥俄州立大学的教授杰夫·沃莱克(Jeff Volek)共同创办的一家互联网慢性病管理平台。Virta Health 的技术平台运用了 AI 技术,在其医生和健康咨询师团队的辅助下,提供连续和实时的医疗支持,并能提出精准的饮食方案,为患者设计出个体化的碳水化合物摄入和饮食方案。当患者注册成为 Virta Health 的会员后,它会寄给患者一套经过 FDA 认证的医疗设备,用于每日血糖、血压和体重等身体指标的监测。在监测完成后,医生根据当天的各项数据,通过人工智能的计算给患者制定出个性化的饮食方案。Virta Health 还设立了健康教练的职位,向患者提供一对一的咨询服务,如果是在非工作时间,那么语音机器人可以给患者回答一些答案标准度高的医学问题。此外,患者可以选择加入在线社区,与其他病友分享治疗心得，互相激励。Virta Health 与印第安纳大学医学院于 2016 年开始针对 262 位 II 型糖尿病患者展开为期两年的试验，前十周就已经取得了让人振奋的治疗效果。87% 的患者减少胰岛素的注射量，56% 的患者糖化血红蛋白含量降至健康水平，75% 的患者体重至少减少了 5%。

美国公司 Realeyes 使用计算机视觉、机器学习技术，通过电脑或智能手机摄像头跟踪用户面部表情，评估用户的情绪变化。目前，Realeyes 已经建立了超过 500 万帧的人脸数据库。每一帧都有多达 7 个面部动作注解，比如皱眉意味着困惑，而眉毛向上抬起则表示惊讶。此外还会有其他面部特征帮助一起进行情绪识别，使分析结果更有说服力。Realeyes 正在研发一款心理健康产品，以便帮助人们变得快乐并且保持快乐。

随着智能手机、可穿戴设备中传感器的丰富，这些设备已经可以获取用户在不同场景中的运动数据（跑步、瑜伽、游泳等），睡眠质量、血糖、心率、心电图、血氧等数据，以及生活场景中的温度、空气、紫外线等数据，从而为人工智能更健康地管理人们的生活提供更全面精准的资料。

医疗语音助理

AI 在医疗领域的第五个重要应用是医疗语音助理。医疗语音助理目前已经在病历录入、智能导医、推荐用药等环节开始商用，帮助医生减轻工作压力，提升患者的就医体验。

病历书写花费了医生相当多的时间。据香港德信 2016 年调查数据显示，中国 50% 以上的住院医生平均每天用于写病历的时间超过 4 个小时，相当一部分医生写病历的时间超过 7 个小时。而语音助理则能够大幅减少写病历所用的时间，医生的口述内容可以实时转写成文本，录入到医院信息管理软件中。录入病历的效率提高以后，医生能够拥有更多时间问诊。对放射科等特殊科室的医生来说更是效果明显。放射科医生大多需要在 2 个屏幕间来回切换，一会看片子，一会进行报告记录，有了语音录入，可以把注意力放在片子上，边看边说，工作更加流畅，效率也大大提高。2016 年 8 月，北京协和医院在病房、手术室、超声科、放射科等全部上线"医疗智能语音录入系统"，成为首家支持语音识别的公立三甲医院，这套系统的语音识别准确率达到 95% 以上，个别科室的准确率更是超过 98%。

美国语音技术公司 Nuance 推出的虚拟助手 Florence，更是能在一定程度上理解医生口述文件，并通过洞察发现来提供及时的建议，例如药物、实验室或做 CT 的订单等。Nuance 的报告显示，Florence 在试点阶段就为医生节省了 35% 的时间，而现在与优化之前相比节省的时间超过了 50%。该系统还将 20 个订单的键击总数从 87 次减少到零。Nuance 表示，这意味着仅仅在美国的药学、放射学和实验室订单方面，一年就为医生节省了 2 260 万个小时。

智能导诊机器人也开始在医院中应用。路过大堂的医生或服务台人员经常被患者问询该挂哪个科室的号，有无主任医师，以及洗手间、开水房的位置。数据显示，目前中国一家三甲医院的日门诊总量平均约为 6 000 人次，即便 10% 的患者问询这些问题，也将给医院带来较大压力，并且由于分属不同的科室和专业知识的局限，被问询的医生或护士很难精准地回答。而智能问诊机器人在云端和医院的各个系统以及服务商的知识库相接，能够通过语音或显示屏轻松准确地解答大多数问题，并且这些导诊机器人还能听懂不同的方言和外语，能够解决该类人群沟通不畅的问题。目前，科大讯飞的机器人"晓曼"、进化者机器人公司的机器人"小胖"已经开始在北京、武汉等地的医院提供服务。（见图 5.12）

图 5.12　北京 301 医院门诊大厅内的智能导诊机器人
图片来源：中新网。

还有一个语音辅助医疗的例子是荷兰一家创业公司开发的接

线辅助智能系统 Corti。该系统能够根据患者提供的信息和说话声音，识别患者的症状，向急救专业人员进行提示，并且能够提醒接线员询问更为详细的信息。2016 年 12 月，接线员推断一名男士在事故中摔倒，被损坏的屋顶砸到了背部，此时，Corti 开启了声音识别模式，它听到了微弱的震动声，患者虽然心脏骤停但还在试着呼吸，Corti 准确识别了这个场景。

智能金融将导致一大批白领、金领失业

AI 将给金融行业带来彻底的颠覆。金融行业的重要分支例如银行、保险、证券、理财将无一幸免。

银行

全球银行业正在受到金融科技的巨大冲击。据埃森哲调研数据显示，消费者正以每年两位数的增长速度从传统银行迁移到互联网金融。超过一半的调研者认为目前银行基于互联网金融的业务收入占比低于 10%。埃森哲预测到 2020 年银行业将有近 30% 的营业收入受到影响。

人工智能技术作为金融科技的核心技术，正在使银行业的服务形态、数据处理、需求洞察、风险管理等发生根本性的变革。

首先，银行面对消费者的大量业务和服务将被 AI 取代。例如贷款的审核方面，人工智能可以在贷前、贷中、贷后进行客户

跟踪管理。根据银行的征信数据加上社交的数据行为特征，可以精准地描述个人行为和金融风险。一笔贷款的申请和审核可以在瞬间完成，并且比人工审核的坏账率更低。以前银行做小额信贷很少，因为风险太大，损失率太高，现在因为人工智能和大数据，小额信贷开始蓬勃发展。再比如客服方面，汇丰银行、恒生银行、中国平安银行等都推出了智能语音客服，采用了自然语言处理技术，能够回答客户的提问。根据美国市场调查公司 Juniper Research（朱尼普研究公司）测算，与传统的呼叫中心调查相比，一个聊天机器人的回答将节省大约 4 分钟。预计到 2022 年，聊天机器人将帮助全球银行每年节省 80 亿美元。

其次，AI 将取代银行内部的大量人工运营管理工作。大型银行必须处理大量的数据以便生成财务报告，并满足合规要求。这些过程都越来越规范化、程式化，但仍需要大量人员进行添加任务，比如对账和合并报表，他们的工作是机器人过程自动化（RPA）的理想选择。

不仅如此，在接下来的几年中，人工智能将被用于改变财务中最核心的功能，例如公司间对账和季报，以及进行财务分析、合规分析等更具有战略性的职能。AI 提供了速度和准确性，例如，整个报告和披露过程可以和真实时间基本保持同步，不用再等到每个季度末期。由 AI 支撑的财务团队能够比现在更快地发现问题并做出调整，从而提高准确性，而非每个季度的最后阶段才做努力。例如英国的 Suade 公司合规平台能够满足银行时刻审慎的监管政策，该平台能够自动通过数据整理生成监管报告。

风险控制对银行业来说非常重要。整体的风控方面也开始引入越来越多的算法。以前银行的首席风险官主要紧盯资产负债表来控制风险，而当前随着数据维度的增加，负债表、收益表、库存、流量、企业的经营状况都被纳入其中，并且实时跟踪挖掘，不用等到资产负债表出来再进行调整模型，整个风险的管控精准度比以前大大提高了。

银行业也正在借助算法来遴选人才，同时减少跳槽员工的数量。德意志银行 2016 年 9 月面向部分美国大学毕业生启用一套筛选系统，该系统由一家硅谷公司 Koru 设计。参与德意志银行美国企业融资职位的候选人要完成该系统 20 分钟的行为测验，以便选取和公司表现最佳的初级员工有类似忠诚度的员工。负责该项目的德意志银行董事总经理诺埃尔·沃尔普（Noel Volpe）表示，该系统旨在发现"具备我行最优秀、最聪明人才身上的某些特征的候选人"。他相信，与各银行通常竞相争夺的常青藤大学候选人相比，新的测验识别出的招聘对象将更适合该行，因为常青藤大学的毕业生往往没有忠诚意识。花旗集团、高盛也在试运行自己的版本。

面对金融科技带来的竞争力和紧迫感，银行除了变革业务架构和将技术融入业务之中，一定要重视自身的天然优势——既有的用户和数据。麦肯锡研究报告以银行业为例指出，银行业每产生 100 万美元的收入，就会产生 820GB 的数据。金融行业在发展的过程中积累了大量的数据，包括客户信息、交易信息、资产负债信息等。

图 5.13 是不同行业每产生 100 万美元收入所产生的数据量。随着软件功能的增强和传感器成本的降低,单位收入所产生的数据还会大大增加。

交易信息、账户信息、身份特征信息和行为数据构成了未来金融业基础核心数据的金矿。截至目前,包括网络银行所用的数据在内,银行业使用的数据只占现存数据的不到 10%。银行只有结合用户在互联网上的行为特征,深度挖掘既有的数据,才能更好地掌握和吸引用户,并为他们带来更好的服务体验。

行业	数据量(GB)
银行业	820
传媒	760
医疗	650
专业服务	490
电信	460
医疗器械	300
零售批发	230
公共事业	220
制造业	220
软件	200

图 5.13 不同行业每产生 100 万美元收入所产生的数据量

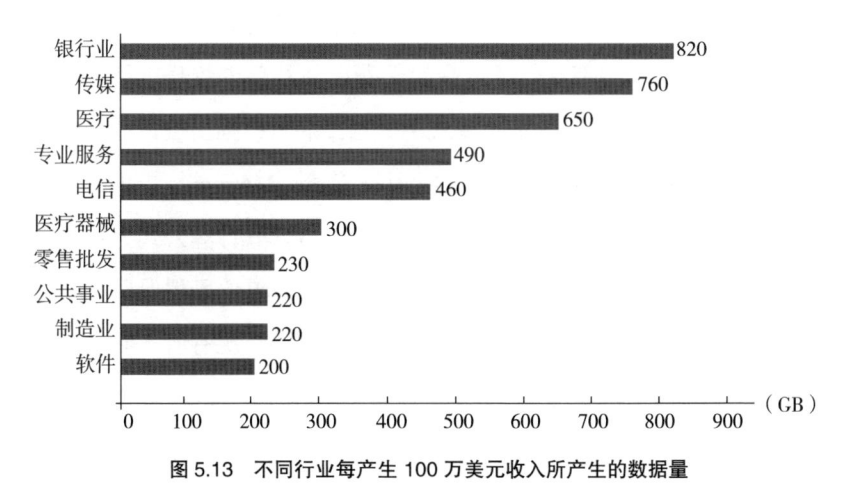

图片来源:麦肯锡报告。

保险

以人工智能、大数据、区块链等技术为核心的 InsurTech(保险科技）正在重新定义保险产业。保险业务从产品设计，售前（咨询、推荐、关怀）、承保（认证、核保、定价）、理赔（反欺诈、核损、赔付）、售后服务（客服、日常分析、客户关系管理），以及营销和风险控制方面都在重构。

在产品创新方面，通过 AI 可以精准发掘潜在的保险需求，提供定制化保险产品。旧金山的一家汽车保险公司 Metromile 打破传统车险的固定收费模式，利用手机 App（应用程序）及大数据运算掌握用户的开车里程数，并根据收集到的资料实施定制化收费，让用户根据开车行为及情况更公平地支付保费。Metromile 认为 65% 的车主都支付了过高的保费以便补贴少数开车最多的人，因此它们抓住传统车险模式中的这个痛点，推出按量计费的新形态车险，实现里程维度上的个性化定价。Metromile 提供的车险由基础费用和按里程变动费用两部分组成。其计算公式为每月保费总额 = 每月基础保费 + 每月行车里程 × 单位里程保费。其中基础保费和单位里程保费会根据不同车主的情况有所不同（如年龄、车型、驾车历史等），基础保费一般在 15～40 美元，按里程计费的部分一般是 2～6 美分 / 英里。Metromile 还设置了保费上限，当日里程数超过 150 英里（华盛顿地区是 250 英里）时，超过的部分不需要再多交保费。2017 年特斯拉也宣布今后将自己提供汽车保险。因为特斯拉有每辆车的驾驶数据，它可以为每辆车制定个性化保险产品，这样的"保险精算"是任何传统保险公司都望尘莫及的。

保险营销创新，现在通过大数据的应用，平台可以对数据进行比较，帮助客户选择保险。比如有一款应用 Denim，为保险公司提供社交推广平台，通过数据分析为保险公司精确引流客户。

保险管理平台的创新，比如 Apliant 就是一家为代理人提供管理平台的软件，提高代理人的服务效率以及服务水平。

在承保方面，南非农业数据分析平台 Aerobotics 公司通过无人机来获取农业、物流、矿产等行业的数据，以此来评定风险等级，提升公司效率。硅谷的财产保险公司 Cape Analytics 则是利用机器学习和高空摄像技术来为投保人的财产进行风险等级测评。其高空成像技术可以检测出不同的时间内，同一空间内物体的改变情况。

在理赔方面，2017 年 6 月，蚂蚁金服基于图像识别检测技术与人工智能推出了"定损宝"，只需按要求将拍摄的照片上传，定损宝就能用云端服务器的算法模型根据用户上传的图片进行判定，生成解决方案，该类产品能够在理赔服务流程中降低成本。目前在保险业中，约有 10 万人从事查勘定损的工作。实现自动定损之后，预计可以减少查勘定损人员 50% 的工作量。美国财产保险公司 Dropin 更是开发了一个直播平台，保险公司可以从无人机或用户手机端获取事故现场的实时视频并以此为依据，远程定损。

当前保险科技参与主体按照经营特点分为三类，分别是传统保险公司、互联网保险公司和技术服务公司。全球已经有超过 1 300 家保险初创企业，大多数通过更为精准的产品设计或者全流程的金融科技提供服务。加之阿里巴巴、腾讯、百度等科技巨头进军保险行业，这对于传统保险公司无疑形成了较大的压力。普华永道调研显示，保险行业对金融科技颠覆行业的担忧正在减弱。2017年大部分受访者（56%）预计其业务收入的1%～20%可能受到保险科技公司的威胁。（见图5.14）

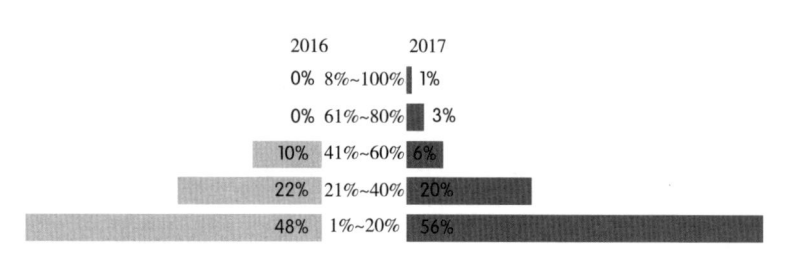

2016		2017
0%	8%~100%	1%
0%	61%~80%	3%
10%	41%~60%	6%
22%	21%~40%	20%
48%	1%~20%	56%

图5.14 未来五年内，可能被保险科技公司抢走的业务收入占比
图片来源：普华永道报告。

但多数传统保险公司的前途依然堪忧。人工智能对保险的颠覆会来得更加迅猛，因为保险是以场景为基础的，人工智能的技术就是以场景为基础处理特殊的任务。阿里巴巴、腾讯、百度等互联网公司通过线上服务比较精准地掌握了用户的出行、餐饮、娱乐、就医、社保等场景数据，通过挖掘数据来推销的准确率要大大高于保险销售员的地推销率。并且在人工智能技术和信息服务平台上，传统的保险公司也并不占优势。互联网公司能联动互联网的参与方（例如互联网电商、互联网社交、互联网金融等公司及客户）嵌入互联网背后的物流、支付、消费者保障等环节，创造新的互联网保险产品，并实现从保险产品的购买到理赔全在线上进行，比如，阿里巴巴根据用户在其电商平台购买紧身牛仔裤等行为推荐手机碎屏险。

第五章　飓风袭来——将被颠覆的行业

证券

计算机自动化交易方兴未艾，更新换代进程不断加速，曾经由人类主宰的金融领域，也正发生着巨大的变革。2000年，高盛在纽约总部的美国现金股票交易柜台雇用了600名交易员，为投资银行的大客户买卖股票。但今天，这里只剩下两名交易员，由200名计算机工程师支持的自动交易程序已经接管了其余的工作。

融合机器学习的复杂的交易算法首先取代了市场上很容易确定价格的交易，包括高盛以前的600名交易员操作的股票。目前一些复杂的交易如货币和信贷交易，并不在证券交易所交易，而是通过不太透明的交易者网络进行交易，但即是这些复杂交易也正在实现自动化。

跟踪金融行业走向的英国公司Coalition表示，当前将近45%的交易都通过电子渠道完成。在裁员压力下处理日常运作事务的职员首当其冲，不光是高盛，越来越多的银行加入了裁员的浪潮之中。瑞银集团CEO塞尔吉奥·埃尔莫提（Sergio Ermotti）接受采访时称，随着银行业的科技进步，未来数年该行可能裁员近3万人，占公司人员的30%。

面对来自人工智能的竞争，就连许多高薪人士都将失业。目前，高盛有9 000名工程师，占总员工的1/3。接下来，将有更多高层级的工作被自动化，高盛计划让IPO（首次公开募股）过程中约146个步骤获得自动化，但传统工作上专注于推销和建立人际关系等岗位还暂时不会被取代。

暗知识：机器认知如何颠覆商业和社会

图 5.15　八年前瑞银集团的交易大厅

图片来源：https://www.zerohedge.com/news/2016-12-20/worlds-largest-trading-floor-sale。

图 5.16　如今瑞银集团的交易大厅

图片来源：https://www.zerohedge.com/news/2016-12-20/worlds-largest-trading-floor-sale。

智能投资顾问最早在 2008 年左右兴起于美国，又称机器人投资顾问（Robo-Advisor）。依据现代资产组合理论，结合个人投资者的风险偏好和理财目标，利用算法和友好的互联网界面，为客户提供财富管理和在线投资建议服务。

根据美国金融监管局（FINRA）2016 年 3 月提出的标准，理想的智能投顾服务包括客户分析、大类资产配置、投资组合选择、交易执行、组合再平衡、税负管理和组合分析。传统投顾和智能投顾都是基于以上七个步骤，只是实施的方式不同，而智能投顾本质上是技术代替人工实现投顾。但相对于公司职员，智能顾问的优势是，它可以不知疲倦地监控投资组合的表现，24 小时不停歇地工作，还可以对所有的投资组合同等对待。最重要的是它大幅降低了成本，因为机器人服务的使用，美国以前以 50 万 ~ 100 万美元为起点的理财产品今天降低到 5 万美元，费用从 5% 降到 0.3% ~ 0.5%。

据权威在线统计数据门户 Statista 数据显示，2017 年全球智能投顾管理资产超过 2 248 亿美元，年增长率高达 47.5%，到 2021 年全球智能投顾管理资产规模将超过 1 万亿美元。（见图 5.17）

2015 年 3 月，嘉信理财（Charles Schwab）推出了免咨询费的智能投顾平台的 Intelligent Portfolios。该投顾平台能够覆盖高达 20 种不同的资产，根据不同投资者的需求、风险偏好、收入水平，通过后台运算来制定投资组合。受托管理规模的快速上涨说明其智能投顾体系在一定程度上能够吸引客户，给公司带来增量收入，优化收入结构。截至 2017 年第二季度，公司智能投顾平台总共受托管理客户资产 194 亿美元，较上年同期上涨 137%，较第一季度环比上涨 22%。这个智能投顾平台的盈利模式主要是来自嘉信交易型指数基金 ETF 产品的管理费、为第三方发行的被选入智能投顾组合的 ETF 产品的服务费、ETF 申购赎回等交易费用，以及一些类似货币基金产品的收益。就支出成本而言，其平均受托管理资产的支出成本远低于其他大型经纪商和投资银行。

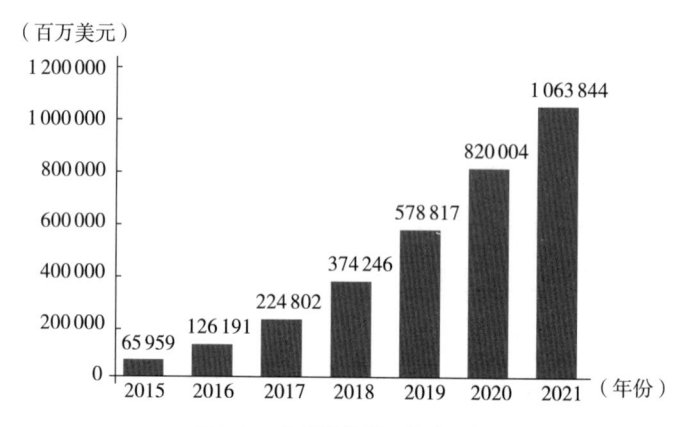

（百万美元）

年份	金额
2015	65 959
2016	126 191
2017	224 802
2018	374 246
2019	578 817
2020	820 004
2021	1 063 844

图 5.17 智能投顾管理资产总额

数据来源：Statista。

日盛证券在 2017 年 11 月推出 AI 理财机器人——AI 理财狮，可以为投资人提供线上 24 小时即问即答服务，上线 2 个月就吸引超过万名投资人尝试，发问次数 4 万多次，使用程度相当活跃。

对证券公司、投资银行来说，裁员意味着更丰厚的利润。根据联盟研究统计，在销售、交易和研究领域，全球 12 个最大的投资银行员工的平均薪酬为 50 万美元，包括薪资和奖金。而联盟研究主管 Amrit Shahani（安穆立特·沙哈尼）说，华尔街 75% 的薪酬给了那些高薪的"前端"员工。一旦这些交易员被机器取代，他们以前获得的薪酬就将直接计入公司利润。这同时也引发了人们对失业的担忧，因为曾经光鲜亮丽的部分华尔街精英也难逃这次冲击。

智能时代万物皆媒，人机协作时代已经来临

人工智能正在彻底重塑媒体产业，线索、策划、采访、生产、分发、反馈等全新闻链路都因为人工智能的到来而发生变革，媒体也正在走向智媒时代。人工智能不仅能够帮助媒体从业者更快地发现线索，辅助或自主生产新闻，并能根据每个受众的喜好有针对性地分发新闻，同时它能为商家匹配更精准的广告，让媒体更好地实现商业化。

自动化写作

目前的自动化写作已经得到较广泛的应用，最初多以财经和体育新闻的快讯、短讯及财报为主，因为这些报道一般能够较好地拿到结构化的数据。随着技术的发展，自动化写作机器人的能力开始覆盖选题、写稿、校对等全方位的功能，题材也拓展到灾难、犯罪、选举等领域。而且时间更快，还可以定制。（见表 5.3）

表 5.3 新闻机器人发展大事记

时间	公司	做法
2006 年	汤姆森	美国汤姆森公司用机器人记者撰写经济和金融方面的新闻
2008 年	路透社	路透社的 Open Calais 在校对界大显身手
2011 年	Narrative Science	Narrative Science 公司机器人用算法把数据转化成财经和房地产报道
2012 年	《华盛顿邮报》	《华盛顿邮报》新闻核查机器人 Truth Teller
2014 年	Wordsmith	AI 公司的机器人 Wordsmith 针对读者生产定制版内容
2014 年 3 月	《洛杉矶时报》	《洛杉矶时报》机器人 Quakebot 在地震发生 3 分钟后自动生成和发布了报道。除了灾难新闻，《洛杉矶时报》还开发出快速发布犯罪新闻的机器人
2014 年 4 月	《卫报》	机器人生产出靠算法编辑的纸质报纸
2014 年 7 月	美联社	美联社全面利用机器人 Wordsmith 写作，仅需 0.3 秒就可以撰写、发布上市公司盈利报道，还能定制多种语言风格
2015 年	法国《世界报》	法国《世界报》和 Syllabs 公司合作，用机器人记者报道了选举活动
2015 年 8 月	《纽约时报》	《纽约时报》的机器人编辑 Blossom 每天会从 300 多篇文章中挑出"潜力股"，推荐给编辑。其平均点击量是普通文章的 38 倍
2015 年 9 月	《腾讯财经》	腾讯财经推出了国内第一篇由 Dreamwriter 撰写的"机器人新闻"
2015 年 11 月	新华社	新华社推出"快笔小新"，从事体育和经济信息报道

续表

时间	公司	做法
2016年5月	阿里巴巴	第一财经联合推出"DT稿王",其写稿多、快、好
2016年8月	今日头条	今日头条推出Xiaomingbot(张小明),实时撰写里约奥运会新闻稿件
2016年8月	《华盛顿邮报》	《华盛顿邮报》采用写稿软件Heliograf报道里约奥运会,几秒即可生成并发布一条Twitter(推特)新闻

数据来源:中国人民大学新闻坊。

美联社是自动化新闻最早的探索者之一。2013年夏天,美联社的新闻部门负责人提出一个在当时看来略显激进的想法——引入人工智能进行自动化新闻创作。几个月后,在Automated Insights(研究新闻自动生成的技术公司,位于美国北卡罗来纳州)的技术支持下,美联社获得了通过机器自动生产新闻的能力,从体育新闻简报起步,在2014年开始使用算法自动生成财报报道。美联社当时估计这个做法能释放记者20%的时间,可以让这些记者从事更为复杂和关键的工作。2015年,美联社制定了一个五年(2015—2020年)战略规划。美联社战略及企业发展部高级副总裁Jim Kennedy(吉姆·肯尼迪)希望在2020年之前,美联社80%的新闻内容生产都能实现自动化。美联社全球商业编辑Lisa Gibbs(丽莎·吉布斯)说:"通过自动化,美联社向客户提供的公司财报发布报道是以前的12倍,其中包括许多从未受到什么关注的非常小的公司。利用这些释放出来的时间,美联社记者可以参与更多用户生成的内容，制作多媒体报道，追踪调查报道，并专注于更复杂的新闻。"

腾讯是中国自动化新闻最早的尝试者。中国的自动化新闻为什么比海外晚了将近十年？除了我国媒体自身意愿和人员成本比西方国家低以外，西方媒体更侧重于和技术公司合作，例如德国的 AX Semantics、美国的 Narrative Science、法国的 SYLLABS 和 LABSENCE、英国的 Arria 等为媒体提供了解决方案或技术支撑，而中国的媒体大多自行研究机器写作技术。2015 年 9 月，腾讯财经开发的机器人 Dreamwriter 发布了一篇关于 8 月 CPI（居民消费价格指数）的稿件——《8 月 CPI 同比上涨 2.0% 创 12 个月新高》。如图 5.18 所示，稿件分为两部分，第一部分是数据本身，第二部分是各界人士对数据的分析解读。之后，Dreamwriter 持续发布新闻稿件，根据《中国新媒体趋势报告 2016》数据显示，2016 年第三季度，腾讯财经机器人写作文章的数量达到了 4 万篇。

Dreamwriter 写作的整个流程主要包括数据库的建立、机器对数据库的学习、就具体项目进行写作、内容审核、分发 5 个环节。腾讯要先通过购买或自己创建数据库，然后让 Dreamwriter 对数据库内的各项数据进行学习，生成相对应的写作手法，全部学习完之后便可以进行与数据库相关联的新闻事件的报道写作，写作完成后进入审核环节，最后通过腾讯的内容发布平台到达用户端。（如图 5.19）

第五章 飓风袭来——将被颠覆的行业

8月CPI同比上涨2.0% 创12个月新高

腾讯财经讯 国家统计局周四公布数据显示，8月CPI同比上涨2.0%，涨幅比7月的1.6%略有扩大，但高于预期值1.9%，并创12个月新高。

国家统计局城市司高级统计师余秋梅认为，从环比看，8月份猪肉、鲜菜和蛋等视频价格大幅上涨，是CPI环比涨幅较高的主要原因。8月份猪肉价格连续第四个月恢复性上涨，环比涨幅为7.7%，影响CPI上涨0.25个百分点。部分地区高温、暴雨天气交替，影响了鲜菜的生产和运输，鲜菜价格环比上涨6.8%，影响CPI上涨0.21个百分点。蛋价环比上涨10.2%，影响CPI上涨0.08个百分点，但8月价格仍低于去年同期。猪肉、鲜菜和蛋三项合计影响CPI环比上涨0.54个百分点。超过8月CPI环比总涨幅。

他表示，从同比看，8月份CPI同比上涨2.0%，涨幅比上月扩大0.4个百分点，主要原因是视频价格同比涨幅有所扩大。8月份，食品价格同比上涨3.7%，涨幅比上月扩大1.0个百分点，其中猪肉、鲜菜价格同比分别上涨19.6%和15.9%，合计影响CPI上涨1.05个百分点。非食品价格同比上涨1.1%，涨幅与上月相同，但家庭服务、烟草、学前教育、公共汽车票和理发等价格涨幅仍然较高，涨幅分别为7.4%、6.8%、5.6%、5.3%和5.2%。

图5.18 腾讯写作机器人生成的财经报道

图片来源：腾讯新闻。

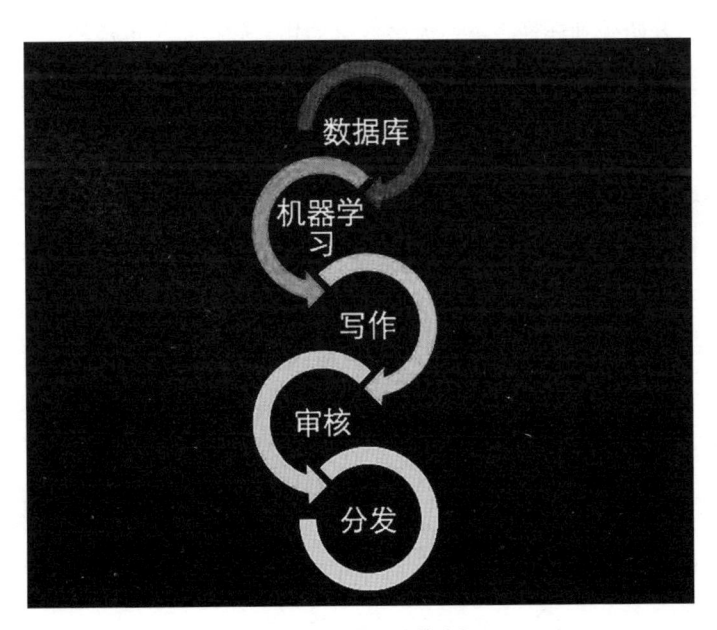

图5.19 机器写作的流程

图片来源：中国人民大学新闻坊。

自动化写作无论是对新闻行业还是对读者来说，都带来了显而易见的好处。对新闻工作者来说，他们可以把程式化、重复化的劳动交给机器，自己进行更深度的思考与写作，并且在写作过程中能够得到人工智能的支撑，写作后有系统校对。对读者来说，这些新闻最重要的需求是快，对于体育、财经、地震等对时效性要求极高的报道显得更为明显。另外，满足用户对长尾内容与个性化内容的需求，在传统新闻理论中，某些冷门比赛的报道价值不大，但实际上依然有可观的阅读量，比如棒球比赛对于中国棒球球迷，乒乓球比赛对于美国乒乓球球迷。

随着自动化新闻数量的增多和深度的加强，其背后算法的设定就开始受到怀疑。虽然大多数自动化新闻设定了审核环节，但是在实际操作过程中，为了时效性，大多数并没有经过人工审核。这样可能出现的后果是，一个错误的稿件可以瞬间发给百万级的用户。谷歌技术孵化器 Jigsaw 的沟通负责人丹·肯瑟琳称："算法容易产生偏见，就像人类一样。我们需要以在新闻报道中处理事实的谨慎来对待数字。它们需要被检查，它们需要被确认，它们的背景需要被理解。"这就要求新闻工作者不仅要参与部分内容的审核，还要和算法工程师一道，让机器拥有更准确的表述能力和价值观。

辅助写作

智媒时代不是人工智能对新闻工作者的替代。相反，人工智能结合互联网更好地连接了人与人，更好地汇聚人的智慧，并拓展了人的能力。在未来的新闻行业里，记者和人工智能形成"人机联姻"的生产模式。算法分析数据、发现有趣的故事线索，记者进行复杂变量的处理和判断，微妙情感关系的处理和表达，采访重要人物以及幕后故事的发掘等，在人执行的每一步工作流程中人工智能都将有一定的参与。

1. 语音识别技术在新闻工作中广泛使用

语音识别技术能使记者减少每天必须完成的日常任务。传统的新闻采访后的录音整理是一项特别耗时耗力的工作，据雷诺兹新闻研究所（RJI）最近对美国超过 100 名记者进行的调查显示，记者每周平均花费 3 个小时访问采访对象，并花一倍的时间把采访的录音整理出来。然而通过语音识别技术，可以轻松完成这项工作，国内新闻工作者开始借助讯飞语记等应用减少工作负担。RJI 未来实验室开发的一个带语音转文字功能的 App "Recordly"也希望能够做到这一点。该项目负责人辛蒂亚·拉杜（Sintia Radu）表示："Recordly 出自我们自己希望报道和写作过程更加有效的需求。我们把听录音看成浪费时间，我们认为，以这个烦人的工作开始写任何报道都是适得其反，当作者听完录音以后，再要把报道完成时已经很疲惫了。"

2. 深度学习能够增强记者的分析能力

深度学习能够更深入分析出受访者或事件背后的深层次关系。

在 2017 年 1 月的总统就职演讲过程中，美联社与 IBM 的沃森认知技术平台合作，利用人工智能对特朗普的面部表情进行分析，同时结合特朗普的演讲文本、演讲语调、人格洞悉和社交媒体趋势等数据形成一些基于情感分析赋值的微表达新闻报道。沃森机器人对特朗普关键情绪触发点进行了打分，给出的情感分析结果是"悲伤"（0.4996）大于"喜悦"（0.4555），且情绪表达更为"偏激"，这一点与后来《今日美国》发布的新闻"分析：特朗普短小、黑暗且有挑衅意味的就职演说"在情感色彩表达上不谋而合。（见表 5.4）

表 5.4 IBM 沃森给特朗普就职演讲各类情绪所打的分数

实体	关联性	感情	类型
美国	0.754812	积极	克制
情绪	分数		
愤怒	0.075456		
厌恶	0.231049		
害怕	0.068197		
欢乐	0.455526		
悲伤	0.499659		

资料来源：IBM Waston。

目前，还有一类"商业关系图谱"公司，利用深度学习和大数据技术，发掘商业人物、公司、财产等之间的关联。例如国内的"天眼查"软件通过分析国内 8 000 万家企业、人、实体之间关系的投资结构，个体商户工商信息以及企业商标信息库，公开的诉讼信息等海量数据库，用深度学习、大数据技术解析出商业社会关系网络，让人物关系、公司持股等关系一目了然，目前已经被记者用于新闻报道中。

3. 机器视觉技术有助于查找信息和数据

机器视觉技术主要用于从照片和视频中自动提取描述数据，例如位置，可识别的人、地点和事物等有价值的元数据，使图像更容易管理或被搜索、发现，既便于编辑快速分类和组织大量图像和视频的语料库，提高编辑速度，又为调查记者提供了丰富的调查证据。

美联社使用 Digital Globe（美国高分辨率地球影像服务供应商）的卫星图像技术，来锁定东南亚海域轮船的高分辨率图像，以便获得一个关于海洋捕捞行业滥捕的调查项目的重要证据，该报道在 2016 年获得普利策奖中的公共服务奖。Digital Globe 的计算机视觉算法能够调整其卫星摄像头，拍摄最佳和必要的图像，这些图像给予新闻工作者一个"上帝视角"，为新闻报告提供了一个全新的参考点，这超出了传统新闻报道团队的能力范围。（见图 5.20）

在另一个工作场景中，文本转视频平台 Wibbitz 利用图像识别，自动用编辑图片和视频脚本生成匹配一段给定文本的视频，生成粗剪的视频供编辑人员进一步精编。这样允许记者更多地关

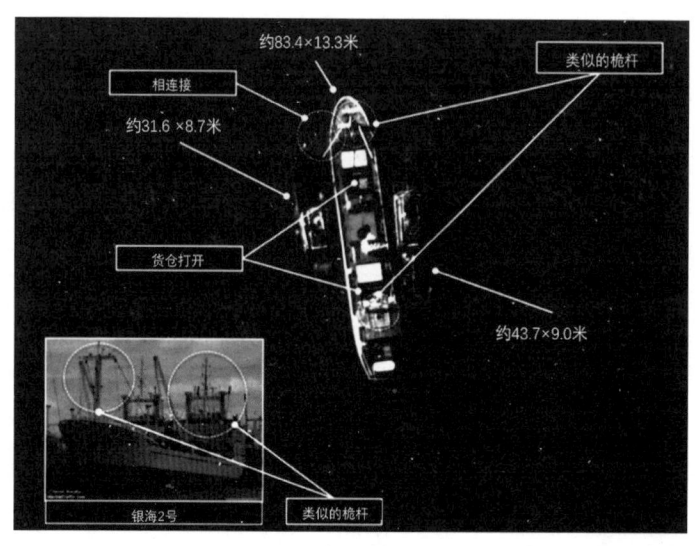

图 5.20　东南亚商船运送货物路线的卫星图像（7 月 14 日银海 2 号在阿拉弗拉海）
图片来源：Digital Globe。

注内容，更少地关注制作视频的重复工作。平台使更多人能够更快、更好和更有效地工作，也能帮助制片人大规模创作有吸引力的视频。2016 年，阿里云还演示了一段人工智能解说 NBA（美国职业篮球联赛）的视频，这项技术在电视、网络媒体的即时播报中也将发挥重要作用。

传感器新闻

2013 年，纽约公共广播的数据新闻团队借助土壤温度传感器，准确报道了美国东海岸蝉的回迁。这应该是传感器新闻的最初探索之一。随着智能终端呈现指数级增长（美国计算机技

第五章 飓风袭来——将被颠覆的行业

术工业协会预测到 2020 年将达到 500 亿台），未来社会越来越多的信息将直接通过这些终端的传感器获取，呈现万物皆媒的趋势。

传感器必将改变新闻的采集手段。在这个层面上的传感器，是人的感官延伸，可以在一定程度上帮助人突破自身的局限，从更多空间、更多维度获得与解读信息。通过传感器获得的大规模环境信息、地理信息、人流信息、物流信息、自然界信息等，可以为专业媒体的报道提供更为丰富、可靠的数据，甚至可以为选题的发现提供线索。传感器对某些特定对象或环境的监测能力，也使它们可以更灵敏地感知未来动向，为预测性报道提供依据。净化器公司了解每个家庭的空气状况，智能手表、智能手环公司能够获取一个地区民众的运动和身体状况。未来，媒体可能需要寻求掌握该类数据的合作伙伴，从更深、更广的层面获取新闻信息，从而带来新的可能性。

美国堪萨斯城一家创业公司 ShotTracker 就开发了一套智能系统。这套系统通过在球鞋和篮球中植入传感器，向人们传达球场上的一切信息，从而让篮球比赛变得更加透明。ShotTracker 系统还能根据球员和球在场上的移动数据进行实时分析，包括球员投篮次数、失误次数、助攻、抢断、扣篮等动作，对球员情况进行一系列分析，把在本次比赛中球员的优势和劣势都以数据的形式呈现出来。该类传感器的普及，将使体育新闻报道中球员表现等数据的准确性大幅提升。（见图 5.21）

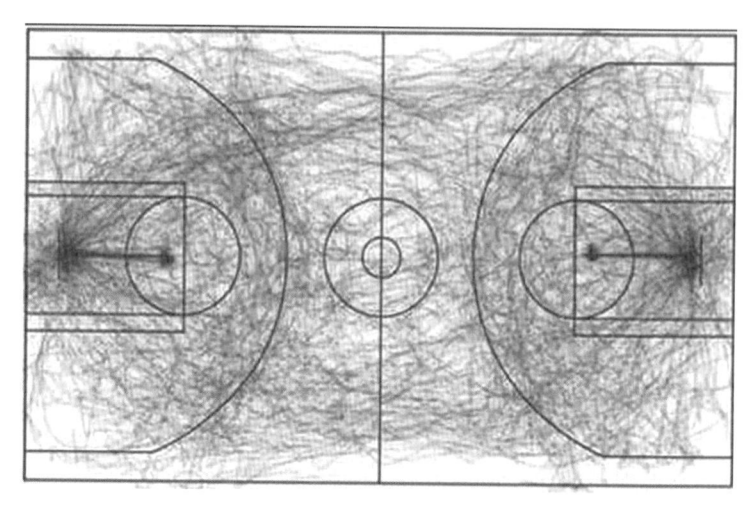

图 5.21　NBA 借传感器绘制比赛中篮球与球员的运动轨迹

图片来源：cnbeta。

另外，传感器还有"用户反馈"的价值。作为反馈机制的传感器，将用户反馈深化到了生理层面。传感器可以采集用户的心跳、脑电波状态、眼动轨迹等身体数据，准确测量用户对于某些信息的反应状态。这样一个层面的反馈，不仅可以更真实、精确地反映信息在每个个体端的传播效果，也可以为信息生产的实时调节、个性化定制或长远规划提供可靠的依据。

在智能物体作为信息采集者日益普及时，"物—人"之间的直接信息交互也将逐渐变成常态。由"物"所监测或感知的某些信息，也许通过"物—人"信息系统，就能直接到达目标受众，这会使专业媒体的中介性意义被削弱，甚至可能出现 OGC（Object Generated Content，物体生产内容）。

第五章　飓风袭来——将被颠覆的行业

个性化新闻

个性化新闻在今天已被普遍接受，它主要体现在三个层面：一是个性化推送；二是对话式呈现；三是定制化生产，这是个性化新闻的更高目标，它的成熟与普及取决于更深层的用户洞察能力。

1. 个性化推送

个性化推送凸显了算法对于新闻分发的意义，算法的水平决定了个性化匹配的精准程度。一个人长期使用某 App 浏览新闻，该用户的阅读数据就会被不断地反馈进数据库，用户画像就逐渐清晰。同时，随着用户数量的增加，通过相似点描绘可以将人不断地分群，从而进行群体分发，再加上之前累积的数据，通过算法运算完成智能化的推荐。但令大家担忧的是，算法容易被其所有公司或更高的利益集团所控制，失去新闻报道的独立性和对社会进步的推动作用，这一点已经在中国的个性化新闻中有所体现。算法只提供受众喜欢阅读或认同的信息内容，导致个人消费越来越多的同类信息，以致个体受众不太可能阅读到与其意见相左的信息或观点，社会上不同声音之间的沟通交流日趋减少，社会言论也越来越单一。算法让"过滤气泡"现象更加严重，给社会舆论的健康带来风险。

203

2. 对话式呈现

一些媒体正在探索社交机器人在新闻传播中的应用，它们将某些新闻的获取和阅读过程变成一个互动对话过程，通过机器人与用户的对话，来了解用户的阅读偏好，进而推荐相关的内容，但用户是否愿意承受这种对话的成本，仍需观察。例如，全球数千万的用户可以要求亚马逊或谷歌的智能音箱播放美国在线、《华盛顿邮报》3 小时内的精彩新闻。

3. 定制化生产

和今天纯粹用算法做匹配的机制不完全一样，未来还会生成所谓定制化信息的生产，即基于大数据分析的、基于场景的个人化信息定制，针对用户的兴趣生产和讲解。定制化生产是个性化新闻的更高目标，它的成熟与普及取决于更深层的用户洞察能力，场景分析是理解用户在特定环境下需求的一把钥匙。Automated Insights 已经在该方面进行尝试，雅虎正在合作关于幻想运动（fantasy sport）的内容，用户可以选择真实比赛中登场的运动员，组成自己的球队，和朋友之间相互比赛，在美国每周有超过 3 000 万用户使用这项内容,为每一对匹配的对抗组进行报道，用户能够知道关注的队伍表现得怎样，投球表现如何，胜利了还是失败了。雅虎曾经的做法是发布一个报道,让千百万人同时读它，Automated Insights 能够发布千万个报道，而且每个报道都是独一无二、专门为用户定制的。

智慧城市——"上帝视角"的城市管理

早在 2008 年 IBM 就提出了智慧城市的概念，从交通、医疗、能源、政府、水资源、安全、楼宇和园区领域为政府提供整套的智慧城市方案。目的是让城市运转更加高效环保，管理更加科学，并能提前发现问题，如交通拥堵、环境污染、公共安全等。随后，多个国家开始了智慧城市的实践，高峰时期 IBM 曾有超过 1 000 个智慧城市项目在建。但普通市民似乎并未感受到拥堵的交通状况有所改善，地震、火灾后政府的响应能力有所加快，就医的体验有所提升。

企业、政府、未来学家都希望将城市打造成一个高度统一的智能系统，但庞大的软件、硬件、基础设施投入和短期内有限的效益形成了较大反差。不少政府放弃了 IBM 起初的方案，转而从垂直领域出发，从解决具体问题入手，提高城市的智能化水平。而 AI 在其中扮演了越来越重要的角色，AI 推动下的安防、交通系统、政务服务、环境保护等都获得了质的突破。

智能交通

交通问题是让很多大城市政府头疼的问题，即使有明确的交通规则和更宽的马路，堵车也会发生。因为交通系统是典型的"非线性系统"，有非常多的因素相互牵制和互相依赖。在大城市上班的市民一定会感受到，早高峰的时候，你 6:00 出门，就能早半小时到达，而你再晚 10 分钟出门，可能就会迟到。

2016 年，麻省理工学院、瑞士苏黎世理工学院和意大利国家研究委员会联合研究团队已经研发出一款新道路系统，在道路上将不再有交通信号灯，并提出了"基于时段的交叉路口"概念，其与航空交通管制系统相似，即每辆汽车接近交叉路口时，由交通管理系统协调交叉路口时间。这意味着整个交通系统将与道路上的所有汽车实现同步。麻省理工学院可感知实验室研究科学家、意大利国家研究委员会会员保罗·桑蒂（Paolo Santi）表示，将交通灯更换成基于时段的道路系统可以极大地提高交叉路口的交通性能，而且交通堵塞和延误现象也会随之消失。而韩国最大的通信运营商 SK 厂商正在测试借助 5G 实时通信技术将汽车与其他车辆和行人连接起来的技术，最终使未来的交通不再需要交通信号灯。其计划 2019 年开始为主要高速公路推出这种自动驾驶服务，然后将服务扩展到更繁忙的街道。（见图 5.22）

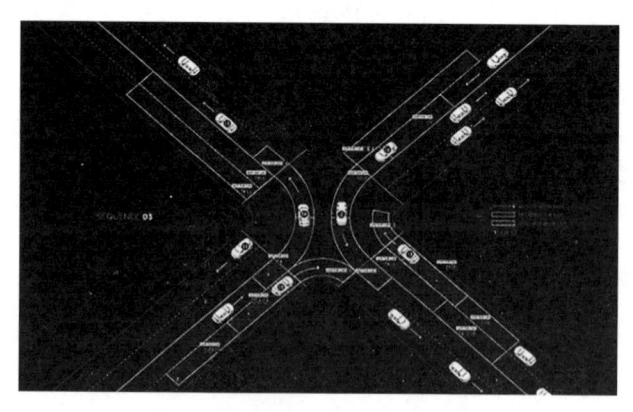

图 5.22 不再有交通信号灯的交叉路口

图片来源：麻省理工学院可感知城市实验室。

第五章　飓风袭来——将被颠覆的行业

未来，只有智能驾驶汽车、交通基础设施、车联网、交通管理系统整体协同才能让每个公司的无人车在公平的规则下行使，才能实现真正的智能交通，从而大幅提升交通效率。阿里巴巴为城市交通系统打造了一个"城市大脑"。2016年10月，该系统首先在杭州测试，通过杭州5万多个道路摄像头做信息采集，相关数据汇集到后台进行交换与处理，由人工智能系统做出算法决策，然后再传回交通设施上执行，可以对整个城市进行全局实时分析，自动调配公共资源，在部分路段的测试过程中，"城市大脑"让车辆的通行速度最高提升了11%。该类系统的商用也将大幅减少人力成本，阿里巴巴视觉计算组负责人介绍说："这些视频如果由交警三班倒地去看，需要15万个交警，而通过算法，城市大脑可以在短时间内把这些视频都看完，数清楚有多少辆车往哪个方向走了。"

高级辅助驾驶汽车和车联网结合能够大幅降低城市的交通事故，并减少车辆的能源消耗。美国交通部基于600万例交通事故的分析数据显示，ADAS（高级辅助驾驶系统）的使用能够降低15%的交通事故，V2X（车联网）的使用能够降低36%的交通事故，而两者结合能够避免96%的交通事故。华为在苏州工业园区的智慧交通测试更是验证了这个说法。因为车联网的引入，交通延误能够降低15%，主干道平均速度提高15%，停车次数降低17%。而欧洲一个团队通过车联网让车辆编队行驶，能够减少车辆油耗7%～15%，减少人力成本40%。

207

安防

AI 在打击恐怖分子、罪犯，预测突发情况，管理密集人群等方面开始发挥较大效用。图像识别技术开始让城市管理系统实现目标检测（车牌识别）、人脸识别（属性提取）、目标分类（车、行人）等功能。主要用在运动目标检测、周边入侵防范、目标识别、车辆检测、人流统计等方面。

图像和视频识别可以分为下列几大类应用。

（1）人脸识别及统计（包括唇语识别）。

（2）虹膜／指纹识别。

（3）表情识别－测谎仪。

（4）物体识别及动作顺序。

（5）网络特定类图片监控。

（6）第四类步态识别。

第一类图像识别是人脸识别。全世界人脸识别最大的市场是中国，人脸识别在中国已经被广泛应用于手机支付、ATM 机、门禁、打卡、海关、车（机）票、交通违规监测、安全监控等。人脸识别甚至开始应用于快餐店，利用老客户的点餐习惯加快点餐速度。人脸识别还可以用于寻找早年被拐卖的儿童。中国各地目前有大约 1.8 亿个摄像头，到 2020 年将增加到 4.5 亿个，平均每三个人一个摄像头。中国已经建成了世界上最大的视频监控网"中国天网"，利用人工智能和大数据进行警务预测。2017 年 4 月，深圳已经开始利用人脸识别技术来识别乱穿马路的行人。2016 年，中国安防行业市场规模已经达到 5 400 亿元，同比增长 9%。预计未来几年，中国安防行业市场规模将从 2015 年的近 5 000 亿元增长到 2020 年的 8 759 亿元，年增长率在 11% 以上。

人脸识别的主要任务有两类：一类是在一组未知的图像中找出是否有某个人；另一类是判断一张图像是否为某个特定的人。传统的自动图像识别分为以下几步。

（1）先用一组事先定义的人脸特征把将要识别的人脸进行分类，每个人脸都表现为特征集中的一组参数。

（2）在图像中首先识别有没有人脸，如果有，再识别在图像中的什么位置。

（3）提取图像中每个人脸的特征，将这些特征和已经存在于数据库的各个人脸特征参数进行比较，找到相似度最高的人脸。

而深度学习放弃了使用事先定义好的人脸特征集，而是用已知人脸图像去训练模型。目前，在图像识别中主要使用 CNN，不论是什么样的应用，都是先有一组已经标注的训练图像，用这组训练图像将 CNN 训练好以后，用 CNN 来识别未知的图像。比较简单的应用是个人图像认证，例如手机刷脸密码。这种应用的图像清晰（基本都是对着镜头的大头照），而且只需要识别是否为某一个人，训练集只是一个人的不同照片。第二类是门禁、打卡、车票等系统类，需要识别出摄像头前是存在数据库里的一群人中的哪一位。这两类应用都是被识别人"希望被认出来"，所以问题相对简单。比较困难的是"不希望被认出来"的情形，例如，在公共场合的摄像头里监控是否有某一群人中的一个或几个出现。挑战在于摄像头的分辨率有限，被摄影人离镜头的距离太远，光线和朝向、姿势都有许多变化，更别提如果化妆或者整形的情况了。假设摄像头的分辨率为 1 920×1 080（高清电视），可靠地识别一个人脸需要分辨率不低于 100×100。根据不同的景深和画幅，当人脸和摄像头距离 10～20 米时，人脸识别的可靠性就会大幅下降。另外摄像头的安装位置都远远高于人脸，当人离摄像头太近时，头顶会遮挡人脸。总体来说在一个公共场合，例如商场或广场角落的摄像头想要准确识别人流中是否有记录在案的人是一件非常有挑战性的事。指纹识别和虹膜识别的原理都和人脸识别类似，但细节不同。

目前公共场合图像和视频监控的一个技术发展方向是把识别能力和摄像头放在一起。设想一个大城市有上百万个摄像头，如果每个摄像头按照每秒 64k 比特速率向云端传送，每天就会产生上千 TB 的数据，无论是处理还是储存成本都非常高。更重要的是从监控特定人群的角度来看，这些数据绝大部分都是无用数据。如果识别能力放在摄像头端，那么只有当发现疑似目标时才会上传数据。这种摄像头端的识别可以用高速 CPU 和 GPU 来做，但价格太高。假设一个监控点的整个成本为 1 万元人民币（包括摄像头、拉电源、拉网线、安装费用），识别芯片的成本不应该超过 2 000 元人民币。而且耗电不能太高，因为户外环境不容易安装散热设备。目前的解决方案主要是 FPGA（现场可编程门阵列），但当算法稳定和标准形成后，长远解决方案一定是低功耗、低成本的专用芯片。设计生产这种芯片的可以是芯片设计厂商,但更有优势的是那些已经大量生产和部署摄像头的公司。

人脸识别中还包括表情识别和唇语识别。用表情识别来测谎可能比心电图更准确。由于表情的定义本身比较模糊,分类也很有挑战,所以很难另外取得被测者的标注数据。唇语识别是一项集机器视觉与自然语言处理于一体的技术,即通过人的口型变化推测说了什么话。早在 2003 年,英特尔便开发了"视听说识别系统"软件,供开发者研制能读懂"唇语"的计算机。2016 年,谷歌 DeepMind 英文唇语识别系统便已经可以支持 17 500 个词了,新闻测试集识别准确率达 50% 以上。目前口型识别的准确率能够达到约 60%。2017 年 12 月,搜狗推出了中文版的唇语识别,可以直接从有人讲话的视频中,通过识别说话人的唇部动作,来解读说话者所说的内容。通过端到端深度神经网络技术进行中文唇语序列建模,经过数千小时的真实唇语数据训练,打造了一个"唇语模型",在非特定人开放口语测试集上,该系统达到 60% 以上的准确率,在垂直场景命令集例如车载、智能家居等场景下甚至已经达到 90% 的准确率。(见图 5.23)

第二类图像识别是物体识别和统计。例如在卫星照片中识别地面有多少架飞机、分别是什么型号,地铁站每天有多少乘客,商场有多少特定类型的顾客(例如年轻女性)等。有挑战的是在视频中识别一个物体的某个部位的连续动作,例如识别一个挖掘机铲斗在一个时间段里挖掘了多少斗矿石。

面部识别
从图像中连续识别出人脸

唇形提取
提取讲话人连续的唇形变化特征

唇形单元匹配
将特征输入到唇语识别模型中，识别出对应的发音

首创复杂端到端深度神经网络技术进行中文唇语序列建模

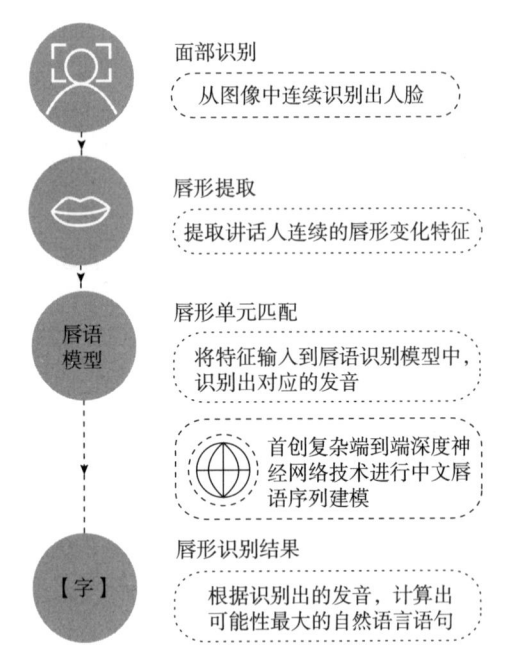

唇形识别结果
根据识别出的发音，计算出可能性最大的自然语言语句

图 5.23　唇语识别技术原理

图片来源：搜狗。

第三类图像识别是识别出网络中上传的图像或视频是否违规，例如黄色图片。这种应用也相当有挑战性，原因之一是被识别类别不容易清晰界定（比如到底什么算黄色），原因之二是训练集可能会非常大，使训练和识别的成本都非常高。

第四类图像识别是步态识别，中国科学院研究出了一种新兴的生物特征识别技术——步态识别。该技术只看走路的姿态，在50 米内，眨两下眼睛的时间，摄像头就能准确辨识出特定对象，即使遮挡了面部也有效。虹膜识别通常需要目标在 30 厘米以内，人脸识别需在 5 米以内，而步态识别在超高清摄像头下，识别距

离可达 50 米，识别速度在 200 毫秒以内。此外，步态识别无须识别对象主动配合，即便一个人在几十米外戴着面具背对普通监控摄像头随意走动，步态识别算法也可以对其进行身份判断。步态识别还能完成超大范围人群密度测算，能够对 100 米外或者 1 000 平方米内的上千人进行实时计数。这些技术能广泛应用于安防、公共交通、商业等场景。

预测管理

2014 年 12 月 31 日晚间发生在上海外滩的踩踏事件，造成 36 人死亡，49 人受伤。其原因就是跨年夜活动引发了相当多的游客光临，而城市管理者不清楚人流密度，从而没有及时疏散，该类问题随着 AI 的到来将逐步得到解决。AI 结合大数据技术，已经能够在城市的人流预测、天气预测、灾害预测等方面发挥作用。微软亚洲研究院借助 CNN、RNN 技术与城市的数据，已经能够成功预测未来十几个小时的城市人流情况、雾霾发生概率等，这将在一定程度上改写城市的管理方式。

微软亚洲研究院以贵阳出租车的实时数据为样本，基于人工智能、云计算、大数据做了实时的人流量预测系统。系统把城市划成 1 000 米 × 1 000 米的格子，预测每个格子里面未来会有多少出租车进出。每个格子颜色不同，代表了不同的信息，每点一个格子就会跳出一个图形和表格，能清楚知道整个城市某个区域人群流动接下来十几个小时会呈现什么状态。比如已经发生过的出租车进出情况，未来的人流情况，昨天同一时间的情况等。同样地，任何人流预测数据来源，比如手机信号、地铁刷卡记录等，都可以通过该系统模型进行运算从而得到某地将有多少人进出的结果，并预测未来十几个小时的城市人流情况。微软亚洲研究院的郑宇博士领导了这个研究，该研究成果《城市人群流动的深度时空预测网络》(*Deep Spatio-Temporal Residual Networks for Citywide Crowd Flows Prediction*)已经发表在第31届人工智能大会AAAI-17上。(见图5.24)

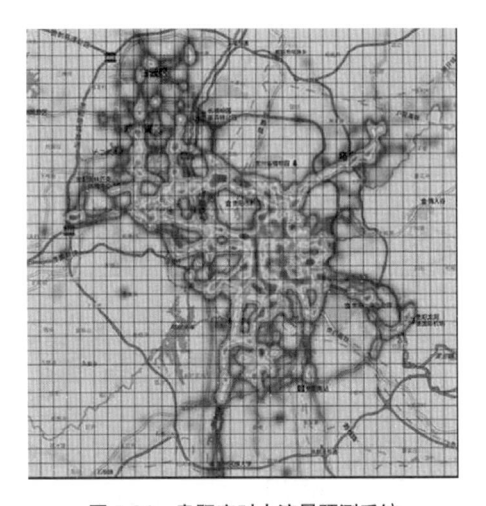

图 5.24 贵阳实时人流量预测系统

图片来源：微软亚洲研究院。

未来这个方向的研究还会有更深远的发展，该研究已经可以用来预测城市雾霾等空气质量情况。未来应该还可以预测几天内有无大暴雨，基于城市基础设施，预测哪些地方会被淹，哪些地

第五章 飓风袭来——将被颠覆的行业

方排水不够等。

重复体力劳动者将被机器人全面替代

机器人中最大的一支就是自动驾驶汽车,因为这个产业太大,通常大家把它专门拿出来研究。不算自动驾驶汽车和无人机的机器人市场到底有多大？IDC研究报告预计,到2019年全球机器人市场规模将达到1 350亿美元,2015年全球机器人支出为710亿美元,并将以17%的年复合增长率增长。

这个市场主要包括三个类型：装配线机器人、(与人)合作型机器人、自主型机器人。装配线机器人的特点是动作程式化,并且不需要判断。根据工业装配线的事先设计要求给机器人输入指令后,机器人一直做重复性的动作。合作型机器人主要是和人一起完成生产线上的任务,由人来做复杂和需要判断的事情,由机器做辛苦但重复性强的工作。合作型机器人和装配线机器人类似,但是因为和人近距离在一起操作,所以需要有紧急保护装置,以防伤人。人工智能影响最大的是自主型机器人,这类机器人目前主要是做服务型工作,例如商场导购、酒店门厅接待、医院送器械和药、小区巡逻、家庭卫生、食品制作等。目前最成熟的是扫地机器人,每年能卖出上千万台,其他的都还不成熟。原因之一在于每一个服务项目的感知、判断和行动决策都很复杂,与自动驾驶类似,如果成本太高,就没有经济价值。服务型机器人的第二个问题是如何和现有流程配合。例如小区巡逻,如果机器人无法一次取代保安的所有复杂工作，那么机器人如何和小区保安分工协调？故障和维修如何解决？自主型机器人未来的主要市场仍然是工业生产线。目前高产值重型装配，例如汽车，已经越来越多地使用机器人，但许多低产值的轻型装配还需要使用大量人工。随着机器人成本的降低，这类生产线也将逐渐配备机器人。另一类是非装配型的生产线，例如食品加工、禽畜屠宰、货物分拣等。这些工作在理论上都能逐渐被机器人取代，前提是一台机器人的成本低于一个生产工人的 1~2 年的工资福利。在技术上要求这类机器人有一定的视觉感知，较快的处理速度。最重要的是机器人大脑软件必须适应性极强，能够在现场设置匹配各种不同的生产过程或者能够学习新技能，而不必为每个生产流程专门制作软件。这要求开发出一款通用机器人大脑软件，包括通用的感知、判断和控制，并且能够方便地设置成不同的应用场景。可以预见，能开发出这种软件的公司将有巨大的商业前景。与此同时，一个能够装在大批中低端自主型机器人上的将感知、控制、通信都集成到一起的低成本芯片也会很有商业前景。

打通巴别塔——黑天鹅杀手级应用

当所有人对 AI 的注意力都集中在诸如自动驾驶、人脸识别等"低垂果实"上时，一场最深刻的革命很可能发生在自然语言翻译和理解领域。这场革命可能改变自几十万年前智人发出第一声有意义的"哼哼"以来的人类文明史。人类有可能第一次无障碍地协同盖起一座"巴别塔"。一旦语言的隔离被打破,文化的隔阂也将在几代人之间被冲破。

图 5.25　巴别塔

图片来源：http://nolabelsnolies.com/different-tower-of-babel/。

笔者 2015 年在巴西自驾旅行时须臾不可离的就是手机里的谷歌翻译应用。巴西能讲英语的人不多,不论是租车还是住店,笔者都要掏出手机给谷歌翻译说一通英语让手机翻译成葡萄牙语,然后拿着手机给对方播放,再让对方对着手机说一通葡萄牙语,翻译后对着自己播放。由于翻译得不准确,加上现场的噪声,来回让双方对着手机麦克风等,使用体验非常差,但比没有要强很多。这里面有很多技术问题需要解决,能够使翻译体验流畅的最低要求有以下几点。

（1）不需要拿着手机来回对着双方。理想化的器件是一个挂在脖子上的小项链,或者是一个远小于手机的可以放在对话双方之间的小盒子，里面有像亚马逊智能音箱 Echo 那样的扬声器和多声道麦克风可以聚焦讲话者的声音，滤除现场噪音。

（2）不需要每说一句话都要按一次"翻译"或"播放"。翻译机和活人翻译一样，只要检测到说话者的停顿或一段完整意思的结束，马上就开始播放翻译。

（3）必须能够离线。当手机没有联网信号时，手机里的存储内容和计算能力足够一些常用的翻译。

（4）翻译准确率达到 99%。自从 2017 年初谷歌将翻译后台从传统的统计方法改为神经网络翻译后，准确率大大提高。随着翻译量的增多，相信以目前的神经网络和计算能力，已足够应对日常生活（例如旅行）的翻译。但是要进行专业或和历史文化深刻联系的翻译，还需要一定的努力。

以上只是对一个翻译机最低的要求，进一步的要求是这个翻译机在生活中"隐去"，成为日常穿戴的一部分。例如做成极小的像助听器那样的器件，通过手机和网络相连，可以做到无缝的"同声传译"，并在同声传译时可以抵消对方发出的原声，即"原声抵消"，做到听者只能听到翻译而不被原声干扰。

要做到以上无缝、流畅的翻译，基础的技术都已经成熟或接近成熟。主要的技术难点有以下几个。

（1）微型多声道抗噪远场声音检测技术。

（2）目前亚马逊的 Echo 已经具备了多声道抗噪音和说话者方向聚焦功能，但这些功能还需要进一步改进。包括能够识别不同的人，不必每次喊"Alexa"（亚马逊语音助理），能在更嘈杂的环境下识别语音,最重要的是进一步微型化。

(3)语义理解。神经网络在短短的几年内大大提高了语音识别的准确率,但是语义理解仍然是瓶颈。对着机器翻译说一大段话,机器翻译会晕的。

(4)学习"主人"的背景和个性,以便更透彻地理解每一句话。

机器翻译的进一步发展是在文化背景方面远超人类。例如一个英文翻译如果不是在美国长大,即使阅读量很大,也有文化背景的隔阂。例如当大家谈论起几十年前的一个电影镜头,或某场棒球比赛的一个击打,或者一个南部地区的生僻俚语时,翻译就不懂了。一个没在中国生活过的汉语翻译也存在同样的问题。而像海绵一样大量吸收背景知识恰恰是机器学习的强项。可以预见未来的机器翻译就像一个同时在两个国家长大的孩子一样熟悉双方的历史和文化。

机器翻译未来还会增加一项人类做不到的功能,就是提前熟悉对方的背景。当人类进行一次重要会见或谈判时,都会事先做功课了解对方。人类花几天做的事,机器可以一秒做完。

根据目前人工智能芯片和算法的发展,随身翻译可以在5～10年内实现,能超越人的翻译可以在20年左右实现。

一旦无缝、流畅的同声翻译实现了,对世界的影响就是巨大的。目前虽然交通和通信将物理距离缩短,增加了人类的交流和分工合作,但是语言隔阂仍然是最主要的障碍。中国目前有上亿人出国旅游,大部分是跟团游,如果有了无缝、流畅的翻译,到外国和到中国一个省的感觉一样,那么很多人会选择自助游。商业的交流成本也会大幅降低，到任何其他国家工作都没有语言障碍。这种无缝、流畅的同声翻译冲击最大的是文化和身份认同。今天世界民族主义回潮，民族国家的界限主要以语言和文化进行划分，当这层墙被拆掉后，今天的民族国家是否还会存在？2017年10月Google发布了一款与智能手机配套的智能耳机，在谷歌语音技术、翻译技术的支持下，这款小小的耳机可以实现40种语言实时翻译功能，虽然不是非常准确，但是基本的旅游度假还是可以保证的。（见图5.26）

图 5.26 谷歌的实时翻译耳机

无缝、流畅的同声翻译最终会导致全球文化多样性的消失吗？不会。原因是每个人讲的和听的仍然是自己的母语。人类将生活在一种"双层社会"中：一层是"世界大同层"，大家各自说着自己的母语，但是规则和习惯逐渐融合；另一层是"本土家乡层"，各自的习俗仍然不同。只要没有超级规模的人类大迁徙和混合，各种母语文化仍然会继续生长。这并不奇怪，其实今天人类在世界范围内的商业活动已经是使用和遵循共同的规则了。

全方位冲击

AI 对各个产业的影响只是开端。任何一个行业只要在运行过程中产生大量数据，就可能被 AI 优化和部分（或者全部）自动化。如果这个行业资金多，那么更会吸引一系列新创公司进入这个行业来颠覆。除了我们在前面讨论的交通运输、医疗健康、金融服务等行业之外，下列行业也将不可避免地受到 AI 的冲击。

制造业

除了生产线、装配线继续大量使用机器人以外，制造业的供应链管理、营销也将大量采用 AI。阿里巴巴的"ET 工业大脑"帮助协鑫光伏的良品率提升 1%，一年节省上亿元成本对整个中国制造业而言意味着巨大的利润增长空间。

批发零售业

目前批发零售业已经受到互联网的严重冲击，互联网公司由于从诞生之日起就拥有数据且会利用数据，将率先采用 AI 继续颠覆零售业。AI 正在积极影响零售业的运输、定价与促销、供应商互动和管理决策等环节。据麦肯锡测算，基于 AI 的需求预测方法比传统方法的预测误差减少 30%～70%，由于产品无效性导致的销售损失可以降低 65%。今天亚马逊和阿里巴巴的无人零售店只是端倪，自动驾驶送货上门和遍地开花的自动售货店有可能彻底取代传统零售业。

法律

IBM、阿里巴巴、科大讯飞在法条的查找、审判记录等方面开始使用 AI。IBM 的沃森系统可以帮助找到"判例法"，帮助律师找到更有力的证据。知识产权律师可以用 AI 自动查找过往的专利，搜索专利违反和版权剽窃事件，甚至能起草专利申请。

广告营销

Facebook 通过 AI 技术扫描用户的状态更新、上传的图片、视频、签到、点赞，甚至是 Linked Apps（连接应用）等相关数据，能够生成用户的数字档案和用户画像，从而实现智能投放和精准的营销服务。视频广告领域 Vedio++（智能广告位识别投放与营销解决方案公司）利用 AI 为客户在网络剧、节目直播中寻求到精准的广告投放。

房地产

无人机监理、机器人巡逻、建筑、工程监理、房屋销售和租赁、物业管理等一系列环节将被 AI 优化或取代。

政府和公用事业

政府的运行，特别是对市民的服务将会大量自动化，市政管理包括交通管理、警察、安全监控等将会大量使用 AI。

国防军事

用来自动驾驶汽车的技术也可以用来驾驶坦克。无人机已经成了美国反恐战争的重要武器，按现在的发展速度，下一场空战将不会再有飞行员。我们在下一章还会详细讨论 AI 对战争的影响。

旅游

未来你的个人智能助理比家人还熟悉你，你只要说"想去巴西玩一周"，所有的行程就都安排好了。

教育

"高考机器人"能够比高中毕业生考取更高的分数只是向大

众演示 AI 的可能性。真正的冲击是在目前在线教育内容基础上的、个性化的智能老师、自动评测和答疑等。当个性化智能教育发展到一定程度，很有可能会彻底颠覆目前的教育，例如分散的虚拟学习社区有可能取代集中式的学校，按需学习的终身教育有可能取代小学到大学的专门教育。

农业

今天的农业已经开始大规模使用无人机等先进技术，天气、土壤、农作物、市场信息等可以帮助农民更精准地种植。

第 六 章

暗知识神迹——机器能否超越人类

导读 | AI的作用将不止于颠覆商业，还会有更深刻和长期的影响。本章负责开脑洞，理解了本章就能知道下一代该如何做好准备。这一章也可以直接跳进来读，但最好能先读前两章。

我们在上一章描述了 AI 在短期内会对商业和生活造成的影响，但我们很难想象更长期（30～50 年）的影响。虽然预测长远的未来很难，但是如果能深刻理解 AI 的本质，就能对未来的方向有感觉。2007 年苹果手机的发布开启了移动互联网的一波巨浪，当时对移动互联网有两种不同的观点。一种观点认为移动互联网和个人电脑互联网有完全不同的性质，会出现全新的杀手级应用。另一种观点（主要是个人电脑互联网的部分大佬）认为手机无非是个人电脑的延伸，比原来的网站、搜索和游戏等多了一块显示屏幕而已。笔者是中国最早从事移动互联网的专业人士，基于手机和个人电脑的本质区别在于手机的定位功能，笔者曾经预测未来杀手级应用一定和定位功能有关，而且不会是当时大家都能想到的找加油站、订餐馆这样的"浅层定位应用"，也一定会产生新的巨头。果不其然，出行类的应用成为移动互联网的杀手级应用，创造出了 Uber、滴滴出行这样的个人电脑互联网巨头之外的新的移动互联网巨头。

基于深度学习的 AI 本质

数据之间相关性的发现和记忆

读过第三章的读者能体会到神经网络最本质的特点是发现并

记忆数据中的相关性。例如，看了很多汽车的图片后就会发现汽车都有四个轮子。人的大脑对图片这类直观的数据间的相关性也能发现一部分并记住，这就是默知识。但当数据量很大，又不直观时，例如股票市场的数据、复杂系统（例如人体、核电站）内部的数据，人就不行了。而神经网络却应付自如，一眼就能发现数据之间的关系并记住，这就是暗知识。下回再遇到类似的数据，马上就能做出判断。随着神经网络的规模增大（神经元数目和神经元之间的连接数目），机器能够处理人根本无法企及的大规模的复杂数据。

海量记忆基础上的细微差别的识别

机器学习需要大量的数据，主要是让机器"看到、记住"数据中呈现出的各种模式。有点像小孩玩万花筒，数据就是装入万花筒中的彩色玻璃碎片，不停地转动玻璃棱镜就是不同的算法（对应神经网络中不同的连接）。一组有限的数据中埋藏着无数排列组合出来的图样。因为机器的记忆比人的记忆准确，而且量大，机器可以每秒转几亿次万花筒，很快就能看完并且记住所有的图样。所以机器学习可以发现数据中隐藏的所有细微区别。

基于以上原理，机器学习适合做极其复杂的决策，例如制定像健康保险这样极其复杂的公共政策，策划诸如诺曼底登陆这样包含大量变量的军事行动。

这两个 AI 的本质其实也正是暗知识的两个特点。基于以上两个特点，我们看看未来会出现哪些远超人类的颠覆性的超级应用。

科研加速

一个科学研究的过程可以分为以下几个步骤。

（1）提出问题或选择要解决的问题。

（2）学习研究关于这个问题已经发表的研究文献。

（3）根据研究文献和研究者的经验提出假设。

（4）设计验证假设的实验。

（5）进行实验和整理实验数据。

（6）根据实验结果判断假设是否成立。

（7）如果假设不成立，返回第（2）步或第（3）步，提出新的假设。

在这个流程中最花时间的有三个环节：研究文献、做实验和整理数据。在这三个环节中，机器学习都可以部分甚至全部取代人。获取相关的文献，阅读、理解并总结已经成为科研的瓶颈之一。根据渥太华大学的研究，自从 1965 年以来共有 5 000 万篇科学文章发表，现在每年新发表的文章是 250 万篇。关于某个能够抑制癌细胞的蛋白质的论文就达到 70 000 篇。一个科学家即使一天读 10 篇文献，每个工作日都读，一年也只能读 2 500 篇，所以大部分的研究结果都会被束之高阁。使用 AI 可以通过自然语言理解找到相关的所有文献。例如一个叫作 Iris（艾瑞斯）的

AI软件可以这样做科研：首先从一个关于这个研究题目的演讲开始。这个演讲通常是本领域的一位著名科学家做的几十分钟的概述性报告，例如TED（美国著名讲坛）大会的演讲。Iris先使用自然语言处理算法分析演讲的脚本，挖掘从开放渠道获取的学术文献，查找到与讲座内容相关的关键论文，然后将相关的研究论文分组并进行可视化，Iris目前可以达到70%的准确率，下一步是用人工帮助标注文献使机器匹配精度增加。当机器能够理解文献的内容和结构时，至少可以帮助科学家总结出在一个科研领域中已经提出的问题，已经提出过的假设及其验证，已经做过的实验和结果。机器甚至能根据文章的逻辑自洽性对文章结果提出疑问。用机器阅读文献的一个重要作用是能够对前人的工作一览无余，不至于做许多重复性的工作。

今天的科研越来越依赖于实验，而实验的准备、操作和数据整理经常耗时耗力。机器学习可以大大加快实验进程。2001年的诺贝尔物理奖颁发给了美国的埃里克·康奈尔（Eric Cornell）等三位实验物理学家。他们的成果是用激光器和磁场创造出了自然界不存在的物质的第四种状态：玻色 - 爱因斯坦凝聚态。物质在自然界的三种状态根据温度不同分别是固态、液态和气态。当温度降低至非常接近绝对零度时（实验上永远无法达到绝对零度），物质就会进入凝聚态（一种气态的、超流性的物质状态）。凝聚态物质有很多特性，例如对地球磁极和引力场极为敏感，光线在该物质中会延迟，等等。基于印度科学家玻色的计算，爱因斯坦于1924年预测了这种物质的存在以后，科学家一直想在实验室验证出来。1995年，这三位科学家经过多年的实验，用一套非常复杂的实验装置终于制造出了物质的凝聚态。图6.1是这个实验的示意图，透镜内有一小块物质，透镜外有许多激光束。激光打在物质上可以约束物质内分子的运动，从而降低物质的温度。图6.2是实验设备的核心部分，图6.3是实验设备的全貌。可以看出，这套实验装置非常复杂，可以设置的参数非常多，如果每一种参数的排列组合都去试，到宇宙终结可能都试不出来。而人有许多直觉可以大大加快实验。获奖的三位物理学家摸索了很多年才终于造出了凝聚态。2016年5月17日，来自澳大利亚新南威尔士大学和澳大利亚国立大学的研究团队使用机器学习从头开始操作这样的实验（反复设置调整实验设备的各种参数直到产生凝聚态物质），机器学习竟然不到一个小时就成功制造出了这种凝聚态物质。该团队希望通过进一步借助AI以更快的速度构建更大的这类物质。

图6.1 凝聚态设备示意图：不同方向的激光束约束分子运动造成凝聚态物质（腔体内）

图片来源：https://plato.stanford.edu/entries/physics-experiment。

图 6.2 凝聚态实验设备的核心部分

图片来源：https://plato.stanford.edu/entries/physics-experiment。

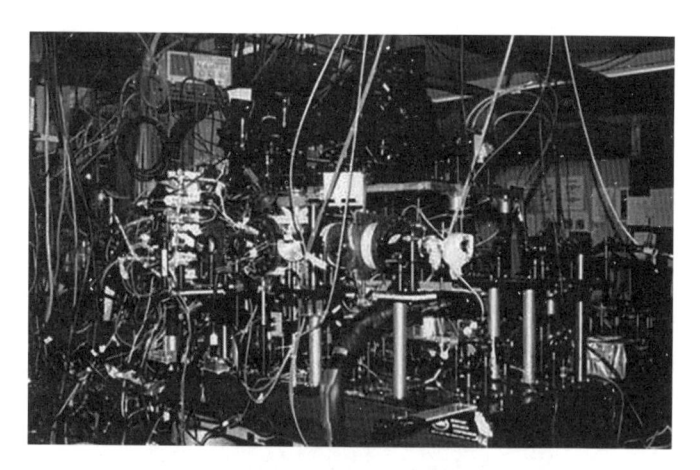

图 6.3 凝聚态实验设备全貌

图片来源：https://plato.stanford.edu/entries/physics-experiment。

科学实验的第三个环节是收集整理数据，这更是 AI 的优势。

其实在科学界目前还有一个瓶颈就是研究论文的审核,要发表的论文太多,能有水平和时间对其进行审核的人太少。机器学习可以大大加快这个过程,例如可以检查该论文是否抄袭或者和已经发表的结果有冲突等。

科学研究中最难被机器取代的是提出假设,但是 IBM 的一个团队宣称他们的系统可以做到。也就是说,他们的 AI 可以通过挖掘学术文献自动产生科学假设。而且,宣称他们的算法可以用来做出新的科学发现。他们的目标是将文本挖掘与可视化和分析结合起来,以便识别事实,并提出"新的、有趣的、可以测试的、可能是真实的"假设。

人类过去 500 年来的进步主要依靠科学技术的进步,而且这种进步还在加速。随着 AI 的发展,科学发现可能会加速,这意味着技术进步会进一步加快,反过来又会加快科学的进步。例如量子计算依赖于材料科学的进展,一旦量子计算取得突破,计算能力就可能比现在提高几个数量级,AI 能力的提高又会进一步加快科学进展和加速实验速度,如此循环下去。

另外一个加速是用 AI 改进 AI。谷歌和 Facebook 都开始研究自动机器学习,通过强化学习的模型,让机器不仅不断地调整参数,而且能够选择不同的神经网络模型。在很多情况下自我学习的性能都可以和人设计出来的性能相比,机器有时还会选择人类想不到的模型,甚至有人开始探索如何在机器学习里模仿人类的想象和创新。2017 年底,谷歌推出由 AI 自主"孕育"出的"子 AI",该"子 AI"被取名为"NASNet",研究人员在 ImageNet

图像分类和 COCO 目标识别两个数据集上，对 NASNet 进行了测试，在验证集上的预测准确率达到了 82.7%，比之前公布的人工智能产品的结果好 1.2%，效率也提高了 4%。目前这些研究还处在早期阶段。一旦这类循环加速技术成熟，就会使技术迅速达到一个新的高度。

科学的本质是受控实验。人类通过控制一组变量（例如物理实验中的物体位置和受力等，化学实验的温度和压力等）来测量另外一些变量（例如物理实验中物体的速度，化学实验中的气体体积）的变化。科学定律就是可控变量和测量变量之间的关系。当人类完全掌握了某一类关系后，就可以通过制造仪器把原来的测量变量变为可控变量，用增大的可控变量集再来继续发现它们和新的测量变量的关系，这就是科学进步的本质，所以仪器就是某一类科学定律的物化。科学的进展完全依赖于能否完全掌握某个科学定律并且把该定律变成仪器。所以科学的进展可以分为三个步骤。

（1）提出假设：某一组可控变量和另一组可测量变量可能的关系。

（2）设计实验：验证可控变量和可测变量之间的关系。

（3）如果实验不能验证，就重新回到步骤（1）。如果能够验证，就把验证过的关系制造成仪器，使原来的可测变量变为可控变量。然后回到步骤（1）。

机器学习在每个步骤中都能加快速度。在步骤（1），机器学习可以通过阅读历史文献提出大量可能的组合。虽然在大量的备选假设中最终还要科学家定夺为哪个做实验，但机器可以帮助科学家想得更全面。在步骤（2）最花时间的是改变可控变量的值来测量可测变量，这正是机器的拿手好戏。在收集、整理、分析数据方面机器比人要快，也更准确。在步骤（3）制造仪器方面又分为设计、实验和制造三个步骤，机器学习在实验和制造上都能加快速度。可以想象在不久的将来会出现"机器人研究生"，人类科学家给机器一个大致的研究方向，当机器遇到困难时请教一下导师，剩下的大部分研究工作就是机器自己做了。它们不知疲倦，7×24小时做研究，阅读速度是人类研究生的一亿倍，测量分析数据速度是人类研究生的一万倍。只要有电力和算力，世界上可以有几十亿个这样的"研究生"在研究人类关心的各种课题。

唐诗高手

机器学习不仅在科学技术的进步上大显神威，而且也开始进入人文领域。下面的四首律诗中有两首是人写的，两首是机器写的。

云峰
白云生处起高峰，
鬼斧神工造化成。
古往今来谁可上，
九重宫阙握权衡。

画松

孤耐凌节护,

根枝木落无。

寒花影里月,

独照一灯枯。

悲秋

幽径重寻黯碧苔,

倚扉犹似待君来。

此生永失天台路,

老凤秋梧各自哀。

春雪

飞花轻洒雪欺红,

雨后春风细柳工。

一夜东君无限恨,

不知何处觅青松。

在告诉读者答案之前,先看看机器写诗的原理。把机器写诗的原理讲得最清楚的莫过于《红楼梦》里的林黛玉。在《红楼梦》第四十八回中,被薛宝钗带进大观园的姑娘香菱让黛玉教她写诗:

黛玉道:"什么难事,也值得去学!不过是起承转合,当中承转是两副对子,平声对仄声,虚的对实的,实的对虚的,若

第六章 暗知识神迹——机器能否超越人类

是果有了奇句,连平仄虚实不对都使得的。"香菱笑道:"怪道我常弄一本旧诗偷空儿看一两首,又有对的极工的,又有不对的,又听见说'一三五不论,二四六分明'。看古人的诗上亦有顺的,亦有二四六上错了的,所以天天疑惑。如今听你一说,原来这些格调规矩竟是末事,只要词句新奇为上。"黛玉道:"正是这个道理,词句究竟还是末事,第一立意要紧。若意趣真了,连词句不用修饰,自是好的,这叫作'不以词害意'。"香菱笑道:"我只爱陆放翁的诗'重帘不卷留香久,古砚微凹聚墨多',说的真有趣!"黛玉道:"断不可学这样的诗。你们因不知诗,所以见了这浅近的就爱,一入了这个格局,再学不出来的。你只听我说,你若真心要学,我这里有《王摩诘全集》你且把他的五言律读一百首,细心揣摩透熟了,然后再读一二百首老杜的七言律,次再李青莲的七言绝句读一二百首。肚子里先有了这三个人作了底子,然后再把陶渊明、应场,谢、阮、庾、鲍等人的一看。你又是一个极聪敏伶俐的人,不用一年的工夫,不愁不是诗翁了!"

  黛玉说的第一件事是格律,押韵合辙,平仄对仗。这是律诗的基本规则,属于作诗的明知识。而词语之间的相关性,也即一个词出现在另一个词后面的概率,对诗人来说则是默知识。学习这些默知识是机器最擅长的,机器通过大量的阅读,对每个词后面出现什么词都有了"感觉"。黛玉说的第二件事是训练集要大,要多样化。陆游一生写了万余首诗,但一个诗人毕竟有局限性,

237

例如陆游的诗题材单调，意境空疏。如果香菱只学陆游的诗就会像黛玉说的那样"一入了这个格局，再学不出来的"，这就是机器学习里面当训练数据集太小时出现的"过度拟合"问题。所以黛玉让香菱学王维、杜甫、李白等不同风格的诗人，王维的空灵幽远，杜甫的悲天悯人，李白的潇洒豪放，都会避免"过度拟合"，多种风格的混合才能出新意。

机器作诗的原理和人学作诗类似，本质上也是模式识别，通过大量学习识别然后记忆平仄、对仗、押韵、词句的常见组合，即一个词出现在另一个词后面的概率。诗歌是文字的一部分，是一个前后有相关性的序列数据流，第三章里提到过，RNN 最适合序列数据处理。产生诗歌的思路有两种。第一种思路是将诗歌的整体内容作为训练语料送给 RNN 语言模型进行训练。训练完成后，先给定一些初始内容，然后就可以按照语言模型输出的概率分布进行采样得到下一个词，不断地重复这个过程就产生完整的诗歌。具体步骤如下：首先由用户给定的关键词生成第一句，然后由第一句话生成第二句话，由第一句话和第二句话生成第三句话，重复这个过程，直到诗歌全部生成。该模型由三部分组成。

（1）卷积语句模型（Convolutional Sentence Model，CSM）：这个卷积模型用于获取一句话的向量表示。

（2）复发上下文模型（Recurrent Context Model，RCM）：句子级别的 RNN，根据历史生成句子的向量，输出下一个要生成句子的上下文向量。

（3）复发生成模型（Recurrent Generation Model，RGM）：

第六章　暗知识神迹——机器能否超越人类

字符级别的 RNN，根据 RCM 输出的上下文向量和该句之前已经生成的字符，输出下一个字符的概率分布。解码的时候根据 RGM 模型输出的概率和语言模型概率加权以后，生成下一句诗歌，由人工规则保证押韵。

第二种思路是把写诗看成一个翻译过程。将上一句看成源语言，把下一句看成目标语言，用机器翻译模型进行翻译，并加上平仄押韵等约束，得到下一句。通过不断地重复这个过程，得到一首完整的诗歌。

现在到了揭开谜底的时候：第二首和第四首诗是机器写的，仔细看还是能看出来。一首好诗首先是要语句自然流畅，意境浑然天成。第二首的第一句"孤耐凌节护"根本不知所云。除了句子不通顺，两首机器写的诗还很难让读者有画面感。一首好诗重要的是意境，正如黛玉所说："词句究竟还是末事，第一立意要紧。若意趣真了，连词句不用修饰，自是好的，这叫作'不以词害意'。"目前机器写诗像一个缺乏天资的但极为刻苦的诗歌爱好者，怎么做都无法有"意境"。能够打动人的好诗需要"触景生情"，并且能引起读者的共鸣。这更是目前机器学习还无法企及的境界。最绝妙的诗歌除了以上几点，还要能出奇出新，打破常规，使用从来未使用过的词句组合但又合情合理。正如黛玉在进一步提点香菱时所说：

"可领略了些滋味没有？"香菱笑道："领略了些滋味，不知可是不是，说与你听听。"黛玉笑道："正要讲究讨论，方能长进。

你且说来我听。"香菱笑道："据我看来，诗的好处，有口里说不出来的意思，想去却是逼真的。有似乎无理的，想去竟是有理有情的。"黛玉笑道："这话有了些意思，但不知你从何处见得？"香菱笑道："我看他《塞上》一首，那一联云：'大漠孤烟直，长河落日圆。'想来烟如何直？日自然是圆的：这'直'字似无理，'圆'字似太俗。合上书一想，倒像是见了这景的。若说再找两个字换这两个，竟再找不出两个字来。还有'渡头余落日，墟里上孤烟'：这'余'字和'上'字，难为他怎么想来！我们那年上京来，那日下晚便湾住船，岸上又没有人，只有几棵树，远远的几家人家做晚饭，那个烟竟是碧青，连云直上。谁知我昨日晚上读了这两句，倒像我又到了那个地方去了。"

上面香菱喜欢的这些诗句都超越了技巧层面，进入灵感和画面的幽微层面。这些都不是今天以学习数据之间相关性为特征的机器学习所能企及的。所以真正的诗人完全不必担心被 AI 取代，但那些无病呻吟，鹦鹉学舌或天资平平的诗歌爱好者只能和机器诗人去 PK 了。

同样的道理，AI 还可以写小说。只要让机器大量阅读一位作者的著作，机器就能学会这个作者的文字风格。和作诗、画画一样，如果让机器阅读了许多作家的书，机器的写作风格就是"混搭"的。和作诗一样，机器写的小说可能情节完整，文字通畅，但永远不会有伟大作家笔下流淌的情感和闪烁的灵魂。

有读者一定会问，这些"灵感"和"意境"是否也是一种默知识，甚至暗知识？当机器更复杂时是否终将能模仿？这个问题并不容易回答。但暂时的回答是"不能"，原因是今天的机器没有自我意识，所以没有情感。我们在本书的最后会讨论这个问题。

真假凡·高

同样的原理，机器在看过大量的绘画作品后也能够模仿画家的风格。图 6.4 是一张典型的北欧城市图片。

图 6.4　一张典型的北欧城市图片

图片来源：https://www.businessinsider.com.au/the-science-how-vincent-van-gogh-saw-the-world-2015-9。

机器可以把这张图片改造成凡·高的风格。图 6.5 左边是凡·高的名画《星空》，右边就是北欧城市图片的"星空化"。

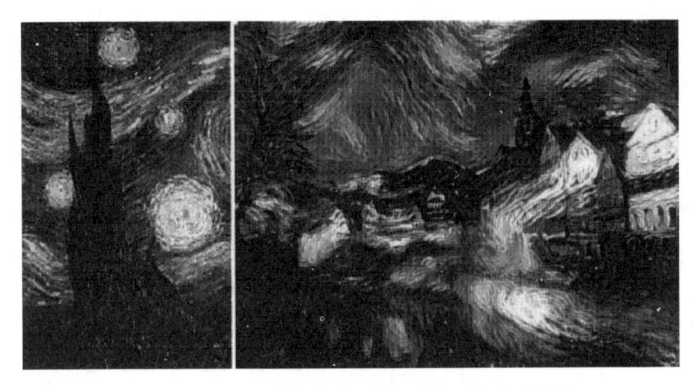

图 6.5 用凡·高名画《星空》风格画的北欧城市

图片来源：Leon Gatsy of Bethge Lab in Germany https://www.businessinsider.com.au/the-science-how-vincent-van-gogh-saw-the-world-2015-9。

机器当然也可以把这张图片"马蒂斯化"，图 6.6 中左边是马蒂斯的名画《戴帽子的女士》，右边还是那张北欧城市图。

图 6.6 用马蒂斯风格画的北欧城市

图片来源：Leon Gatsy of Bethge Lab in Germany https://www.businessinsider.com.au/the-science-how-vincent-van-gogh-saw-the-world-2015-9。

从这两张改造的画来看，机器的模仿可以说是惟妙惟肖，其中色彩、笔触、线条的模仿是人类无法企及的。这种模仿是典型的默知识，从这个例子可以看出机器对默知识的掌握比人类要精细得多。

AI 不仅会模仿，而且会创造自己的风格。图 6.7 是来自罗格斯大学计算机系艺术与人工智能实验室、Facebook 人工智能研究院（FAIR）、查尔斯顿学院艺术史系三方联合小组用机器生成的绘画。该研究小组在论文中称，该研究中提出的人工智能系统是一个创意性的对抗网络（Creative Adversary Network，CAN），它是在之前介绍过的生成式对抗性网络系统的一种扩展。

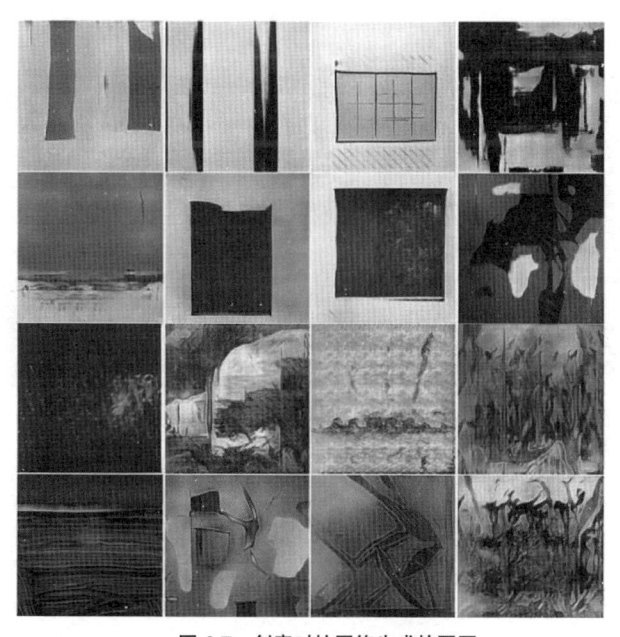

图 6.7 创意对抗网络生成的图画

图片来源：罗格斯大学计算机系艺术与人工智能实验室。

生成对抗网络能够迭代进化、模仿指定数据特征，已经是公认的处理图像生成问题的好方法。自从提出以来相关的研究成果不少，在图像增强、超分辨率、风格转换任务中的效果可谓是惊人的。根据生成对抗网络的基本结构，鉴别器要判断生成器生成的图像是否和其他已经提供给鉴别器的图像是同一个类别（特征相符），这就决定了最好的情况下输出的图像也只能是对现有作品的模仿。如果有创新，就会被鉴别器识别出来，就达不到目标了。因此用生成对抗网络生成的艺术作品也就注定会缺乏实质性的创新，艺术价值有限。图 6.8 是用生成对抗网络模型实现的图像分辨率增强和风格转换。

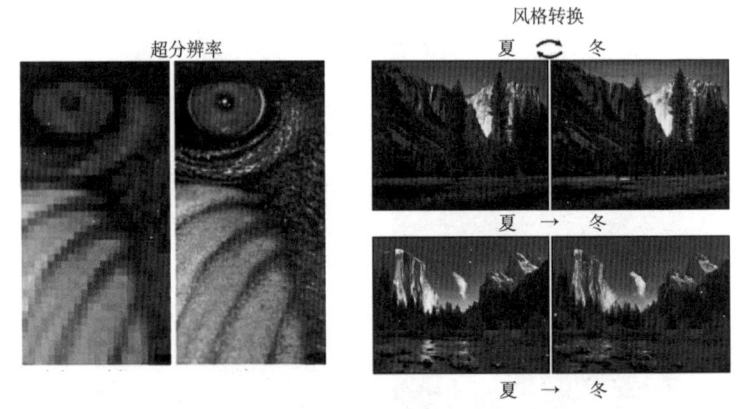

图 6.8　用生成对抗网络模型实现的图像分辨率增强和风格转换
图片来源：罗格斯大学计算机系艺术与人工智能实验室。

为了使艺术品更具有创造性，该研究团队在生成对抗网络的基础上提出了创意对抗性网络，研究团队通过 15—20 世纪 1 119 位艺术家的 81 449 幅涵盖了多种风格的绘画作品训练神经网络。然后邀

第六章 暗知识神迹——机器能否超越人类

请人类参与者评估人工智能的艺术作品与现实艺术家的两组作品。这两组作品是创造于 1945—2007 年的抽象表现派作品，以及 2017 年巴塞尔艺术博览会作品。图 6.9 上面的 12 张是由创意对抗网络生成的人类评价最高的画，下面 8 张是评价最低的画。图 6.10 就是历年巴塞尔艺术博览会的获奖作品。

可以看到，机器生成的艺术作品风格非常多样，从简单的抽象画到复杂的线条组合都有，内容层次也有区分。而研究人员也发现它们的系统可以欺骗人类观察员。将人类观察艺术家创作的作品和机器创作的作品时的反应进行对比，发现人类无法将机器生成的作品和当代艺术家以及一家顶级艺术博览会上的作品区分开来。

图 6.9　由创意对抗网络生成的图画
图片来源：罗格斯大学计算机系艺术与人工智能实验室。

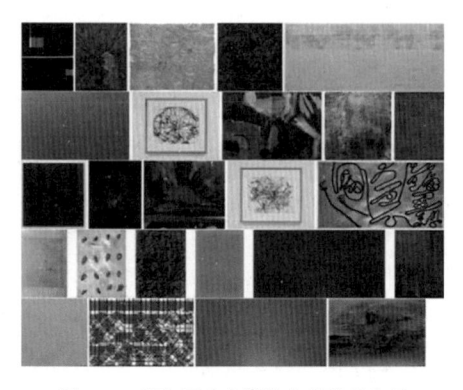

图 6.10 历年巴塞尔博览会的获奖作品

图片来源：罗格斯大学计算机系艺术与人工智能实验室。

创意性对抗网络是如何工作的呢？与生成对抗网络系统一样，创意性对抗网络也使用两个子网络。鉴别器被赋予了一套有风格标签的海量艺术作品，例如文艺复兴时期、巴洛克风格、印象主义或表现主义，而生成器则无法获得任何艺术作品。当它生成一个作品时，它会从鉴别器接收两个信号：一个是将图像分类为"艺术或非艺术"，另一个是"能否分辨图像是哪种艺术风格"。

"艺术或非艺术"与"能否分辨艺术风格"是两种对立的信号，前一种信号会迫使生成器生成能够被看作是艺术的图像，但是假如它在现有的艺术风格范畴中就达到了这个目标，鉴别器就能够分辨出图像的艺术风格了，然后生成器就会受到惩罚。这样后一种信号就会让生成器生成难以分辨风格的作品。所以两种信号可以共同作用，让生成器能够尽可能探索整个创意空间中艺术作品的范围边界，同时最大化生成的作品尽可能游离于现有的标准艺术风格之外。

这种"创作"在本质上是非常隐蔽的一种"混搭",和作诗一样,普通人很难分辨真伪。判断诗还可以用"意境""画面感",而判断画,特别是抽象画几乎没有人类可以依赖的直觉。所以和作诗机器人不同,这里的作画机器人掌握的不只是默知识,而且进入了暗知识的领地。所以由对抗生成网络这种机器"混搭"并迭代出来的画的确可以乱"真"。这样的机器可以在短期内大量探索不同的风格,让艺术家选择或给艺术家以灵感。

基于类似的原理,AI 作曲也到了几乎可以乱真的地步。AI 作曲领域的领先公司 Aiva Technologies 创造了一个 AI 作曲家 Aiva(Artificial Intelligence Virtual Artist,人工智能虚拟艺术家),并教它如何创作古典音乐。而古典音乐一直以来被视为一种高级的情感艺术,一种独特的人类品质。Aiva Technologies 已经发布了第一张专辑,名为 *Genesis*,专辑包含不少单曲。并且 Aiva 的音乐作品能够用在电影、广告,甚至是游戏的配乐里。2017 年初,Aiva 通过法国和卢森堡作者权利协会(SACEM)合法注册,成为人工智能领域第一个正式获得世界地位的作曲家,其所有的作品都以自己的署名拥有版权。

Aiva 背后使用了强化学习技术的深度学习算法。强化学习告诉软件系统接下来要采取什么动作以通过最大化其"累积奖励"来达到某种目标。强化学习不需要标注过的输入和输出数据,AI 可以通过数据自行改进性能,这使 AI 更容易捕获在创意艺术如音乐中的多样性和变化。Aiva 就是通过品读巴赫、贝多芬、莫扎特等最著名的作曲家的古典乐章的大数据库来了解音乐作品的艺术性，自行谱写出了一些新的乐曲。

下一场空战

美国军方曾经公布了一段无人机打击塔利班武装分子的视频。在内华达州戈壁滩的空调机房中，几个年轻军人坐在视频终端前面，操纵着半个地球之外的阿富汗山区的无人机，当视频上准确锁定地面的车辆目标后，操作员就像打视频游戏一样按动手柄上的按钮，塔利班的军车顿时起火，没死的塔利班武装分子跳下卡车四处逃命。在夜视仪下，这些逃命的塔利班武装分子像在白昼一样看得清楚，操作员一一锁定他们，按下按钮，目标变成一团火海。这里的操作无非是辨别和锁定目标，具有人工智能的机器已经远远超出人类。内华达机房的操作员完全可以被取代，一切由机器完成。

美国空军开发的一款叫作 ALPHA 的自动飞行软件，不仅在每一场和真人的对决中都打败了空军飞行教练员，甚至该软件在驾驶一架比对手飞行速度慢，导弹射程短的飞机时也能打败对手。飞机的自动驾驶其实比汽车自动驾驶更适合机器操作。第一，飞行员的大量训练时间是学会读懂驾驶舱内琳琅满目的仪表和通过各种仪表数据判断该如何操作，这正是机器学习的拿手好戏。第二，空中飞行的周边环境远远比地面驾驶简单。同时，飞机上的各种传感器可以准确地感知飞机的空间坐标、高度、速度、平衡、风力、温度等，在这种情况下的驾驶非常适合机器。虽然空战中的周边环境瞬息万变，但仍然不会像地面一样拥挤。第三，也是最重要的一点，反应快。人类从大脑判断到肌肉动作至少要 0.1～0.3 秒的时间，而机器可以在百万分之一秒内完成。目前的飞机和武器系统的反应时间都以人类反应时间为下限，因为武器反应再快人跟不上也没用。但未来的飞机和武器设计就是要能够达到机械反应速度的极限，因为作为操控员的人工智能的反应时间主要是计算时间，将远短于武器的机械反应时间。几乎可以预计下一代军用飞机将以自动和自主性操控为主，一架人类驾驶的飞机一定打不过机器操纵的飞机。

目前无人机已经广泛使用在反恐和局部侦察与战斗中，但这只是序曲。以人工智能为核心能力的新型武器必将成为下一轮军备竞赛的主要目标。人工智能对未来军事和战争的影响将主要体现在以下方面。

新型自主性武器的开发

最早的自动化的武器就是导弹，但我们通常并不把导弹称为人工智能武器。这里的区别在于是自动化（automated）还是自主化（autonomous）。自动化是确定性地输入感知信号产生确定性的输出反应，而自主化是不确定性地输入感知信号产生一定概率分布的输出反应信号，甚至是一个从未见过的输入，通过推理、常识和经验产生一个最佳的输出。五角大楼国防科学委员会在 2016 年发布的一份报告是这样描述的："要实现自主，一个系统必须具备基于其对世界、自身和形势的认识与理解，独立构建和选择不同的行动路线以便实现其目标的能力。"一个预先设定了打击目标的导弹是自动化武器，一个放飞到塔利班巢穴上空的会随机应变的捕食者无人机是自主性武器。未来自主性武器将率先在各类飞行器上全面普及，进而开始应用于水上和水下，包括水面舰船与潜艇以及各种机器鱼。最后是陆地，包括车辆、坦克和各种机器人、骡、狗、蛇等。目前，以色列已经部署了一种自主的防辐射无人机 Harop，可以飞行长达 6 个小时，只在敌人防空雷达亮起的时候进行攻击。俄罗斯武器生产公司 Kalashnikov 已经制造出了一把全自动 AK-47 步枪，通过使用 AI 确定目标瞄准射击，而该武器准备向俄罗斯军方供应。

电池容量是野战机器人的瓶颈

大型自主性武器的能源主要还是热能量密度高的石化燃料。但是内燃机的传动远不如电力灵活方便，一个四旋翼的无人机要用内燃机驱动传动部分会非常复杂。所以很多小的自主性武器例如无人机，机器人、骡、狗、蛇等最理想的动力来源是电池驱动，但是以目前的锂电池容量密度（约 300 瓦时 / 千克）和每年的改进程度（约 5%），在短期内很难有能够支持机器运行长达一天的电池，在野外充电和换电池也都是很大的问题。除了锂电池，目前另一个比较有希望的是氢燃料电池，与锂电池相比，其优势是充电快（几分钟而不是几个小时），单位体积或重量的能量密度也更高，所以未来军用电池很可能以氢燃料电池为主。

军用技术将落后于民用技术

人工智能和电子、信息产业类似，由于该技术在民生中的巨大商业前景，民用和商用对该技术的总投入要大于军事上的投入。民用和商用通过市场竞争机制也会吸引人工智能方面一流的人才（如创业的回报巨大）。由于开放性的学术交流和开源软件，民用技术将进展神速，巨大的商业前景也会造成空前激烈的市场竞争。这一切都会推动人工智能在民用和商用方面快速进展。而军用技术的发展则会落后于民用技术，许多军用技术研发最便宜的方法都是依托在民用技术之上。

大规模协同作战的演进

一场战役的规模常常受信息获取和传导的限制。在今天有了铺盖天地的无线通信后，人类接收信息的速度和反应时间又进一步成了瓶颈。当信息接收和反应都由机器接管后，一次战斗和战役的规模可以大大增加。如果都是机器之间互相协调，那么几百万台机器可以瞬间协同行动。最近美国国防部新型武器研发部公布了一段几百台微型无人机"群舞"的视频。当战斗机在沙漠中撒下几百台无人机后，这些无人机会自动组成飞行队形对一大片地形实施侦察，还可以随时改变队形。当个别无人机离队时，队形会自动调整，当离队的无人机回到群体后，队形又会自动改变。5G 通信网络的到来也将加速机器协同的进程。5G 的高带宽、低功耗、低时延的特点能够保证更多的机器以更少的耗电量，做出更为敏捷的协作。2018 年韩国平昌冬奥会，在 5G 试验网络的支持下，英特尔公司用 1 218 架无人机组成了奥运五环、运动员、和平鸽等图案进行灯光秀表演，刷新了"同时放飞数量最多的无人机"的吉尼斯世界纪录。(见图 6.11)

图 6.11　在韩国平昌冬奥会上 1 218 架无人机组成的奥运五环
图片来源：https://zhuanlan.zhihu.com/p/33766210。

军事组织的混成化、单官化和扁平化

军队之所以分为不同的兵种，主要原因是武器的使用和场景不同，一个人很难成为多面手，分工有利于提高掌握该武器的技能。但当武器自身越来越自动化和自主化时，分工的必要性就降低了，混合使用武器的好处越来越凸显。所以今后的战争可能不再是陆军和陆军打，空军和空军打，海军和海军打，而是所有的军种一起打。军种之间的界限会越来越模糊，甚至会取消现有的军种。

由于未来战争前端主要是自动化和自主化武器在拼搏，所以需要的血肉之躯会越来越少，一个人可以协调操控大批自主化武器。作为传统的作战第一线的"士兵"将消失，每个作战人员都是一个指挥员，所以未来的趋势不是"单兵化"而是"单官化"。

军队有最严格的层级结构。传统军事对个人依赖很小，制胜的保障是一个巨大团体的协调行动。层级结构能保障命令和信息在巨大人群中最快地传递和严格地执行。由于战斗人群规模的缩小和个体（单官）能力大大增加，所以未来军队将像今天的高科技公司一样越来越重视个体能力和能动性。这一切都会导致未来的军队组织越来越扁平化。

军事组织从以武器为中心转向以数据为中心

军事组织的结构取决于什么样的结构最能打胜仗。传统军事组织围绕武器组织、物流组织，新军事组织将围绕数据组织。未来战争的前端主要是钢铁机器，后端则是大量人和计算能力负责数据收集与处理。由于数据的复杂性，组织将划分为数据收集、存储、处理、决策。每一种武器及其行动轨迹和效果，对后台军事人员来说就是一组数据。飞机和舰船没有任何区别。未来的后勤能力主要是对机器的能源进行供给和补充。

战役的机器参谋部

指挥像诺曼底登陆这样的大型战役要处理的信息无穷多,同时要面对各方面的不确定性,即使一个天才军事指挥官也不可能处理如此巨量的信息,所以在传统战争中偶然性巨大。在未来战争中,一场战役已经在计算机中模拟了许多遍。变量越多,不确定性越强,机器学习算法就越得心应手。当然最后还是要指挥官做决定,但传统的参谋部的工作许多会被机器取代。正如机器能赢得了围棋世界冠军,谁的机器参谋部算法更聪明,谁赢得战争的机会就大。

未来最大的挑战不仅是谁能开发出最先进的人工智能武器,也是谁能通过实战数据的快速迭代训练出最佳模型,更是谁能最先在实战中演化出最佳的人-机混成。而且这种混成比例和结构会随着机器能力的提高一直改变。人工智能将再一次改变战争的形态,这个新形态不以消灭肉体为主,而是以机器之间的搏斗为主,这对人类来说越来越像一场狂热的足球赛。和体育比赛不同的是只要机器人败了,活人就乖乖投降。

AI 武器的伦理

目前国际法对人工智能武器没有任何具体规定,国际社会也没有明确支持限制或禁止此类武器系统的条约。学界对此也争议不断,许多重量级科学家反对人工智能武器化。2015 年,包

第六章　暗知识神迹——机器能否超越人类

括马斯克和霍金在内的 1 000 多名人工智能专家签署了一封公开信，呼吁禁止自主化武器，他们甚至称完全人工智能的发展可能招致人类历史的终结。2018 年谷歌公司仅仅因为向美国军方的一个项目 Maven 提供了 TensorFlow 的接口，就有近 4 000 名谷歌员工联合签名请愿公司不要和军方合作，因为这个项目的目标是为军方提供先进的计算机视觉，能够自动检测和识别无人摄像机捕获的 38 种物体，甚至有十几名员工因此要辞职。国际机器人武器控制委员会（ICRAC）也发布一封联名公开信，超过 300 位人工智能、伦理学和计算机科学的学者公开呼吁谷歌结束该项目的工作，并支持禁止自主武器系统的国际条约。

　　自主化武器很可能加剧全球军备竞赛。2016 年美国国防部发表新报告表示，美国需要"立即采取行动"加速 AI 战争科技的开发工作，未来 AI 战争不可避免，建议五角大楼在这方面加强发展，否则会被潜在的敌人超越。2017 年 7 月，中国推出了《新一代人工智能发展规划》，该规划将人工智能指定为未来经济和军事力量的转型技术。它的目标是，到 2030 年，中国将利用"军民融合"战略成为人工智能领域的卓越力量。2017 年 9 月，普京对刚开学的俄罗斯孩子说："人工智能就是未来，不仅对俄罗斯而言，更是对整个的人类社会。谁成为这个领域的领导者，谁就将成为世界的统治者。"马斯克在推特上回应道："在国家层面上人工智能优势的竞争是最可能导致第三次世界大战的原因。"这种军备竞赛可能会使国际局面特别不稳定，除了几个超级大国，其他国家也会效仿。

人工智能很可能将加速全球军事力量不对等和战争的发生。拥有人工智能技术、战争经历和战争数据的国家能够让自主化武器迭代速度更快。目前,美国、俄罗斯、以色列等国家拥有较多战争的文字、视频记录。通过监控恐怖组织、社交媒体、其他国家行动的数据,并把这些数据喂给人工智能让它们快速升级。另外,自主化武器更易流通和被滥用,或被其他国家和恐怖分子获得。即使达成了禁止军事机器人的协议,自主化武器技术也非常易于转让,并将普及开来。另外,因为该类武器能够将人员伤亡降到最低,所以政客发动战争的阻碍因素又减少了一项,毕竟美国等地民众对战争造成士兵牺牲的抗议比战争花费更让政府头疼。

自主化武器失控和错判的风险将一直存在,比如软件代码错误,或者受到网络攻击。这可能导致机器失灵或攻击自己人,或由于系统升级太快,人类伙伴无法及时响应。很难对自动化武器的可靠性进行测试,会思考的机器的行事方式也可能会超出人类控制者的想象。无论是在人机交互的回路之内(人类不间断监控操作,并保有关键决策的负责人),还是在回路之上(人类监督机器,并可以在任务的任何阶段干预机器)或者跳出回路(机器执行任务时没有人员干预),人们应该如何与不同程度的自主机器交互仍然有待研究。西方军事机构坚持认为,人类必须始终处于人机交互的回路之中。但是看到了完全自主系统所带来的军事优势,不是每个国家都会这么审慎。

群体学习和光速分享

一个很有意思的例子是谷歌关于机械手学习的实验。如图 6.12 所示,在盘子里放一些各种形状的物体,预先没有任何编程指令,让机械手通过上方的摄像头自己摸索着把每个物体从盘子里拿出来。可以想象,这个学习过程需要很长时间,因为一开始机械手在空中乱抓,直到蒙对了一个的时候它才能找对地方,然后又要学会抓取不同形状的物体。更复杂的是一个物体紧挨着另一个物体,机械手必须学会先把边上的物体挪开。这台机器学习大约需要 80 万次的摸索,如果每 10 秒抓取一次,那么一台机器要 24 小时不停地学习 100 天。

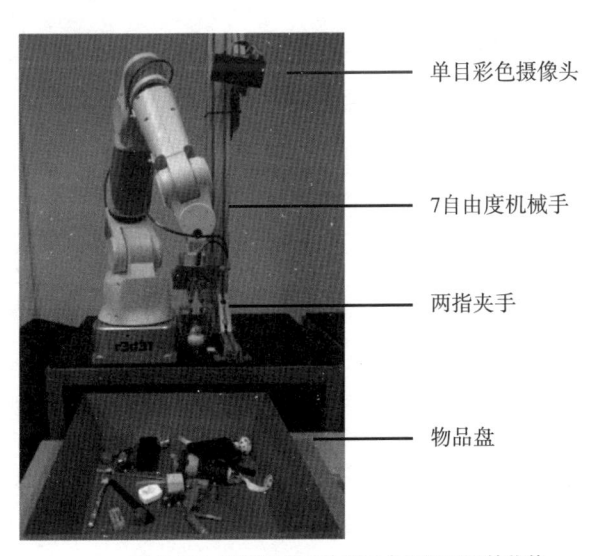

图 6.12 机械手学习从盘子中抓取不同的物体

图片来源:https://spectrum.ieee.org/automaton/robotics/artificial-intelligence/google-large-scale-robotic-grasping-project。

但当谷歌让 14 台机器一起学习的时候，学习的时间就缩短到了 100/14=7 天。这 14 台机器都互相联网，当一台机器找对地方或学会了一个技能时，其他所有的机器瞬间都学会了。这种机器之间的交流不仅是无障碍的而且是以光速进行的。（如图 6.13）

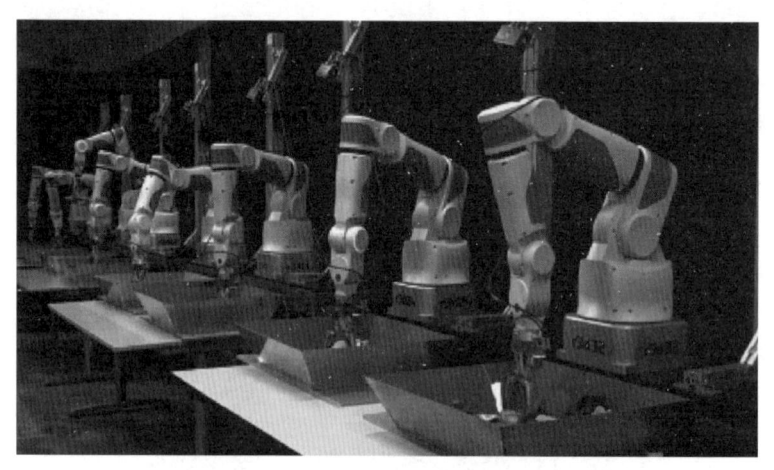

图 6.13 谷歌的 14 台互相联网的机械手同时学习抓取物体

图片来源：https://spectrum.ieee.org/automaton/robotics/artificial-intelligence/google-large-scale-robotic-grasping-project。

人类的知识传播阻力重重，有成本问题，有利益问题，还有学习者的接受能力问题。未来机器之间的群体学习、无私共享和光速传播一定会带来不可思议的奇迹。我们今天可以想象的奇迹有以下几方面。

（1）机器可以在极短的时间内掌握极难的技能。例如驾驶飞机通常需要几百小时的飞行训练，战斗机需要更长的时间，如果是 1 万个机器模型用不同的数据一起学习，可能一秒就能达到王牌飞行员的水平。

（2）数年内让几千万人失业。目前硅谷 Vicarious 公司在开发机械手的通用软件，可以安装在任何类型的机械手上来取代目前各种加工、筛选、检测、物流中的人力。一旦这种类型的软件成熟，取代人工的成本就是一些塑料和齿轮加上几个芯片。

（3）超级规模的协同行动。协调人类的大规模行动很难，例如让分布在世界各个国家的 100 万人在同一个时间唱同一首歌就是一个几乎无法完成的任务，但是让 100 万台机器同时跳一支舞却很容易。人类最大规模的协同行动通常是战争，未来的战争可能是天空中突然出现几万架无人机，战斗在几秒内结束。

（4）通用机器人智力增长惊人。如果未来能够有通用机器人，让散布在世界各地的从事各种工作的机器人的大脑相互联结，你就会惊奇地发现它们每分钟都在学会新的东西。从新生儿到成人的几十年的学习会压缩到几分钟甚至几秒。一台新机器人刚接通电源就会变成读过万卷书、行过万里路的"老江湖"。

人类哪里比机器强

看完上面的讨论读者可能非常郁闷，难道我们人类就没有比机器强的地方了吗？撇开情感，如果只讨论智力和智能，人比机器强在哪里？这个问题要分成两个部分来谈，一是目前人比机器强在哪里？二是人可能永远比机器强在哪里？

和目前的神经网络相比，人类在认知方面比机器强在以下几个方面。

（1）学习识别物体不需要大数据。机器要认识一只猫也许要几万张图片，图片的颜色或构图稍微变化一下或者有遮挡、残缺，机器就不行了。而人类能够从小数据中迅速提炼归纳出规律，一个婴儿可以看见一只猫后就认识了所有的猫。也许正如莫桑维克悖论所阐述的，高级推理所需要的计算量不大，反倒是低级的感觉运动技能需要庞大的计算资源。

（2）机器没有常识和物理世界的模型。人类在一个陌生环境摸索一阵后，能很快在大脑中建立起模型来。

（3）机器没有自主和自发的通用语言能力（目前人类输入的语法规则或通过数据训练出来的"语言"能力只能处理限定场景，否则就能通过图灵测试了）。

（4）机器没有想象力（需要大量常识，反事实假设及推理能力）。

（5）机器没有自我意识。

（6）机器没有情感和同理心。

总体来说，基于神经网络的机器学习的主要功能是记忆和识别，其他一切能力都是建立在这个基础上的。基于神经网络的机器大脑更像一个低等动物的大脑，只具有对外界的反应能力，虽然这种反应能力的精密和复杂程度远超人类和其他动物。

如果未来人工智能的基础还是神经网络，随着训练数据集的增大和处理能力的增强，上面的（1）就会得到改善甚至可以达到人类的水平。其中（2）也有可能用穷尽法解决。但是很难想象机器会具有通用语言能力、想象力,更谈不上自我意识。

简单地说,虽然基于神经网络的人工智能在记忆和识别这两个基础智能方面超过了人,但在推理、想象等高级智能方面还和人相去甚远。未来最佳的结合就是人类和机器合作,互相取长补短。

人机融合

人类和机器该如何合作?脑机接口(BMI:brain-computer interface)是科学家研究的一个重要方向,指创建在人类或动物大脑与外部设备之间的直接连接通路。被脑机接口串联的人脑能够与外部设备之间互相传送信号,交换信息。可以预料,当这项技术发展到一定的程度,人们就能够通过"外挂"外部设备的方式,来提高生物体脑部的感知、运算等能力,以及通过脑电波更为直接地对外部机器下达命令,或与其他人类进行协同。

最激进的方法之一就是马斯克提出的 Neuralink,研发出一种"神经蕾丝"对接在人脑的神经网络上,直接接收人脑的信号。马斯克认为机器"思维"和输入输出都非常快,而人类通过语言或键盘的输入输出比机器慢好几个数量级,这将是人类和机器相比最大的劣势。不打破这个瓶颈,人类总有一天会受制于机器。Neuralink 要解决的是突破人类的信号输入和输出瓶颈,但他的想法有一个基本漏洞:人类的高级思维必须依赖语言。如果脱离了语言我们就完全无法进行高级思维(如逻辑推理、描述场景等)。如前所述,目前的基于神经网络的机器学习能力主要是对环境的识别能力，还没有升华到语言和逻辑推理。而人类只能通过语言进行沟通。这也是我们在前文所说的，人类的"明知识"无法和机器的"暗知识"沟通。

在硅谷，另一位成功的企业家布莱恩·约翰逊（Bryan Johnson）也成立了一家公司叫 Kernel，宣称要能够对神经网络的底层功能直接读和写，他号称要投入一亿美元来打造这个技术。Kernel 和 Neuralink 当前的主要目的是让这些机器和人脑一起工作，当这些设备用于治疗脑部疾病时，设备不光向大脑发送信号以便作为治疗的手段，也会收集这些病症的特征数据。正如约翰逊所说的，这些设备可以采集到关于人脑工作原理的大量数据，从而反哺所有神经科学的研究领域。约翰逊认为，如果我们拥有来自大脑更多区域、更高质量的神经数据，那么它能为神经科学的研究带来更多可能性，只是我们目前还没有合适的工具去获知这些数据。但 Kernel 公司的技术顾问，斯坦福大学神经科学家大卫·伊格曼（David Eagleman）教授认为在一个健康人的脑中动手术植入一个电脑接口根本不可能。先不说死亡、感染、免疫排斥等危险，连往哪接目前都不知道。脑神经科的医生动开颅手术和脑神经手术都是在万不得已的情况下，例如患者的大脑有严重疾病或损伤。伊格曼认为更有可能的情况是，科学家会发现更好的从外部读取和模拟大脑的方法。今天，医生通过功能性核磁共振成像仪（FMRI）等技术读取大脑的信息，并通过经颅磁刺激等方法改变其行为，但这些仍然是较为简单的技术。伊格曼认为，如果科学家能够对人脑有更好的了解，那么他们可以大幅改进这些方法，或基于它们而发明更有用的方法。例如，科学家可以通过基因技术去改变神经元，从而使机器可以从体外对神经元进行"读写"，或者也可以通过"吞服"纳米机器人实现同样的目的，所有这些方法都比植入神经网络靠谱。

其实马斯克并非第一个提出这个设想的人，这方面的研究历史至少有 100 年之久，商业化的努力也一直前赴后继。外科医生已经能够把某些设备移植到人体内，脑神经科的手术目前主要是植入深度神经刺激信号，用来治疗癫痫、帕金森病等，重建患者的视觉、运动等能力。例如通过植入电极来抑制癫痫发病时的神经脑电信号，在这些情况下，冒一些风险是值得的。IBM 的科学家在开发一个类似的项目，通过分析在癫痫发作时的大脑信号，做出可植入人体并能抑制癫痫发作的仪器。（见图 6.14）

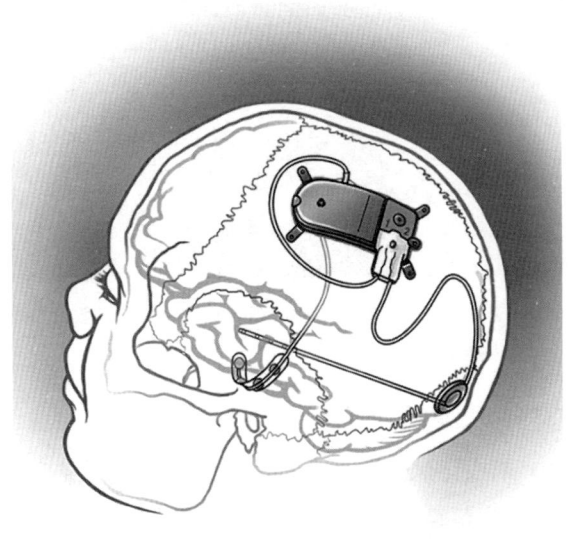

图 6.14　用于治疗癫痫的 RNS 系统装备

图片来源：IBM Treat epilepsy with RNS。

目前主要的成功案例来自一名叫作威廉姆·多贝尔（William Dobelle）的科学家。1978 年，多贝尔在一位盲人的脑内植入了由 68 个电极组成的阵列，这种尝试使盲人产生了光幻视（视网膜受到刺激时产生的感觉）。在随后的调试中，接受这种治疗的盲人能够在有限的视野内看到低分辨率、低刷新率的点阵图像。2002 年，接受新一代系统治疗的患者恢复了更多的视力，甚至可以在研究中心附近驾车慢速前行。同一阶段，在恢复运动功能方面，脑机接口研究也取得了显著的进展。（见图 6.15）

图 6.15　双目失明的延斯在仿生眼的帮助下得到了一定程度的视力
图片来源：jensnaumann.green-first.com。

刚才提到除了植入电极还有一种可能的方法是在头上戴一个"电极罩"，采用"黑箱"方法解读人脑。只要罩在头上的电极罩能够从大脑中稳定地检测到足够复杂的信号，用此时人的语言或动作作为输出，通过机器学习的方法建立输入（检测到的脑电信号）和输出（语言或动作）的一一对应。这里的假设是对应每一个输出的输入都是相同或类似（例如每次竖大拇指的脑电波都相同）的且能稳定地检测这些信号。这种方式没有在大脑内植入电极，信号没有那么清晰，数据量没有那么大，也没有那么稳定，受到的干扰也会更强一些。

虽然通过头戴式装备获取微弱的脑电波信号的方式难度很大，但是经过几十年的发展，科学家已经开始取得突破，尤其是在残疾人部分能力的重建上。1988年，美国科学家已经实现了用大脑控制虚拟打字机的操作，瑞典科学家更是实现了轮椅按人脑意识控制前进。2006年，日本研制出"混合辅助腿"，能够帮助残疾人以每小时4千米的速度行走。在2014年世界杯上，身患截瘫的巴西青年朱利亚诺·平托身穿一套奇怪的"机械战甲"，在工作人员的帮助下开出了世界杯的第一脚球，这背后就是使用脑机接口技术＋外骨骼成功让一个瘫痪患者恢复了行动能力。（见图6.16）

另外，该类技术已经能够实现远程控制机器、玩游戏等。2008年1月，杜克大学的研究团队让身在美国达勒姆实验室的猴子用意识控制了远在日本京都实验室内机器人的行走。2013年3月，英国研究人员开发出第一种用于控制飞船模拟器的"脑机接口"装置，美国科学家又创建了计算机模拟程序，戴在头上后通过人脑的意念便可以控制飞船模拟飞行。2017年10月，美国亚利桑那州立大学以人为导向机器人和控制实验室的负责人Panagiotis Artemiadis宣布正在研发一种导航系统，能够让驾驶员只借助自己的思维同时操控一群无人机。

图 6.16　为巴西世界杯开球的志愿者朱利亚诺·平托

图片来源：http://hiphotos.baidu.com/feed/pic/item/f603918fa0ec08fab12d60f453ee3d6d55fbdab0.jpg。

脑机接口技术的意义在于能够让人的大脑能力获得提升，或实现能力重建，甚至是实现远程控制。本质上普通人只能用自己的意识来控制自己的身体，而脑机技术能够让人类实现通过意识操控远在千里之外的机器人，更重要的是，通过机器人（肢体）的传感器，这些感觉可以实时传回到人类的大脑——在某种程度上人类已经实现了肉体的无限延伸和空间的穿越，这已经颠覆了人类的认知。脑机接口的远程控制有望在诸多领域实现应用，例如智慧机器人去危险的火灾、电力、搜救等领域工作，同样也可以在地质勘探、农业、物流等领域实现应用。

通过连接到云端提升语言能力

谷歌技术总监库兹韦尔（Kurzweil）认为，由于智能手机能提供海量的计算和数据，所以它已经让我们远远比 20 年前的人聪明。有朝一日，我们不再需要手持设备，通过植入大脑皮质的芯片就可以让我们连接到云端。我们可以通过与人工智能结合而变得更加智能，通过更多潜在的方式去共享语言（例如能立刻接入英语词典）。库兹韦尔认为这些和我们现在的习惯差别不大，只是用大脑中的芯片替代了翻译。

逝者"还魂"

通过给人工智能系统灌输某个人的照片、视频、音频、信件、日记、邮件、账单以及任何能表现他个性的东西，可以造出逝者的"化身"，我们戴上头盔就可以在虚拟世界和他交流互动。库兹韦尔表示他已经造出了他过世多年的父亲的"化身"，他认为这是一个将父亲带回亲人身边的方式，虽然目前把逝者带回人工智能世界还不完全真实，但以后会更加接近。

第七章

"神人"与"闲人"——AI时代的社会与伦理

导读 | AI 带来的变化绝不只是在商业和科技领域,而是和互联网一样会冲击今天的社会结构甚至道德伦理,每一个在社会中生活的人都会受到影响。即使没有读前面的章节,也可以直接读这一章。

AI机器的崛起会不会导致大规模失业？迄今为止，历史上大的技术突破并没有对人类的工作产生毁灭性的打击。蒸汽机的诞生替代了传统的骡马，印刷机的诞生取代了传统的抄写员，农业自动化设施的产生替代了很多农民的工作，但这都没有致使大量的人流离失所。相反，人们找到了更适合人类的工作。

但这次还会一样吗？随着智能机器的崛起，大量重复性劳动将被替代。在这个社会中，人类能够在技术帮助下做更多的事情，从而更多负责创造新事物。但如何保证原有重复性劳动者能够稳步过渡到新工作，将成为一项挑战，毕竟这次变革的冲击将超过历史上的任何一次变革。各国政府都在未雨绸缪应对可能会出现的贫富分化加速。

《未来简史》一书的作者尤瓦尔·赫拉利（Yuval Harari）曾预测，若干年后，人类社会最大的问题是人工智能带来一大批"无用的人类"；同时，也会催生出"超人类"（Superhuman）。他认为，一小部分超人类将可以借助科学技术不断地"更新"自身，操控基因，甚至实现人脑与计算机互联，获得一种不死的状态。"在以前的历史上，贫富差距只是体现在财富和权力上，而不是生物学上，帝王和农民的身体构造是一样的。在人可以变成超人类后，传统的人性就不存在了，人类会分化为在体能和智能上都占据绝对优势的超人阶层和成千上万普通的无用的人类。"他的担心会成为现实吗？

机器酿成的事故由谁负责？自主化武器、无人驾驶汽车、生产机器人等都可能因为代码错误或在环境巨变下失控酿成灾难。随着智能产品的逐渐普及，我们对它们的依赖也越来越深。当机器遇到困难时，往往会将操控权转交给人类，而人类很难瞬间接管好一项突然转来的工作。比如人类接管无人车驾驶时可能因为睡着了或注意力不集中而发生事故，这种事故在人类和机器之间也很难厘清责任。

在未来的战争中，军方为了减少己方伤亡将尽可能用自主化武器代替人进行军事活动。自主化武器将让后台操纵人员不用对每个具体结果负责任。而且随着自主化武器任务的日益复杂，后台操纵人员也越来越多，每个人只是完成一个任务的一小部分。这使人们对这种"杀戮"变得心安理得。

谁先失业

牛津大学的一份研究报告指出下列职业将是最先被人工智能取代的，在 2033 年下列职业被 AI 取代的概率如下：

（1）电话营销员，99%。

（2）收银员，97%。

（3）快餐厨师，96%。

（4）律师助手，94%。

（5）导游，91%。

（6）公交车和出租车司机，89%。

（7）安保人员，84%。

（8）档案管理员，76%。

将被AI取代的工作和职业远不止这些。麦肯锡发表的一份研究报告指出，中国的劳动力可以被自动化的程度比世界上任何其他国家都要高。据该报告估计，20年内中国51%的工作可以自动化，相当于3.94亿全职员工。最容易被AI取代的是那些重复性高、可预测、可编程的工作。19世纪的机器主要代替体力工作者，这次AI将替代许多脑力工作者。中等技能的专业人员可能首当其冲，而目前很难程序化的工作，例如保姆反而很难被取代。许多高技能、高收入的职业也可能受到冲击。这种冲击体现在两个方面：一是直接取代，例如中级X光读片医生和律师事务所的文书；二是增强，例如医生的AI辅助诊断。许多任务可能会自动化或大大缩短时间，有些工作可能会发生改变。正如电脑出现后并没有消灭会计，而是让会计更高效，能分析过去无法分析的大量数据，能产生过去无法产生的大量图形和表格。AI对许多行业的影响也将类似。

同样的道理，那些很难标准化、程序化的工作将是最难被AI取代的。以下是一部分最难被取代的工作，它们未来被取代的概率如下：

（1）考古学家，0.07%。

（2）心理咨询和毒瘾治疗工作者，0.3%。

（3）职业病理疗师，0.35%。

（4）营养师，0.39%。

（5）医生特别是外科手术医生，0.42%。

（6）神职人员，0.81%。

这些难以被 AI 取代的职业的一个特点是需要有对人类情感和精神的理解。这是目前的 AI 完全无法做到的。

孩子该学什么

目前 AI 工作市场很热，各公司竞相出高薪吸引 AI 人才，特别是高级人才。各类培训班也趁机大发其财，许多大学生、研究生纷纷选修 AI 的课程。随着进入这个领域的人数增加和 AI 计算能力越来越"程序化"，预计不出五年普通的 AI 人才就会产生剩余。每当朋友问到"我的孩子要学 AI 吗"，笔者的回答都是"学好数理化，走遍天下都不怕"。现代科学的全部基础是 2 500 年前希腊的《几何原本》。但凡称得上科学的学科一定具备两个特点：一是具备像《几何原本》那样的公理系统；二是可以用实验验证假设。物理学是建立在数学之上的，化学又是建立在物理学之上的，生物学又是建立在物理和化学之上的。归根结底，所有现代科学的基础都是数学。人工智能也不例外，基于神经网络的机器学习的全部数学基础就是偏微分方程和线性代数（两门大学理工科的必修课），人工智能其他流派可能还要涉及概率论（大学基础课）和随机过程（大学或研究生课程）。今天的小学生、中学生到大学毕业时，人工智能不知会发展到什么程度，但它的数学基础还将是以上这些课程。一二十年以后，也许基于神经网络的机器学习会遇到瓶颈,但学好数理化的孩子可以有许多其他选择,而不必局限在 AI 领域。

除了数学,另外一门最重要的课就是语文(包括外语)。语文培养的不仅是表达能力,更重要的是培养同理心的途径。人类之间沟通的基础就是同理心和共情心,即根据自己的感觉理解别人的能力。机器没有同理心和共情心,未来最难被机器取代的就是需要和人类沟通的工作。

在能力方面,除了沟通能力以外,未来最重要的是想象力和创造力,而不是"工匠"能力。

AI 时代的新工种

新蓝领工种

像以往的新技术一样,AI 将催生一系列新的职业。以下是可以预见的新蓝领工种。

1. 数据标注员

在 AI 视觉的发展史上,ImageNet 的庞大数据库发挥了重要的作用。这个数据库中有上千万张用人工标注了的图像(例如一张狗的照片上标注"德国牧羊犬"),ImageNet 的创建者斯坦福大学的李飞飞教授在网络上动员了上万人参与到标注工作中来。目前许多 AI 算法的训练都有赖于大量的已标注数据。许多大公司例如谷歌已经开始雇用越来越多的人标注数据，包括图像、视频等。这个工作需要多少人呢？原则上讲要把被识别的种类的所有情况都标注出来，机器才能"全面掌握"。例如在自动驾驶中所有需要判断的场景都需要标注出来，而这些场景可能无穷多。

2. 数据采集师

自动驾驶要采集一个国家所有道路的精确地图，需要几百辆数据采集车常年采集。我们的生产和生活中有无数这样需要采集数据的工作。除了在田野采集数据，许多数据还需要后台的清理，这些也少不了人工的干预。

3. AI 训练师

许多 AI 算法在正确识别场景之后并不知道该如何行动，这时人类可以提供指导。例如可以在汽车驾驶模拟器上随机产生千变万化的道路场景，由人操纵模拟器。机器记录下来场景和人的相应动作。甚至更进一步，AI 驾驶训练员开着车在北京拥挤不堪的交通中每日穿行，车中的传感器（摄像头、雷达等）记录下来各种复杂的场景和相应的驾驶员的动作。

在工厂生产线上，人类训练师也可以"手把手"地教机械臂或机器人学会某些特殊性的序列动作。

新白领工种

最近美国政府的一份报告提出了未来和 AI 有关的相关工作，分为以下四类。

（1）需要与 AI 系统一起工作以便完成复杂任务的参与工作（例如 AI 辅助医疗诊断）。

（2）开发工作，创建 AI 技术和应用程序（例如数据库科学家和软件开发人员）。

（3）监控或维修 AI 系统的工作（例如维护 AI 机器人的技术人员）。

（4）响应 AI 驱动的范式转变的工作（例如律师围绕 AI 创建法律框架，或创建可容纳自动驾驶车辆的城市规划者）。

新粉领工种

机器最难取代的就是要求高度情感的工作，例如婴幼儿教育，社会工作、心理咨询等。随着社会老龄化，老年人的照顾和护理将成为一个巨大需求。目前这个需求远远无法满足的原因在于大部分老年人的支付能力不足。可以想象类似美国给低收入人群提供的食品券一样给老人提供"老年照顾券"（在手机上实现支付和反作弊都很简单），且只能把这些券支付给服务机构。未来甚至会出现"定制电话煲粥员""家庭心理咨询师"等。这些煲粥员和咨询师与今天的电话聊天服务及心理咨询师的最大不同是他们不仅针对固定的客户群，而且服务是持续的。未来甚至会出现专业粉丝团，不仅是为明星当粉丝，还可以为任何需要掌声的人当粉丝。

女性的优势

人类"生离死别"的情感都源于肉体的脆弱和生命的有限。机器没有这些限制因此不具备这些情感，即使机器去模拟这些情感也很假。女性情感比男性丰富，所以比男性更难被机器取代。机器取代人的难易程度从易到难将是四肢（体力）—小脑（模仿性工作）—大脑（推理逻辑常识）—心（情感）。

未来一个新工种特别适合女性，这就是"机器解释师"。例如我们去看病，如果有一位德高望重的名医说"没啥大事，回去多喝水，休息两天就好了"，这病有可能会好一半。因为人体许多疾病是靠自己的免疫系统治愈的。而免疫系统的功能直接和心情有关。当机器给人打印出一份冷冰冰的诊断报告时，患者不会有老大夫拍肩膀安慰的放心感觉。即使机器人可以模仿人说话，也是假模假样的。至少在可见的未来机器都不具备真实的情感，更谈不上同理心、同情心等人类复杂的心理活动。这时候机器的诊断结果需要一位慈祥的女士来解释给患者听。这位女士如果是医生当然最好，但有一些医学训练的护士足矣。这位"机器翻译师"固然要懂医学，但更重要的是懂患者的心理，包括了解患者的背景和观察患者的语言行为。

妇女在工业时代的社会地位比农业社会高是因为机器取代了肌肉，女人可以和男人一样灵巧地操纵很多机器。在信息时代女性的地位进一步提高，因为信息时代彻底抹平了工作对肌肉的依赖。而在未来的智能时代，机器长于逻辑弱在情感，让女性比男性有了明显的优势。

AI 是否会造成大量失业的关键在于 AI 技术发展的速度。如果取代过程缓慢，那么失业人口将被其他工作逐渐吸收，失业人口也有时间重新学习技能。

农业人口在 1840 年占美国总劳动力人口的 70%，目前只有 2%。在 170 多年中每年减少 0.7%，这样很容易被快速发展的工业吸收。目前美国每年仍然有 24 万农业人口离开土地，这差不多是美国一个月新增的就业人口。我们要未雨绸缪的是如果 AI 技术快速发展，在一代人的时间里大量取代人工，那么我们将会看到怎样一个社会？

新分配制度：无条件收入还是无条件培训

如果社会出现大规模失业，那么一种解决方案是"无条件基本收入"（Universal Basic Income，UBI）制度。该制度很简单：不论性别、收入、职业、教育情况，政府给每人每月发放一定的基本生活费，包括就业人口。从美国到巴西、加拿大、芬兰、纳米比亚、肯尼亚、印度都在实验 UBI。瑞士 2016 年夏天还进行过一次关于 UBI 的投票，议案提议政府给所有成年公民每月约

2 500 美元生活费，给未成年人每月 600 美元。投票的结果是 23% 赞成，77% 反对，议案被否决。

支持 UBI 的人有三条理由。

（1）社会上有许多人从事有价值的工作而没有收入，例如全职母亲。UBI 是对这类工作价值的承认。

（2）可以大幅缩小贫富差距。美国阿拉斯加州的收入平等水平曾经在美国各州排名第 30 位（数目越大越不平等），自从 1976 年州政府建立了石油收入支撑的永久基金并给每个公民每年支付 1 000～2 000 美元（看当年石油价格）后，阿拉斯加州的收入平等水平在美国各州跃升到第二位。纳米比亚 2007—2012 年的实验证明，实施一年后贫困率从 76% 降到 37%，在 6 个月内儿童营养不良率从 42% 降到 17%。美国"经济安全项目"的一项研究表明，给美国每个成年人每月 1 000 美元，每个未成年人每月 300 美元可以全部消除贫困。（美国人口 3.24 亿，其中成年人口 2.5 亿，这样每年支出约 3.3 万亿美元。目前美国联邦政府总预算约 4 万亿美元，联邦、各州及所有地方政府的财政预算总和约 7 万亿美元，占 GDP 的 35%。）

（3）可以提升健康水平，减少少年儿童辍学，促进就业。乌干达的一项"青年机会计划"鼓励青年投资自己的技能培训，使收入提高了 38%。纳米比亚的实验把辍学率从 40% 降到了零。

反对 UBI 的人也有三个理由。

（1）把本来该给穷人的钱给了那些并不需要的人。

（2）鼓励好吃懒做。

（3）UBI 需要的那么多钱从哪儿来？

有好奇的读者会问，为什么不把钱只给穷人，这样不是可以大大降低成本吗？其实这就是目前各国实行的失业救济金和低收入保障。问题是鉴别谁是失业人口和需要救济的人口的成本很高，当大规模失业突如其来时无法应付。

笔者认为，UBI 最大的问题在于太昂贵，其他都不是问题。笔者建议与其实行无条件基本收入，不如实行"无条件基本培训"（Universal Basic Training，UBT），即对所有愿意工作的成年人提供培训费用。这笔钱并不发给个人，而是发给培训机构（要有措施防止作弊）。受培训的成年人只有通过第三方考试机构的相应考试后才能免除这笔培训费用。以目前的个人识别技术（指纹、刷脸等），这些考试可以轻易在线举行。由于这些培训项目针对的是那些失业者，学习重新就业的技能需要花时间精力，所以不是真正需要工作的人或者有不错收入的人不会去占这个便宜。还以美国为例，目前失业率已经达到 3.9%，约 608 万人，已经达到了充分就业率。假设目前失业率为 10%，而我们希望达到 4%，这样大约有 960 万人需要通过培训就业。假设每人每年职业培训费用为 1 万美元，每年的总培训费用为 960 亿美元，这只是 UBI 3.3 万亿美元的 3%，占美国 GDP 的 0.5%。即使失业率达到 20%，培训费用达到 2 560 亿美元，也分别只是 UBI 成本的 8% 和美国 GDP 的 1.3%。

贫富悬殊解决之道：民间公益

过去 100 年来的技术进步惠及了所有的人，但是分布却极不均衡。虽然每个人的绝对生活水平都大幅提高，但相对差别不是减少而是增加了。图 7.1 是把美国地图面积作为美国的总财富来直观显示不同阶层人群在总财富里的占比。

图 7.1 美国不同阶层人群占有财富的比例

图片来源：http://owsposters.tumblr.com/post/11944143747/if-us-land-mass-were-distributed-like-us。

如图 7.1 所示，美国最富有的 1% 的人口占有几乎 40% 的财富，最富有的 10% 的人口占有 80% 的财富。最穷的 40% 的人口只占有不到 1% 的财富。在世界各国里，美国的贫富差距还不是最大的，中国、巴西、墨西哥都比美国贫富差距更大。图 7.2 是世界各国的基尼系数（系数越大，贫富差距越大）。

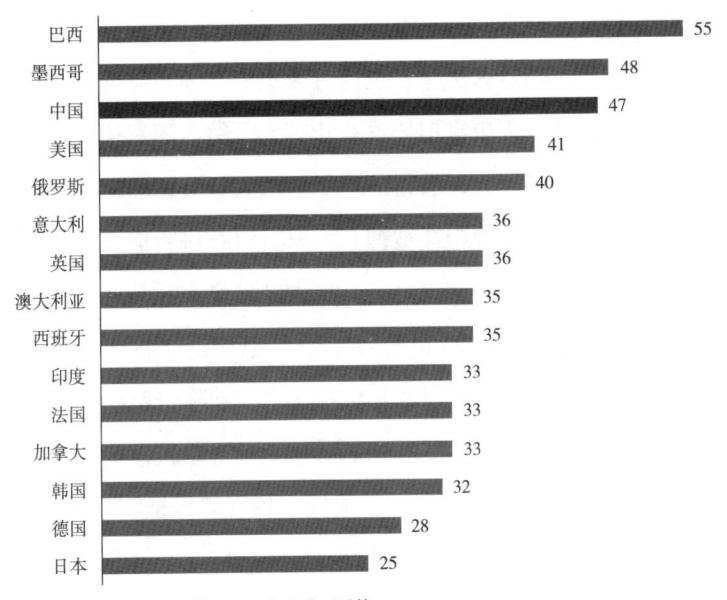

第七章 "神人"与"闲人"——AI 时代的社会与伦理

国家	基尼系数
巴西	55
墨西哥	48
中国	47
美国	41
俄罗斯	40
意大利	36
英国	36
澳大利亚	35
西班牙	35
印度	33
法国	33
加拿大	33
韩国	32
德国	28
日本	25

注：0=收入完全平等，100=收入最不平等

图 7.2　世界各国的基尼系数

图片来源：http://www.kkr.com/global-perspectives/publications/china-transition。

美国的贫富差距主要由三个因素造成。一是代际传递，富人的遗产留给孩子，资本增值比劳动增值更快，因此富的越富，穷的越穷。二是全球化劳动力流动性增加，加工业和制造业大批流向以中国为主的发展中国家，造成大批蓝领失业。三是科技使财富向科技创业成功者高度集中。中国的贫富差距也有三个原因，其中有两个和美国不同，一个相同。第一个不同是过去城乡二元政策造成的广大农村的数亿贫困人口中仍然有相当一部分没有脱贫。第二个不同是国家控制的资源有相当一部分在权钱交换中集中到少数人手中。和美国相同的是，科技使财富向科技创业成功者聚集。注意前两者通常伴随着对弱势群体或贫困人群的剥夺，也就是它们不仅使富人更富，也使穷人更穷，而科技进步造成的贫富差别只是让富人更富但并没有让穷人更穷。随着扶贫计划的开展和转移支付的加大，农村的绝对贫困人口会逐渐减少。随着法治的健全，权钱交换也会被抑制。只有科技进步造成的贫富相对差距目前并没有好的解决之道。法国经济学家托马斯·皮凯蒂（Thomas Piketty）在《21世纪资本论》中建议征收"财富税"，即针对每个人拥有的所有财产（包括房产、证券、现金、保险等）每年征收 1% ~ 2% 的税。这个税种不仅严重抑制企业家创新动力，而且把钱交给政府效率一定很低。丹麦曾经征收过财富税，在 20 世纪 80 年代后期该财富税最高达到 2.2%，也即你的财富如果不增值 45 年就被国家征光了。实践证明这个税种在抑制经济发展的同时并未缩小贫富差距，丹麦自 1997 年后就取消了这个税种。其他一些富裕欧洲国家也都有类似尝试，最后都取消了这个税种。

缩小贫富差距的一个可行的方案就是通过民间公益。比尔·盖茨现在全职做公益，他和巴菲特把 99% 的财产都捐出来，要在有生之年全部花在公益上。他花自己辛苦赚来的钱一定比政府花别人的钱用心得多。作为一个成功企业家，他选择自己认可的项目，执行项目、评估项目的能力都远高于一般政府官员，这里几乎不会有跑冒滴漏和贪腐。更重要的是，当大批成功企业家都投入公益时，会自然形成一个"公益市场"。企业家不仅可以根据自己的资源、爱好和优势选择公益方向，效率差的公益项目也会被自然淘汰。

无论是比尔·盖茨还是马云,他们个人和家庭所能消耗的财富在他们自己的财富中都微不足道。聪明的家长都知道留给孩子太多钱是祸害,所以中外很多的成功企业家都将自己的大部分财富,在他们有生之年全部花到自己认为重要的公益项目中去。作为政府,应该通过一系列法律政策鼓励民间公益,支持形成一个公益市场和公益生态。这样不仅避免了高税收造成的创业意愿降低,避免了征税成本和支付中的损耗,更重要的是能够以最高的效率和最创新的方式缩小贫富差距。

改善贫富差距的第二个方案是增加休息日和延长假期。一个令人匪夷所思的现象是当中国从每周工作六天改变为每周工作五天时,GDP不仅没有下降相应的1/6,反而持续增长。经济学家的解释是多出一天的休息时间增加了消费,前提是人们普遍拥有积蓄,但没有时间消费。根据同样的原理,可以将五天工作制改为四天、三天。也可以进一步延长假期,例如除了春节以外,清明、端午、中秋都变为长假期。每年的年假也可以延长到三周、四周,甚至可以考虑让家长和孩子一起放暑假和寒假。逐渐增加休息时间,带来了消费的增加,所以总体GDP并不一定会下降。对企业来讲,每个人的工作时间变短,要完成同样的工作量,意味着需要增加人手,这样就会降低失业率。那读者要问,这样岂不是增加了企业的成本吗?如果全社会都是同样的劳动时间,企业利润的长期决定因素则是市场愿意支付的价格。企业为了保持一定的利润,要么提高效率,要么削减工资,前者推动创新,后者则是一种市场化的也即无损耗的转移支付。

不论是"无条件基本收入"还是大幅增加休息时间都属于比较激进的应对大规模失业的措施。笔者不认为尤瓦尔·赫拉利所担心的大规模失业会突然出现。基于对目前技术的理解和近年来商业的发展，AI对产业的影响虽然是颠覆性的，但不会在一夜之间发生。

权力再分配

历史上每次技术革命都会改变权力的分配。过去40年的信息革命让每个人可以及时得到信息，及时传播思想，大大增加了个人的力量。技术革命甚至会改变地缘政治。在汽车时代之前，中东是世界上最贫穷的地方之一，也非大国博弈之处，一旦世界进入依赖石油的时代，中东的产油国摇身一变成为巨富，这些战略财富也引发了许多战争。当有一天大街上全部都是电动汽车时，中东可能又变回到大家不感兴趣的沙漠地带，而富产电池原料的刚果则变成大国必争之地。

技术革命把权力在政府、企业和个人三者之间重新分配，并不一定每次都倾向于个人。例如当计算机还在大型机阶段时，大型机的霸主IBM成为美国最有权力的公司之一。个人电脑革命的社会动力是美国的一批年轻人感到未来信息时代被一家公司（当时是IBM）控制非常恐怖，所以第一个微处理器芯片刚问世，就立即得到了这批年轻人的热烈拥抱。乔布斯、盖茨的理想是每个人都能拥有自己的电脑。个人电脑和互联网毫无疑问会极大地给个人赋能，增加个人的权力，但后来的大数据和云计算则相反，又把权力转移到了大公司和政府手中。许多国家的政府对互联网一开始都持怀疑和谨慎态度，但它们对大数据和云计算从一开始就热烈拥抱。因为大数据和云计算不仅需要巨大的资源，而且集中在一起（在数据中心）易于控制，更重要的是大数据可以增加政府对社会的管理和控制能力。

那么这次的 AI 浪潮又会造成什么样的权力分配呢？在过去几年中我们明显看到 AI 进一步将权力集中到大公司和政府手中。AI 的核心资源是处理芯片和数据，目前芯片集中在以英伟达为首的少数几家芯片公司手中。数据则分为三类，第一类是互联网用户或者消费者数据，目前集中在世界互联网公司巨头手中。第二类是行业数据，例如医疗、金融等，集中在行业的龙头公司手中。第三类是社会数据，集中在政府手中。许多 AI 的应用由于和大数据不可分离，自然是给大公司或政府赋能。例如人脸识别技术从一开始就得到中国政府的大力支持，在全国遍地开花。在短短的几年中，从支付到购物再到出行都已经开始"刷脸"。现在全国已经有上亿个监控摄像头，未来更会做到无缝覆盖。

AI 技术有可能给个人赋能吗？目前看来可能有两个方向。一个方向是手机中的 AI 功能，例如物体识别、智能助理和自然语言理解等。因为手机给个人赋能，凡是增加手机能力的都能增加个人能力。第二个方向是 AI 的资源开源化，这里包括源代码、程序库和云端 AI 能力。这些 AI 资源的普及将使人们在 AI 领域的创业成本降低,几个聪明的孩子就可以做大公司做不了的事情。

是否该信任机器的决定

随着机器学习能力的增加和暗知识的大爆炸,未来越来越多的决定将交给机器去做。这些决定可以从疾病的诊断到职业的选择,可以从商业的决策到政策的制定,甚至战争的决策,许多决定牵涉巨大的经济利益甚至人命。当人类无法做出最适当的决定时,是否该信任机器的决定?

要回答这个问题,我们需要把机器决定的场景分为两类:第一类是反复出现的场景,第二类是从来没出现过的场景。

第一类场景的典型是自动驾驶。在这类场景中,人类对机器的信任和今天对一家大型客机上软件的信任没有本质区别。只要场景是反复出现的并且有时间去测试,我们就可以通过长时间的测试来验证机器的可靠性,这正是今天所有自动驾驶公司在做的事:经年累月地在大街上驾驶,不断提高可靠性。这类场景还有一种情况是疾病诊断,虽然机器是第一次对某个病人下诊断,但机器已经正确地诊断了许多其他类似的病人。所以不论是个人生活中的决策,还是商业决策,只要机器有过在类似场景下大量的测试,就可以信任机器。当然这里不排除机器出错的概率,这和不排除有经验的医生误诊,不排除大型客机的软件出故障一样。

第二类场景的典型是一场战争的决策。机器很难有在实际战争中反复测试的机会,即使有,每场战争的性质也大不相同。在这种场合人必须负起责任。那是不是说机器在这种场合就完全没用了呢？不是。如果能有历史战争数据，比如战场的视频和卫星图片，机器仍然可以从这些海量信息中发现隐蔽的关系，也即暗知识。机器也可以模拟战争场景，就像今天自动驾驶系统也可以用模拟环境训练一样。所以即使机器无法在实际场景中测试，仍然有可能为人类决策提供辅助支持。

数据如何共享

AI 应用依赖数据，数据越多、越广，AI 优化的效果就越好。目前的数据都是一个一个的孤岛，占有数据的机构不一定能最有效地利用数据。目前占有数据的企业没有动力把自己的数据分享给别人，要解决数据共享必须解决以下两个问题。

第一，动力机制。共享的好处是什么或者不共享的坏处是什么？一个方案是建立数据交易平台。提供数据可以赚钱，使用数据要付费。这里的核心是根据数据的数量和质量对数据进行定价。

第二，隐私与安全。企业的数据涉及用户隐私或企业机密。用户的身份信息必须隐掉，这样即使信息被破解也无法对用户造成伤害。企业的数据也需要加密，这样即使数据共享平台也无法看到信息。如何既能加密又能使用数据则是目前的一个研究热点。以目前的分布式数据技术，企业的数据不必离开自己的服务器或数据中心，这样分享数据的企业心里更踏实。

同样的道理，政府也应该根据上述原则尽可能公开数据。这些数据本来就是公共资源，是比金矿更好的资源，金矿一个人挖完了第二个人就挖不到了，数据矿可以让成千上万人用不同的方法挖到不同的宝贝。

自尊的来源

不论采取什么样的措施，如果机器代替人工的势头来得太猛烈，大规模的结构性失业总是很难避免的。一种极端的情况是当某些行业彻底被机器取代后，该行业的相当一部分从业人员再也没有能力掌握其他行业的就业技能。如果这个群体很大，就会变成一个社会问题。对这部分人群除了给予基本生活救济以外，还应该关注他们的心理健康。其中最重要的是自尊感的来源。长期失业的人即使基本生活有保障，也会丧失价值感。他们在家庭和社会中也会感觉低人一等，长此以往会造成抑郁，导致酗酒甚至吸毒。一个人的自尊主要来自对社会和他人的贡献，可以和金钱无关。所以获得自尊的一个重要途径是参加各种社会公益组织，在公益组织中不仅能够找到自己的价值，而且能找到群体的归属感。这就要求社会大力鼓励发展各种类型的公益组织，让每个人都能找到自己愿意参加的公益活动。任何一个社会都会有大量的服务性工作无法由商业完成，因为商业要产生利润，而有些被服务的人群没有相应的支付能力，例如贫困和部分老年人群。这些"闲人"相互之间的服务也是一个很大的需求，这就是开玩笑说的"你给我揉肩，我给你捶背"。

自尊的第二个来源是个人独特的价值，包括比周围人更好的技能（体育、游戏、音乐、舞蹈、绘画、阅读、讲笑话、养生、健身、手工等）。这些才能才艺的开发和发挥同样需要社会公益组织，即组织各种爱好者俱乐部。这些形形色色的社会公益组织可以由富裕人群捐助。

如果政府能够给这些无法再就业的人群提供一个基本生活保障，通过形形色色的社会公益组织再给这些人提供尊严感和归属感，这个人群的幸福感就会大大加强。

机器会产生自我意识吗

包括马斯克、霍金等人都非常担心 AI 有一天会控制人类。在机器能控制人类之前，机器必须产生自我意识。自我意识是一个复杂问题，到今天都没有公认的严格定义，但大致上自我意识是指一个人对自己存在的知觉，或者说明确知道自己和周围的环境（他者）的区别。人的自我意识并非天生就有，而是儿童在大约 18 个月开始产生的。纽约州立大学奥尔巴尼校区的戈登·盖洛普教授（Gordon Gallup）在 1970 年设计了一个简单巧妙的测试自我意识的实验。实验是这样进行的：先让一个儿童看到镜子里的自己，然后在不让他察觉的情形下在他的脸颊上贴上一张明显的记号（例如一张红色的圆点纸），再让孩子对着镜子。如果孩子去摸自己脸上这个记号或试图撕下来，这个孩子就被认为具有了自我意识。实验证明，只有达到一定年龄（例如 18 个月）

的孩子才会有自我意识。科学家还对几十种动物包括十几种猴子做了这个实验,只有黑猩猩这一种动物能够通过这个测试。而其他动物不管在镜子前待多长时间,永远都会把镜子里的自己当成"别人"。

具有自我意识是灵长类动物和其他动物的本质区别,这使人类在进化中获得了巨大优势。人类可以从"自己"的视角观察、认知和理解世界,并最终根据自己的意愿改造世界。人类根据自己的知觉记忆的清晰程度开始有了"时间"概念。随着"时间"概念的产生,人类可以想象多种不同的"未来",即那些未曾发生的事情,创造力产生了。人类获得自我意识的最大代价就是必须面对一个无法理解的事实:自我意识终将消失,"自己"终将死亡。对死亡的恐惧成为伴随人一生的恐惧。一旦获得了自我意识的"自己",就再也无法理性地理解"自己"的消失,所以几乎全世界所有的宗教都是从"非理性"或"超级存在"的角度回应死亡的问题,至少能提供某种解释减少人类对死亡的恐惧。

近年来随着脑成像仪器的成熟,关于意识的研究有了许多实验性的发现。用于大脑研究的主要成像仪器是功能性核磁共振成像仪,该成像仪的原理如下:当大脑某部分神经元激活产生电脉冲信号时,就会有含氧量高的新鲜血液流到该部分大脑去替换原先氧气已经耗尽的血液。由于缺氧血液的磁性比富氧血液高,所以在磁场中会呈现不同的信号强度。借此原理,核磁共振成像仪就可以看出大脑中哪部分神经元正在活跃。科学家可以用功能性核磁共振判断一个人是否有意识。该实验要求被实验者想一个动作如打网球,从成像仪上可以看到一个正常清醒的人的大脑皮质的某一个特定区域活跃。实验表明大多数人在想同一个动作时相同的脑区域活跃。这样就可以用实验判断一个对外来信号没有任何肢体和表情反应的"植物人"是否已经丧失了意识。如果该"植物人"听到指令后对应的大脑皮质部位活跃就可以认为他仍然具有意识。

加利福尼亚州理工学院的克里斯托弗·科赫(Christof Koch)教授通过检测单个神经元信号发现当被实验者看到自己熟悉的影像时(例如喜爱的电影演员),某一个神经元会被激发而其他神经元没有动静。每次看到这个演员的不同照片时,同一个神经元都会被激发。甚至在看到这个演员的名字时,同一个神经元也会被激发。但如果看到这个演员和其他人的合影时,这个神经元就不会被激发。

单个的神经元虽然可以和外界刺激建立一对一的对应关系,但是这还不是自我意识。目前公认的自我意识是许多神经元共同的作用。位于美国威斯康星州的精神病学研究所(Psychiatric Institute and Clinic)设计了一种精妙的实验用于证实意识在大脑的存在是一个整体,而不是某个部分。仪器类似我们前面提到过的罩在头上的"电极罩",电极罩上布满了电极,可以接收到来自大脑皮质不同部位的电信号。另外一个能发射磁场的电极在脑壳的不同部位发射磁脉冲。每个磁脉冲都能引起大脑神经元的激发,通过分布在头上不同位置的电极就可以观察到大脑不同部位神经元的活动。实验发现当受试者清醒时,每次脑外刺激信号在脑内不同的区域都会造成激发,先是离刺激电极最近的区域激发,然后这种激发先后传导到大脑皮质的不同区域,这些激活区域形成复杂的图案。但当受试者入睡后再刺激,发现只有刺激电极附近的区域被激活,并不会传导到其他区域。这个实验证明了意识是大脑不同区域互相传导连通后的共同结果,而不是某个部分。

遗憾的是以上的脑神经研究仍然无法精准地定位意识在大脑中到底是以什么样的方式产生和存在的。但这些研究已经能够给我们一些启示来回答:以神经网络为基础的人工智能是否能在不远的将来产生自我意识呢?

首先,如果我们能够确认"自我意识"无非是大量神经元之间复杂的激活和连接模式,那么我们应该可以预测未来有一天当基于半导体或生物芯片的神经网络足够复杂时,机器完全可能产生自我意识。但这个神经网络要多么复杂呢?

第一个问题是神经元的数量。人类大脑大约有 1 000 亿个神经元,每个神经元会有上千个突触和其他神经元相连接,也就是说人脑有约 100 万亿个连接。目前谷歌大脑已经达到了 1 万亿个连接,芯片上晶体管的密度增加速度已经开始放缓,以远慢于摩尔定律(每 18 个月翻番)的速度发展。增加计算能力主要是靠多核,即把许多 CPU/GPU 封装在一起。按目前的发展速度来看,最多 20～30 年机器神经网络就能够达到人脑的连接数。但是神经元和连接数量只是一个必要条件,即使达到或超过人脑的数量也未必能产生自我意识。

第二个问题是神经元之间的连接方式。目前的机器神经网络

第七章 "神人"与"闲人"——AI 时代的社会与伦理

为了数学上可以分析,工程上实现方便,神经元都是简单清楚地分成许多层级。每个神经元要么是只和下一层级的神经元相连(例如全连接网络或卷积网络),要么是只和自己相连(例如 RNN)。但人脑中的神经元根本没有清晰的层级,而是在一个三维空间随机的、复杂的互联。已知的连接有短连接和长连接,前者是附近的神经元之间的连接,后者是和很远的神经元之间的连接。

第三个问题是目前的人工神经网络的信号输出是上一级输入加权求和后被一个门限截断的信号,而人脑中每个神经元的信号强弱、门限的高低都可能不同。也就是说目前的人工神经网络是对人脑大大简化后的模仿,这种简化模仿即使达到了相同的神经元和连接数也不一定能够达到人脑的复杂程度。

除了以上三个问题之外,更重要的是第四个问题,人脑中各处充满了随机性,深受外界环境的影响,这种复杂系统中的随机性是产生"涌现"的重要条件。("涌现"是复杂系统中的一个概念,比如含有足够复杂的无机化合物的"一潭死水"会在一道闪电的作用下涌现出有机的生命。)目前的人工神经网络是一个确定性系统,虽然我们可以在网络里引入随机性,但是我们并不清楚在哪里和怎样引入这些随机性。这样的随机性有几乎无数的可能组合,任何"不对"的组合都可能使系统无法产生"涌现"。人脑是动物几十亿年进化的结果,其中淘汰了无数无法产生意识的随机组合。从这点上看人工神经网络是否能最终"涌现"出意识仍然是一个巨大的问号,也许需要非常长的时间和非常好的运气。

〈结束语〉

人类该怎么办

一切都清楚地表明了机器对事物间隐蔽的相关性的发现和掌握已经远超人类。机器学习正在拓展出人类知识的一个全新方向，让人类可以利用那些自己无法理解的暗知识去解决问题，这些暗知识的总量将会大大超过人类积累的和即将发现的明知识。随着计算能力的提高和各类算法的进展，机器学习会呈现出越来越神奇的性能。这一波科技进步的大浪在可预见的未来还看不到停滞的迹象。

人类是否能理解知识变得不那么重要了。在过去的几万年里，人类的大脑永远在知识获取的回路当中，没有"人"这个认知行为的主体就谈不上知识。而今天一切都颠覆了，机器也成了认知主体，可以直接从数据中萃取出知识来，再把这些知识应用到世界里。人脑第一次被抛出了知识获取的回路，机器甚至会成为压倒性的认知主体，越是复杂的问题，它们越是得心应手。

这并不是人类第一次发明了比自己强的工具，从第一次折断树枝作为大棒开始，人类已经有无数超过自己能力的工具。只不过这次不再是比人的胳膊力气大，比腿跑得快，比眼睛看得远，而是比大脑更能觉察万事万物间的隐蔽关系。在机器没有演化出自我意识之前，它们仍然是人类任劳任怨的工具。

一代代更聪明的机器将不分昼夜地工作，进入每一个可以产生数据的生活、生产和消费过程。机器将从这些过程中不断发现新的知识，反过来再用于改进这些过程使效率更高。没有任何一个重要的领域不被机器涉足，没有任何一个人不被机器影响。

对机器知识的占有不仅会改变权力的分配，也会改变权利的定义。我们所熟知的社会规范，诸如自由、平等、公平、正义在暗知识的衬托下将会改变原来的意义。我们要重新审视我们过去熟悉的观念，重新思考什么是一个"好"的社会。

机器改写了知识的地图，却无法改变人的本性。人类还是那个利他与自私同体，同情与冷酷兼备的人类。对于这样一个新的强大工具，生存本能将驱使人类用它为己谋利，博弈困境也必将导致用它来伤害他人，对机器的驾驭和暗知识的掌握势必改变现有的地缘平衡。

在造福人类的同时，和过去500年中大部分新科技一样，机器将带来不可预知的改变和挑战。这些改变无法阻挡，只能顺势而为，这些挑战无法避免，只能创造性地应对。人类在过去的500年中经历过无数挑战，与之相比这次不算最大。在可见的未来，人类要担心的不是机器，人类社会的最大风险仍然来自人类本身。

致　谢

本书得到了许多人的支持。民生银行洪崎董事长推荐了最好的出版社。北京信息社会研究所王俊秀所长参与了出版策划，帮助搜集整理了 AI 市场的资料，对有关章节做了编辑。信中利集团刘忱先生帮助翻译了部分资料和绘制部分图形。中信出版集团乔卫兵总编辑建议用书中的"暗知识"作为书名和贯穿全书的概念。本书的编辑寇艺明女士从内容编辑、封面设计，到出版发行都倾注了大量心血。

本书在写作过程中还得到了许多人的帮助。得到 App 创始人罗振宇博士和他的同事邵珩、邱泰深、顾小双对清晰表达的严格要求，使得本书对技术概念的解释变得更通俗易懂。

这里要感谢我当年在斯坦福大学的的博士导师威德罗教授的指导，没有当年种下的种子就不会有这本书。感谢金观涛、刘青峰两位老师这些年来在哲学和思想史研讨班中给我带来的思想震撼和升华。没有这些年的熏陶，也不会有这本书中的许多思考。

还要感谢我的朋友们对本书的大力推荐和支持，他们是创新工场董事长兼首席执行官、创新工场人工智能工程院院长李开复博士，得到 App 创始人罗振宇博士，真格基金创始人徐小平先生，中国金融博物馆书院理事长任志强先生，以及当当网董事长兼 CEO 俞渝女士。

最后要感谢我的大学同学和斯坦福同学，也是我的太太刘菁博士。没有她的鼓励和第一时间的反馈与评论，本书不可能如此顺利完成。

王维嘉

2019 年 3 月

附录1：一个经典的5层神经网络LeNet-5

图附1.1是由人工智能大神之一岩·拉孔（CNN的发明人）提出的典型的卷积网络LeNet-5。这个网络的左边是输入的待识别的图像，最右边有10个输出，因此可以识别10种不同的图像，例如手写体的0，1，2，…，9。

LeNet-5

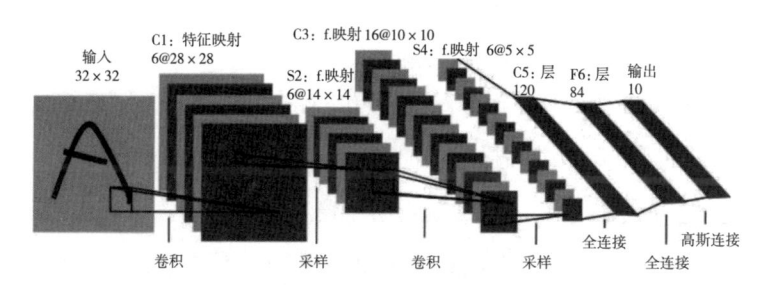

图附1.1 岩·拉扎提出的卷积网络LeNet-5

图片来源：http://yann.lecun.com/exdb/lenet/。

输入图像的大小是32×32。网络的第一层是卷积层，所谓"卷积"就是拿着各种不同的小模板（图附1.1的模板大小是5×5）在一张大图上滑动找相似的图形（每个模板是一个特定的图形，例如三角、方块、直线、弧线等）。模板在大图中一个一个像素滑动，在每一个滑动位置，都把大图上的像素值和模板对应的像素值相乘再全部加起来，把这个加总之和作为一个新的输出像素。当模板滑动过所有像素时，这些新的像素就构成一张新的大图。在模板滑动过程中，每当碰上大图中有类似模板上的图形（即在大图上这个区域的图形和模板重合度高时），新的像素值就会很大。图附 1.1 的模板尺寸是 5×5，因此在 32×32 的输入图像上横竖都只能滑动 28 次，所以卷积的结果是一张 28×28 的图片。在这个网络里，第一层使用了 6 个模板，所以第一层卷积后出来 6 张 28×28 的图片。

卷积的结果出来后，对每一个像素还要做一个"非线性"处理。一种"非线性"处理方法就是把所有小于零的像素值用零来代替，这样做的目的是让网络增加复杂性，可以识别更复杂的图形。

网络的第二层叫采样层（down-sampling）或汇集层（pooling），简单讲采样层就是把大图变小图。在这个网络里，采样的方法是用一个 2×2 的透明小窗在图片上滑动，每次挪动 2 个像素。每挪动一个位置，把小窗内的 4 个像素的最大值取出来作为下一层图片中的一个像素（除了取最大值，也可以有取平均值等其他方法）。经过这样的采样，就产生了下一层 6 张 14×14 的图片。

这个网络的第三层又是一个卷积层，这次有 16 个 5×5 大小的模板，在 14×14 的图片上产生 16 张 10×10 的图片（5×5 的模板在 14×14 的图片的横竖方向上都只能滑动 10 次）。

第三层做完非线性处理后，第四层又是一个采样层，把 16 张 10×10 的图片变成 16 张 5×5 的图片。

附录1：一个经典的5层神经网络 LeNet-5

　　第五层再次用 120 个 5×5 模板对 16 张 5×5 的图片做卷积。每个模板同时对所有 16 张图片一起卷积，每个模板产生一个像素，一共产生 120 个像素，这 120 个像素就成为下一层的输入。从这里开始，原始的一张 32×32 的输入图片变成了 120 个像素。每个像素都代表着某个特征。从这一层开始下面就不再做卷积和采样了，而是变为"全连接"的标准神经网络，即第五层的 120 个神经元和第六层的 80 个神经元中的每一个都连接。（不要问为什么第六层是 80 个而不是 79 个或 81 个，答案是没太多道理。）

　　第六层的 80 个神经元和第七层（最后一层，即输出层）的 10 个神经元的每一个都相连接。

　　以上卷积+非线性+采样可以看成卷积网络的一个单元，这个单元的作用就是"提取特征+压缩"，在一个卷积网络中可以不断地重复使用这个单元。今天大型的卷积网络可能有几百次这样的重复，在这个例子里，只重复了一次。

　　卷积网络为什么这样设计？为什么分为卷积和全连接两个不同的部分？简单说是省了计算。如果用全连接多层网络，那么输入层要有 32×32 = 1 024 个神经元，在 LeNet 中最后压缩到 120 个。压缩的原理就在于对识别一张图像来说，只有图像中的某些特征是相关的。例如识别人脸，主要是五官的特征有用，至于背景是蓝天白云还是绿树红花都无所谓。卷积的模板就是要提取出那些最相关的特征。注意，这里模板并不需要事先设计好，模板中的各像素的数值，就是神经网络各层的加权系数。根据训练数据的不同，通过前述的最陡下降法，模板各像素取值最终也不同

（即训练数据都是人脸和训练数据都是动物最终演化出来的模板不同）。每一层使用多少个模板要在识别率和计算量之间找一个平衡，模板越多识别越准确，但计算量也越大。

附录 2：循环神经网络 RNN 和长 - 短时记忆网络 LSTM

循环神经网络 RNN

CNN 比较适合处理图像，因为每幅图像之间都没有太多相关性，所以可以一幅一幅地输入 CNN 里。但许多非图像信息例如语音、天气预报、股市等是一个连续的数值序列，不仅无法截成一段一段地输入，前后之间还有很强的相关性。例如我们在下面句子里猜词填空："我是上海人，会讲____话。"在这里如果我们没有看到第一句"我是上海人"就很难填空。处理这一类问题最有效的神经元网络叫循环神经网络。图附 2.1 是一个最简单的 RNN。

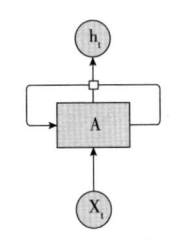

图附 2.1　最简单的 RNN

这里 X_t 是 t 时刻的输入向量，A 是神经元网络，h_t 是 t 时刻的输出。注意到方框 A 有一个自我反馈的箭头，网络 A 下一时刻的状态依赖于上一时刻的状态，这是 RNN 和 CNN 及全连接网络的最大的区别。为了更清楚地理解图附 2.1，我们可以把每个离散时间网络的状态都画出来生成图附 2.2。

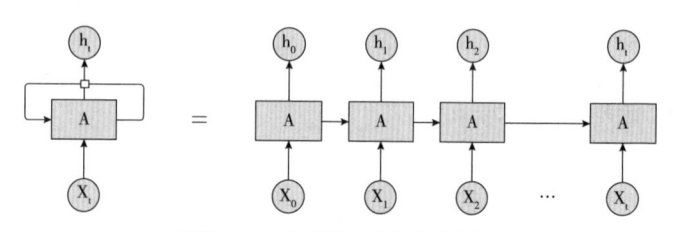

图附 2.2　把 RNN 从时间上展开看

这个链状结构展现出 RNN 与列表、数据流等序列化数据的密切关系，而这类数据的处理也确实在使用 RNN 这样的神经网络。在过去几年中，将 RNN 应用于很多问题后，已经取得了难以想象的成功，例如语音识别、语言建模、翻译、图像抓取等，而它所涉及的领域还在不断地增加。

现在我们已经知道了 RNN 是什么，以及基本的工作原理。下面我们通过一个有趣的例子来加深对 RNN 的理解：训练一个基于字符的 RNN 语言模型。我们的做法是，给 RNN"喂"大段的文字，要求它基于前一段字符建立下一个字母的概率分布，这样我们就可以通过前一个字母预测下一个字母，这样可以一个字母一个字母地生成新的文字。

举一个简单的例子，假设我们的字母库里只有 4 个字母可选："h""e""l""o"，我们想训练出一个能产生"hello"顺序的 RNN，这个训练过程事实上是 4 个独立训练的组合。

（1）给出字母"h"后，后面大概率是字母"e"。

（2）给出字符"he"后，后面大概率是字母"l"。

（3）给出字符"hel"后，后面大概率还是字母"l"。

（4）给出字符"hell"后，后面大概率是字母"o"。

具体来说，我们可以将每个字母编码成一个向量，这个向量除了该字母顺序位是 1，其余位置都是 0（例如对于"h"而言，第一位是 1，其余位置都是 0，而"e"则第二位是 1，其余位置是 0）。之后我们把这些向量一次一个地"喂"给 RNN，这样可以得到一个四维输出向量序列（每个维度对应一个字母），这个向量序列我们可以认为是 RNN 目前认为每个字母即将在下一个出现的概率。

图附 2.3 是一个输入和输出层为 4 维，隐含层为 3 个单元（神经元）的 RNN。图中显示了当 RNN 被"喂"了字符"hell"作为输入后，前向传递是如何被激活的。输出层包括 RNN 为下一个可能出现的字母（字母表里只有 h、e、l、o 4 个字母）所分配的概率，我们希望输出层加粗的数越大越好，输出层其他的数越小越好。例如，我们可以看到在第一步时，RNN 看到字母"h"，它认为下一个字母是"h"的概率是 1.0，是"e"的概率是 2.2，是"l"的概率是 –3.0，是"o"的概率是 4.1。由于在我们的训练数据（字符串"hello"）中，正确的下一个字母是"e"，所以我们希望提升"e"的概率，同时降低其他字母的概率。同样地，对于 4 步中的每一步，我们都希望网络能提升对某一个目标字母的概率。由于 RNN 完全由可分的操作组成，因此我们可以采用反向传播算法来计算出我们应该向哪个方向调整每一个权量，以便提升正确目标的概率（输出层里的加粗数字）。

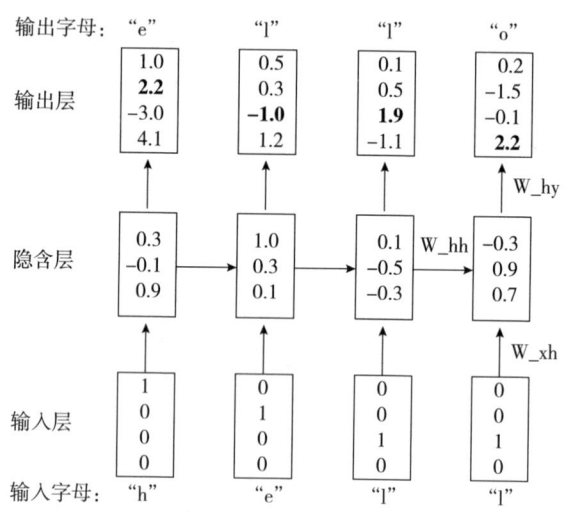

```
输出字母：    "e"        "l"        "l"        "o"
              1.0        0.5        0.1        0.2
输出层        2.2        0.3       -0.5       -1.5
             -3.0       -1.0        1.9       -0.1
              4.1        1.2       -1.1        2.2
                                                    W_hy
              0.3        1.0        0.1  W_hh  -0.3
隐含层       -0.1  →     0.3   →   -0.5   →    0.9
              0.9        0.1       -0.3        0.7
                                                    W_xh
              1          0          0          0
输入层        0          1          0          0
              0          0          1          1
              0          0          0          0
输入字母：    "h"        "e"        "l"        "l"
```

图附 2.3 RNN 学习 "hello" 语句的训练过程

接下来我们可以进行参数调整，即将每一个权值向着刚才说的梯度方向微微调整一点，调整之后如果还将刚才那个输入字符"喂"给 RNN，我们就会看到正确字母（例如第一步中的"e"）的分值提高了一点（例如从 2.2 提高到 2.3），而其他字母的分值降低了一点。然后我们不断地重复这个步骤，直到整个网络的预测结果最终与训练数据一致，即每一步都能正确预测下一个字母。需要注意的是，第一次字母"l"作为输入时，目标输出是"l"，但第二次目标输出就变成了"o"，因此 RNN 不是仅仅根据输入判断，而是使用反复出现的关系来了解语言环境，以便完成任务。

LSTM：记忆增强版 RNN

RNN 可以根据前一个字母预测出下一个字母。但有时候可能需要更前面的信息，例如我们要填空"我在上海出生，一直待到高中毕业，所以我可以讲____话"。此时如果没有看到第一句"我在上海出生"就猜不到填空的内容。为了解决这个问题，人们对 RNN 进行了改造，使其可以有更长的记忆。这就是长－短时记忆网络（LSTM）。

所有的 RNN 都是链状的、模块不断重复的神经网络，标准的 RNN 中，重复的模块结构简单。如图附 2.4 所示，每个模块由单个的 tanh 层组成。

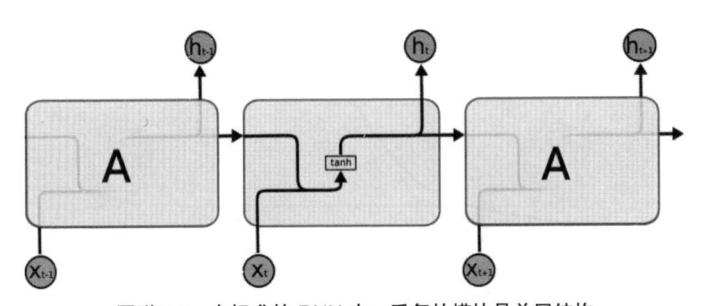

图附 2.4　在标准的 RNN 中，重复的模块是单层结构

LSTM 也是链状的，和 RNN 相比，其重复模块中的神经网络并非单层，而是有 4 层，并且这 4 层以特殊的形式相互作用。（见图附 2.5）

311

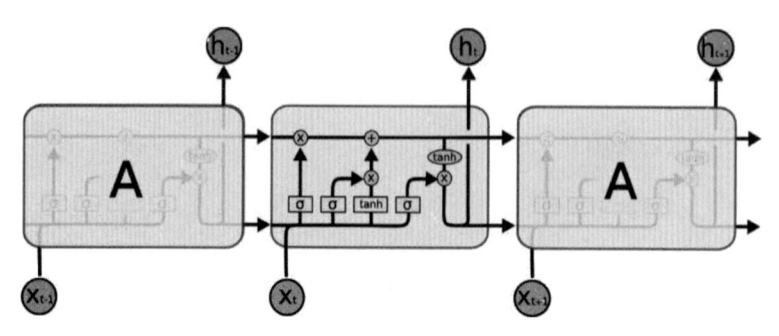

图附 2.5　在 LSTM 中，重复模块中含有相互作用的 4 层神经网络

在图附 2.5 中，σ（希腊字母 sigma）是 sigmoid 函数，其定义如下：

$$\sigma(x) = \frac{1}{1+e^{-x}}$$

这个 sigmoid 函数的图形如图附 2.6 所示。

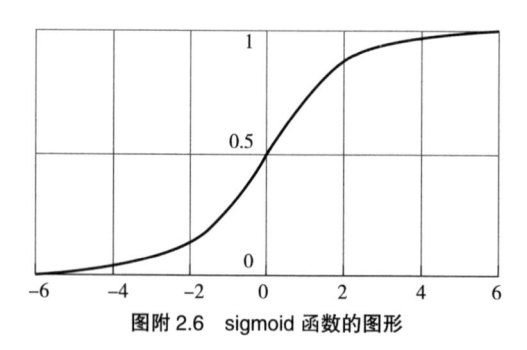

图附 2.6　sigmoid 函数的图形

tanh 函数是 sigmoid 函数的放大平移版，它们之间的关系如下：

$$\tanh(x) = 2\sigma(2 \cdot x) - 1$$

附录 2：循环神经网络 RNN 和长 - 短时记忆网络 LSTM

图附 2.7　sigmoid 函数和 tanh 函数曲线

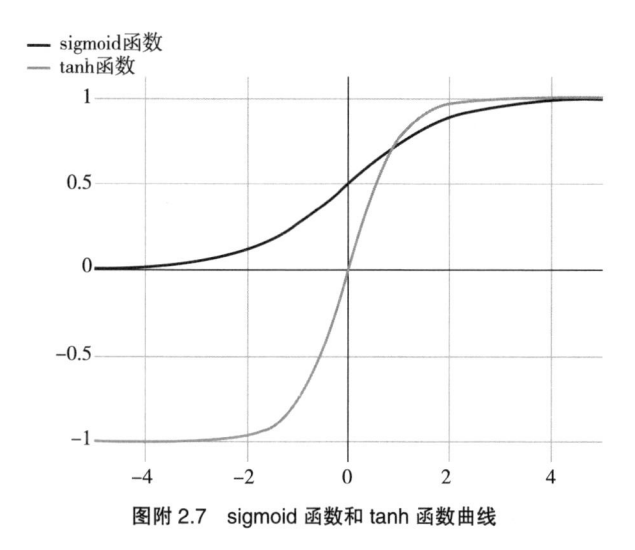

不要被上面这么多复杂的东西吓着，我们等一下会详述 LSTM 的结构。从现在开始，请试图熟悉和适应我们将使用的一些符号。

在图附 2.8 中左起，长方形表示已经学习的神经网络层；圆圈代表逐点运算，就像向量加法；单箭头代表一个完整的向量，从一个节点的输出指向另一个节点的输入；合并的箭头表示关联；分叉的箭头表示同样的内容被复制并发送到不同的地方。

神经网络层　　逐点运算　　向量转移　　关联　　复制

图附 2.8　LSTM 中使用的符号

313

LSTM 背后的核心

LSTM 的关键是单元状态,即图附 2.9 中上方那条贯穿单元的线。单元状态有点像传送带,它在整个链条一直传送下去,只有少数节点对它有影响,信息可以很方便地传送过去,保持不变。

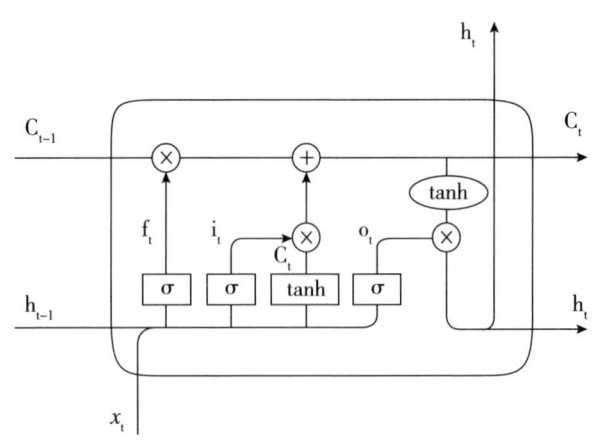

图附 2.9　LSTM 的单元状态

LSTM 对单元状态有增加或移除信息的能力,但需要在一个叫作"门"的结构下按照一定的规范进行。"门"是有条件地让信息通过的路径,它由一个 sigmoid 神经网络层和一个逐点乘法运算构成。

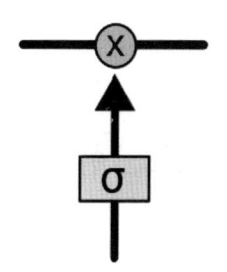

图附 2.10　LSTM 的单元"门"结构

sigmoid 层输出 0~1 的数值，表示每个要素可以通过的程度，0 表示"什么都过不去"，1 表示"全部通过"。一个 LSTM 有 3 个这样的"门"，用来保护和控制单元状态。

附录 3：CPU、GPU 和 TPU

GPU 是神经网络计算的引擎。图附 3.1 是一个典型的神经网络，用输出误差来调节各层的权重系数，输入阵列 X 通过参数矩阵运算进入下一层运算，每一层运算都是一次这样的矩阵运算。所谓矩阵运算，就是先把数字相乘再相加。

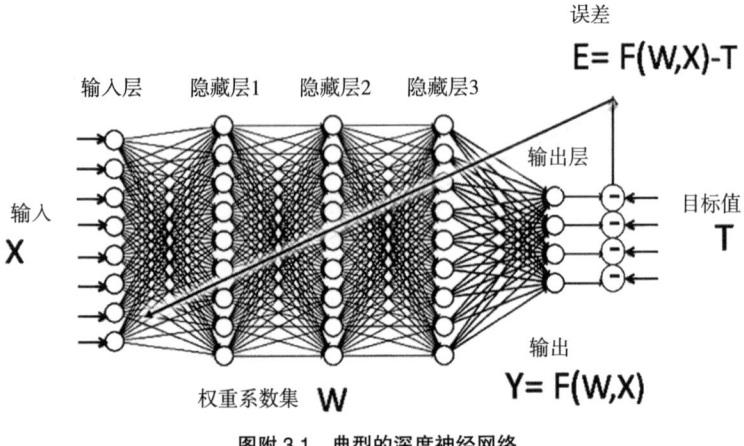

图附 3.1 典型的深度神经网络

为了帮助那些没有学过矩阵的读者加深理解，现在我们只看图附 3.2 中左边输入和第一层中一个神经元的关系：每一个输入数字和圆圈里的权重系数相乘，然后把所有的乘积加起来就得到一个值。例如，输入有三个单元，分别是（2，5，8），对应的权重系数分别是（2，–1，0.5），它们相乘后再相加是 2×2+5×

（−1）+8×0.5=4−5+4=3。这个值再经过一个"非线性"处理：这个值如果大于 0 就取原值，小于 0 就取值为 0。注意这里所有的相乘运算都可以同时进行，这就是所谓的可"并行运算"。我们刚才描述的仅仅是一个单元的计算方法，其他单元的计算方法也都一样，也就是说不仅一个单元的计算是可以并行的，所有单元的计算都是可以同时进行的。

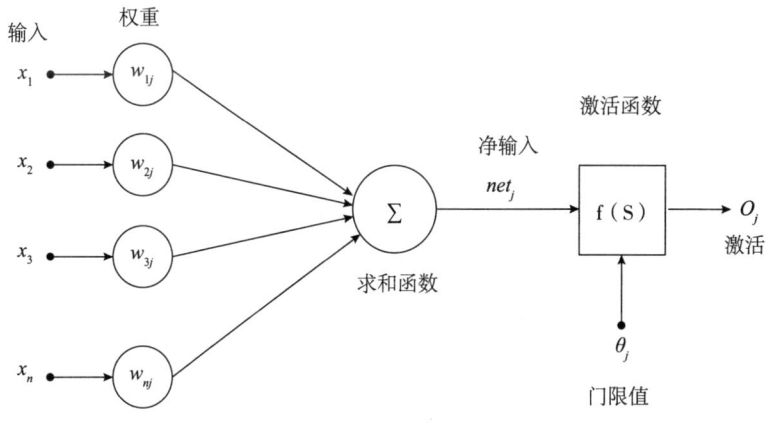

图附 3.2　神经网络的一个单元内的计算

而 GPU 与 CPU 相比的优点正是在这里。当年设计 CPU 时主要为了执行计算机程序，绝大部分计算机程序都是"串行"的，也就是后一个命令或计算要等前一个命令或计算的结果出来后才能执行。而 GPU 最初是为图形处理用的，图形处理的一个特点就是可以并行。例如，从一张图中把所有的黑点找出来，就可以把一张图分割成许多小图同时来找黑点。图附 3.3 是 CPU 和 GPU 的结构对比，图中左边的 CPU 通常由一个控制器（Control）

来给少数几个功能强大的算术逻辑运算器（ALU）分配任务，而右边的 GPU 通常由许多简单的控制器（右图最左边一列方块）来控制更多的算术运算单元组成（那些小格子）。在图形和图像处理中大量的运算都是矩阵运算，所以 GPU 从第一天起就是为矩阵运算设计的，没想到几十年后的深度学习也主要是矩阵运算，这就是"天上的馅饼"。

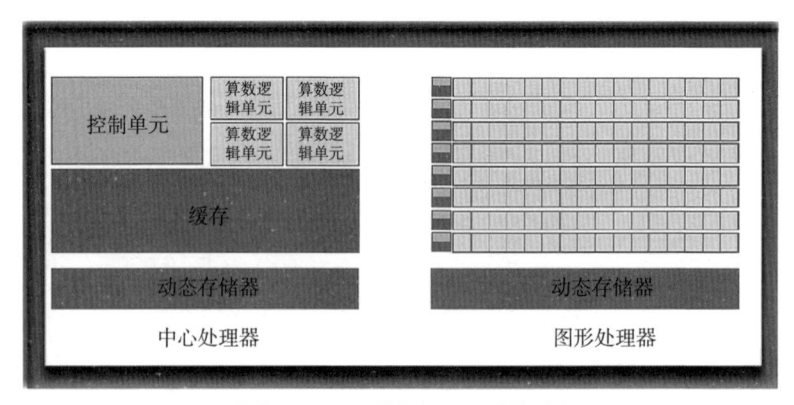

图附 3.3　CPU 结构和 GPU 结构对比

图片来源：https://www.quora.com/Does-CPU-vendors-feel-the-competition-from-GPUs-computational-power。

那么在神经网络深度学习计算中 GPU 比 CPU 能好多少呢？一个极端的例子是在深度学习使用 GPU 之前，谷歌使用 16 000 个 CPU 建造了一个超级深度学习网络，如图附 3.4 所示，成本为数百万美元。

几年后，斯坦福大学只用几个 GPU 就可以达到同样的性能，成本只有 3 万美元！即使考虑到芯片本身在几年内的发展，这个

附录 3：CPU、GPU 和 TPU

比较也是惊人的。当然这个比较仅仅是比较深度学习的矩阵运算，谷歌大脑还可以做很多其他的运算，例如强化学习等。总的来说，CPU 适合串行运算，可以胜任从航天到手机的各种不同复杂运算和处理，而 GPU 主要用于简单的并行运算，并不会取代 CPU。但是在图形处理和深度神经网络计算中，GPU 可以比 CPU 快 10 倍甚至百倍。英伟达 2017 年推出的用于自动驾驶的芯片 Xavier 已经达到每秒 20 万亿次浮点计算。

图附 3.4　谷歌用 16 000 个 CPU 搭建的深度学习"谷歌大脑"

图片来源：https://amp.businessinsider.com/images/507ebdd2ecad045603000001- 480 -360.jpg。

2006—2017 年，单片 CPU 的处理能力提高了 50 倍。50 倍的增长不是来自时钟速度的提高（即单次运算变快），而是来自在芯片中塞进更多的处理器。它的内核数量从 4 个变到 28 个，

319

是原来的 7 倍。另外一个性能的提升来源于指令的宽度，2006年一条指令只能处理 2 个单精度的浮点运算，今天 512 位的指令集中，一条指令可以同时处理 16 个单精度的浮点运算，这就相当于 8 倍的性能提升。7×8 = 56，约 50 倍的运算速度提升就是靠更多的处理器得来的。

➢ CPU处理能力提高了50倍
➢ 从2006年的0.043万亿次浮点运算，到2017年的2万亿次浮点运算（单精度）
➢ 核心数量从4变到28

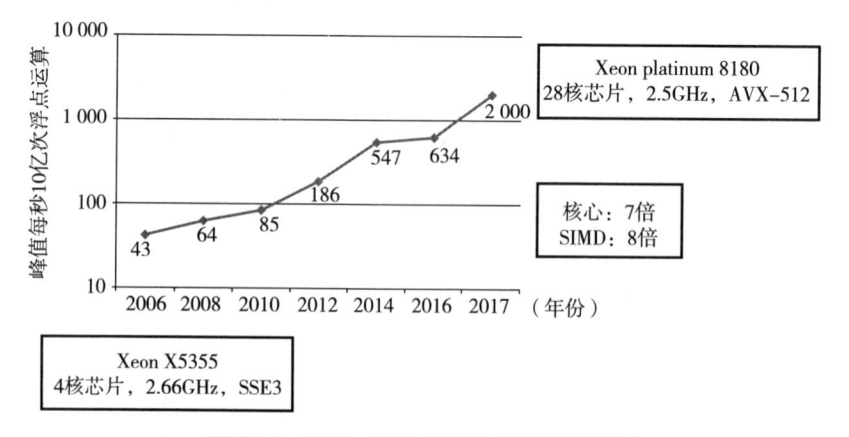

图附 3.5　2006—2017 年 CPU 运算速度的进展

图片来源：香港浸会大学褚晓文教授"深度学习框架大 PK"中的五大深度学习框架三类神经网络全面测评。

再看 GPU 在近十年的发展，图附 3.6 是 GPU 和 CPU 的性能对比。2006 年英伟达第一次发布通用计算的 GPU 8800GTX，当时它的性能已经达到 0.5 万亿次浮点运算（500 GFlops），接下来的十年，大家可以看到 GPU 相对 CPU 的计算能力一直维持在 10～15 倍的比例。GPU 从过去的 128 个核心变成 5 376 个核心，

附录 3：CPU、GPU 和 TPU

这个增长速度与 CPU 相同，所以 GPU 运算速度与 CPU 运算速度的比值一直保持不变。

- GPU实现30倍峰值性能增长，17倍能量效率
- 从2006年的0.5万亿次浮点运算到2017年15万亿次（单精度）
- 从128个核心到5 376个核心

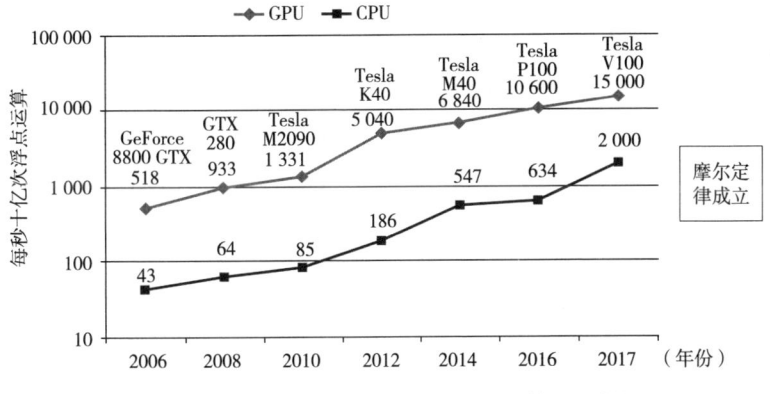

图附 3.6　2006—2017 年 CPU 和 GPU 计算能力对比

图片来源：香港浸会大学褚晓文教授"深度学习框架大 PK"中的五大深度学习框架三类神经网络全面测评。

其他几家互联网巨头也不能眼睁睁地看着英伟达控制着深度学习的命脉。谷歌就撸起袖子做了一款自用的 TPU，设计思路是这样的：既然 GPU 通过牺牲通用性换取了在图形处理方面比 CPU 快 15 倍的性能，为什么不能进一步专注于只把神经网络需要的矩阵运算做好，进一步提高速度呢？TPU 设计的核心诀窍有以下四点。

第一，图形与图像处理需要很高的精度（通常用 32 比特浮点精度），而用于识别的神经网络的参数并不需要很高的精度。

321

所以谷歌的第一款 TPU 就专门为识别设计，在运算上放弃 32 比特的浮点运算精度，全部采用 8 比特的整数精度。

第二，由于 8 比特的乘法器比 32 比特简单 4×4＝16 倍，所以在同等芯片面积上可以多放许多运算单元。谷歌的第一款 TPU 就有 65 000 个乘加运算单元，相比最快的 GPU 只有 5 300 个单元，多了不止 10 倍。

第三，不论在多核的 CPU 还是 GPU 中，目前的运算速度瓶颈都是内存的读和写。因为要被运算的数据都存在中央存储器里，而这些数字在运算时要分配到几百上千个运算单元中，从存储器到运算单元可谓"千里迢迢"，往返很费时间。在 TPU 里为了解决这个问题，干脆把运算单元摆成矩阵一样，让被运算的数据（例如神经网络的输入数据）流淌过这些运算单元，从内存中提取一个数据就让它和所有的权重系数都做完乘法，而不是像传统 CPU 或 GPU 那样提取一个数据只做一次运算就放回到存储器，做下一次运算再千里迢迢从存储器去取。这样数据像波浪一样一波一波涌来，所以叫脉动式计算。

第四，一个专注于矩阵运算的芯片不用考虑图形处理时要考虑的许多其他事情，例如多线程、分叉预测、跳序执行等，这是由于脉动式计算省掉了许多暂存、缓存等。整个运算的指令只有矩阵运算和取非线性那么几个，例如读数据、读参数、相乘、累加、非线性、写数据等。整个芯片和软件都变得非常简单，这样可以做到每个时钟周期执行一次指令。

附录 3：CPU、GPU 和 TPU

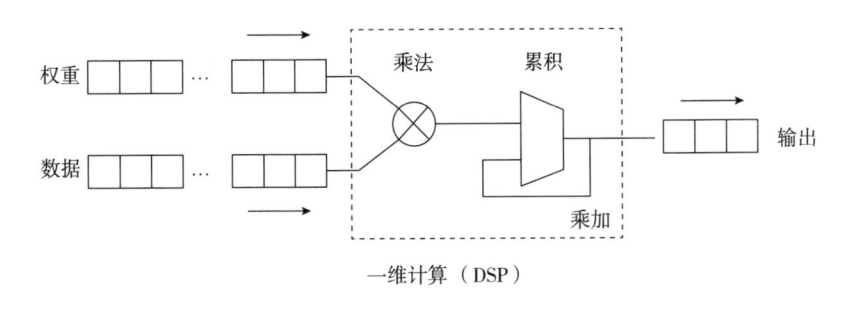

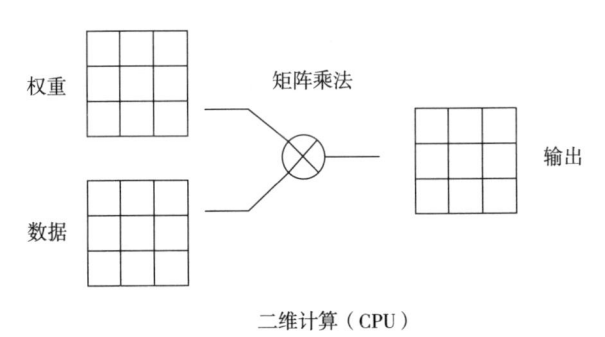

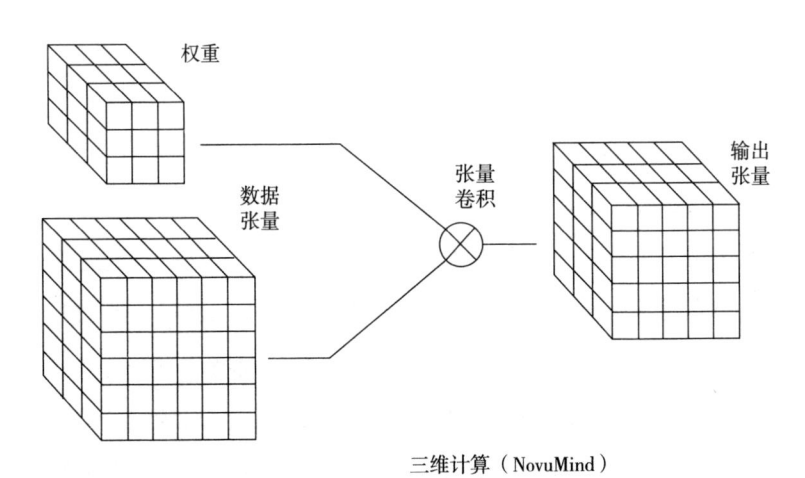

一维计算（DSP）

二维计算（CPU）

三维计算（NovuMind）

图附 3.7　向量（一维）计算、矩阵（二维）计算和张量（三维）计算
图片来源：https://mp.weixin.qq.com/s/e333KjLavEvvpNIL3u1Y4Q 。

323

现在我们可以算一下 TPU 到底比 GPU 快多少了。谷歌第一代的 TPU 有 $256 \times 256 = 65\,536$ 个 8 比特乘加器，时钟是 700MHz，每秒能做的 8 比特乘加运算 $= 65\,536 \times 700 \times 10^6 = 46 \times 10^{12}$ 次乘加运算，即 92 万亿次整数运算（92 TOPS，一次乘加运算是两次运算）。所以当谷歌宣称比 GPU 快时，是用整数运算次数 OPS 和浮点运算次数 FLOPS 比。而 GPU 是以浮点运算为测量单位的，前面说过最新的英伟达 Xavier 运算速度可达 20 TFLOPS，这两个不可直接相比，但如果在神经网络用于识别时（而不是用于训练），浮点和整数运算造成的识别准确率差别不大，就可以说这款 TPU 比 GPU 快了 $92/20 = 4.6$ 倍。对于谷歌这样需要大量矩阵运算的公司可以节省许多买 GPU 的钱，并且加快了识别速度（例如谷歌翻译、图片识别等的几亿用户非常在意处理速度），更重要的是把核心能力控制在了自己手里。谷歌在云服务方面没有亚马逊做得好，正在奋起直追，有了 TPU 则可以给用户提供更快、更便宜的深度学习云服务，所以谷歌的 TPU 目前只给自己用，不卖给别人。谷歌的第二代 TPU 已经能够进行 32 比特的单精度浮点运算，这样从训练到识别都不需要买别人的 GPU 了。用浮点运算做识别还有一个好处就是通过浮点运算训练出来的模型可以直接用于识别，而不是像第一代 TPU 那样先要把那些 32 比特的参数集都量化为 8 比特。但是通过刚才的讨论，我们知道 TPU 更快的一个重要原因是放弃浮点运算，当 TPU 也需要浮点运算时，相比 GPU 的性能提高就不会那么大了。谷歌的第二代（TPU2.0）可以达到每秒 45 万亿次单精度浮点运算，和英伟达 Xavier 芯片比只快了一倍（TPU2.0 在 Xavier 之后出来，快一倍就不算什么）。在 2018 年谷歌开发者大会上，谷歌又宣布了第三代（TPU3.0），宣称比 TPU2.0 快 8 倍。由于功耗的提高，所以第三代芯片已经需要液体制冷。一个第三代的 TPU 集群（一个机柜）有 64 块板卡，每块板卡上有 4 个 TPU，总运算速度可以达到每秒 $8 \times 45 \times 4 \times 64 = 92\,160$ 万亿次浮点计算。

附录4：机器学习的主要编程框架

TensorFlow 是由谷歌大脑团队开发的，主要用于机器学习和深度神经网络的研究。2016年5月，谷歌从 Torch（一种编程框架）转移到 TensorFlow，这对其他编程框架造成了打击，特别是 torch 和 theano。许多人将 TensorFlow 描述成一个比 theano 更现代化的版本，吸取了这些年在新领域/技术的许多重要的经验教训。

TensorFlow 以智能、灵活的方式而闻名，是一种高度可扩展的机器学习系统，使其更容易适应不同的新旧产品和研究，并且比较容易安装，还针对初学者提供了教程，涵盖神经网络的理论基础和实际应用。TensorFlow 比 theano 和 torch 慢，但谷歌和开源社区正在解决这个问题。TensorBoard 是 TensorFlow 的可视化模块，它提供了一个计算路径的直观视图。深度学习库 Keras 被移植到 TensorFlow 上运行，这意味着任何用 Keras 编写的模型现在都可以运行在 TensorFlow 上。最后，值得一提的是

TensorFlow 可以在各种硬件上运行。其特点如下。

（1）GPU 加速：支持。

（2）语言/界面：Python、Numpy、C++。

（3）平台：跨平台。

（4）维护者：谷歌。

theano

theano 起源于 2007 年在蒙特利尔大学的知名 MILA（学习算法研究所），是用 Python 编写的 CPU/GPU 符号表达式的深度学习编译器。theano 功能强大，速度极快，并且灵活，但通常被认为是一个底层框架。因此，原生 theano 更像是一个研究平台和生态系统，而非深度学习库，它经常被用作高级程序库的底层平台，而这些高级库给用户提供简单的 API。theano 提供一些比较受欢迎的库包括 Keras、Lasagne 和 Blocks。theano 的缺点之一是仍然需要一个支持多 GPU 的方案。theano 的特点如下。

（1）GPU 加速：支持。

（2）语言/界面：Python，Numpy。

（3）平台：Linux、Mac OS X 和 Windows。

（4）维护者：蒙特利尔大学 MILA 实验室。

torch

在所有常见的框架中，torch 可能是最容易启动和运行的，特别是在使用 Ubuntu（一种开源电脑操作系统）的情况下。它允许基于神经网络的算法在 GPU 硬件上运行，而不需要在硬件级别进行编码。torch 在 2002 年由纽约大学开发，被 Facebook 和 Twitter 等大型科技公司广泛使用，并得到英伟达的支持。Torch 是用一种叫作 Lua 的脚本语言编写的，这种语言很容易阅读，但并不像 Python 那样通用。有用的错误提示消息、大量的示例代码／教程以及 Lua 的简单性让 torch 很容易上手。其特点如下。

（1）GPU 加速：支持。

（2）语言／界面：Lua。

（3）平台：Linux、Android、Mac OS X、iOS 和 Windows。

（4）维护者：Ronan、Clément、Koray 和 Soumith。

Caffe

Caffe 被开发用于利用卷积神经网络的图像分类／机器视觉，由 1 000 多名开发人员推动其发展。Caffe 最出名的可能是 ModelZoo 模型，开发者无须编写任何代码就可以直接使用。

Caffe 主要针对工业应用，而 torch 和 theano 是为研究量身打造的。Caffe 不适用于非计算机视觉深度学习应用，如文本、声音或时间序列数据。Caffe 可以在各种硬件上运行，并且 CPU 和 GPU 之间的切换可以通过设置单个标志来完成。Caffe 的运行速度比 theano 和 torch 要慢。其特点如下。

（1）GPU 加速：支持。

（2）语言 / 界面：C、C++、Python、MATLAB、CLI。

（3）平台：Ubuntu、Mac OS X、Windows 实验版。

（4）维护者：伯克利视觉和学习中心（BVLC）。

CNTK 是微软深度学习工具包，是微软的开源深度学习框架。CNTK 在语音社区中比在一般深度学习社区中更为著名，可以用于图像和文本训练。CNTK 支持多种算法，例如 Feed Forward、CNN、RNN、LSTM 和 Sequence-to-Sequence。它可以运行在许多不同的硬件类型上，包括多个 GPU。其特点如下。

（1）GPU 加速：支持。

（3）语言 / 界面：Python、C++、C# 和 CLI。

（4）平台：Windows、Linux。

（5）维护者：微软研究院。

H$_2$O.ai

H$_2$O 也称为 H$_2$O.ai,是世界上使用最广泛的开源深度学习平台之一。它被全球超过 8 万名数据科学家和研究人员以及超过 9 000 家企业和组织所用,包括为全球最有影响力的一些公司开发关键任务数据产品。H$_2$O 提供基于 Web 的用户界面,同时可以访问机器学习软件库,并开启机器学习的过程。

维基百科中有一张表详细列出了各主要编程框架的参数和特点,链接如下:https://en.wikipedia.org/wiki/Comparison_of_deep_learning_software。

参考文献

1. Polanyi, Michael, *Personal Knowledge : Towards a Post Critical Philosophy,* London: Routledge,1958.
2. 迈克尔·波兰尼.个人知识——迈向后批判哲学［M］.贵州：贵州人民出版社，2000.
3. Polanyi, Michael ,*The Tacit Dimension,* New York: Anchor Books, 1967.
4. F.A. Hayek,*The Sensory Order,* University Chicago Press, 1952.
5. "知识的僭妄"。哈耶克1974年12月11日荣获诺贝尔经济学奖时的演说。摘录自《哈耶克文选》(冯克利译)，河南大学出版社，2015年版.
6. 哈耶克.通往奴役之路［M］.王明毅，冯兴元等译.北京：中国社会科学出版社，1997.
7. Lakna Panawala, *Difference Between Hormines and Neurotransmitters,* PEDIAA ReserchGate June 2017.
8. 计算机下棋简史. http://www.sohu.com/a/209845762_697750.
9. 卡斯帕罗夫自述.http://www.dataguru.cn/article-11122-1.html.
10. AlphaGo Zero：将革命进行到底. http://www.sohu.com/a/198990474_211120.
11. 阿瑟·塞缪尔——机器学习之父. http://www.360doc.com/conte

nt/16/0130/14/1609415_531664546.shtml.

12. Venture Capital Remains Highly Concentrated in Just a Few Cities. https://www.citylab.com/life/2017/10/venture-capital-concentration/539775.

13. 为什么硅谷可以持续创新 . http://news.163.com/18/0124 /05/ D8T3I CJ600018AOP.html.

14. Deep Learning 101——Part 1: History and Background. https://beamandrew. github.io/deeplearning/2017/02/23/deep_learning_101_part1.html.

15. History of Neural Networks. http://www.psych.utoronto.ca/users/reingold/ courses/ai/cache/neural4.html.

16. 人工智能 60 年沉浮史 . http://news.zol.com.cn/576/ 5763702.html.

17. 一文读懂人工智能的前世今生 . http://tech.163.com/16/ 0226/15/ BGOQVQP000094P0U.html.

18. 人工智能发展史 . http://mini.eastday.com/mobile/161203 062329556. html.

19. Geoffrey Hinton 对 "深度学习" 的贡献 . http://www.52ml.net/ 1360. html.

20. 如今统治机器学习的深度神经网络, 也曾经历过两次低谷 . http://news.zol.com.cn/632/6327901.html.

21. 达特茅斯会议：人工智能的缘起 . http://www.sohu.com/a/ 632150 19_119556.

22. "Large-scale Deep Unsupervised Learning using Graphics

Processors" Proceedings of the 26th International Conference on Machine Learning, Montreal, Canada, 2009.

23. *A fast learning algorithm for deep belief nets*, Geoffrey Hinton, Neural Computation 2006 Jul;18（7）:1527—1554.

24. 尼克.人工智能简史[M].北京：人民邮电出版社，2017.

25. An Interactive Node-Link Visualization of Convolutional Neural Networks. Adam W. Harley（B）Department of Computer Science, Ryerson University, Toronto, ON M5B 2K3, Canada.

26. Hopfield Network. http://www.doc.ic.ac.uk/~ae/papers/Hopfield-networks-15.pdf.

27. An Intuitive Explanation of Convolutional Neural Networks Posted on August 11, 2016 by ujjwalkarn.

28. Visualizing and Understanding Convolutional Networks. Matthew D.Zeiler zeiler@cs.nyu.edu Dept. of Computer Science, Courant Institute, New York University Rob Fergus fergus @ cs.nyu.edu Dept. of Computer Science, Courant Institute, New York University.

29. Colah's Blog: Understanding LSTM Networks Posted on August 27, 2015.

30. Reinforcement Learning and its Relationship to Supervised Learning by Andrew G. Barto.

31. UCLA朱松纯：正本清源：初探计算机视觉的三个源头、兼谈人工智能。2016年11月刊登于《视觉求索》微信公众号。

32. Chelsea Finn. Learning to Learn. http://bair.berkeley.edu/

blog/2017/07/18/ learning-to-learn/.

33. Geoffrey Hinton. Deep Belief Net. https://www.cs.toronto. edu/~hinton/ nipstutorial/nipstut3.pdf.

34. Geoffrey Hinton. A Faster Algorithm of Deep Belief Net. https://www. cs.toronto.edu/~hinton/absps/fastnc.pdf.

35. 香港浸会大学褚晓文：基准评测 TensorFlow、Caffe、CNTK、MXNet、Torch 在三类流行深度神经网络上的表现.

36. An in-depth look at Google's First TPU. https://cloud.google.com/blog/ big-data/2017/05/an-in-depth-look-at-googles-first-tensor-processing-unit- tpu.

37. NovuMind 异构智能推 AI 芯片 NovuTensor，号称世界第二. https://www.leiphone.com/news/201710/GG9umC93Gtav2Eac.html.

38. MIT 重磅报告：一文看清 AI 商业化现状与未来. https://mp.weixin. qq.com/s/OoqwZfpqSL-g2-VoFI5HMg.

39. 一文读懂人工智能产业链，未来十年 2000 亿美元市场. https://mp.weixin.qq.com/s/CSOn1aukXscBio66F9Yoow.

40. 安防巨头海康威视欲造 AI 芯片. https://baijiahao.baidu.com/s?id=1589110122686931084&wfr=spider&for=pc.

41. 类脑芯片：机器超越人脑的最后一击. https://mp.weixin.qq.com/s/5IZMrenLzOGP6H7dZEyLUw.

42. 易中天. 艰难的一跃［M］. 济南：山东画报出版社，2004.

43. Open AI Report:AI and Compute. https://blog.openai.com/ai-and-compute/.

44. SAE International J3016.

45. 谷歌无人车队行驶超 300 万英里. http://www.12365auto.com/news/20170512/284472.shtml.

46. Boston Consulting Group Research Report,"The End of Car Ownership" quoted by WSJ 6/21/17 article.

47. Car Ownership Cost.https://www.usatoday.com/story/news/nation/2013/04/16/aaa-car-ownership-costs/2070397/.

48. Car Sharing Reduces Car Ownership. https://techcrunch.com/2016/07/19/car-sharing-leads-to-reduced-car-ownership-and-emissions-in-cities-study-finds/.

49. Only 20% American Will Own Car in 15 Years. http://www.businessinsider. com/no-one-will-own-a-car-in-the-future-2017-5.

50. 全国地铁平均速度. http://tieba.baidu.com/p/2810501188.

51. KPMG: Auto Insurance Market Shrink 60% in 2040. http://www.insurancejournal.com/news/national/2015/10/23/385779.htm.

52. China Plug-in Sales for 2017-Q4 and Full Year – Update. http://www.ev-volumes.com/country/china/.

53. Uber Statistics. https://expandedramblings.com/index.php/uber-statistics/.

54. 迎接中国汽车寡头. http://www.sohu.com/a/133148354_619410.

55. First FDA Approval for Clinical Deep Learning. https://www.forbes.com/sites/bernardmarr/2017/01/20/first-fda-Approval-for-clinical-cloud-based-deep-learning-in-healthcare/#27db74b0161c.

56. Deep Learning in Identifying Skin Cancer. https://news.stanford.edu/2017/01/25/artificial-intelligence-used-identify-skin-cancer/.

57. 2015 中国癌症统计数据. http://www.medsci.cn/article/show_article.do？id=06d5626900b.

58. 中国医疗人工智能产业数据图谱. https://36kr.com/p/5070264.html.

59. AI Beats Doctor in Predicting Heart Attack. http://www.sciencemag.org/ news/2017/04/self-taught-artificial-intelligence-beats-doctors-predicting- heart-attacks.

60. 英国《放射学》(*Radiology*) 杂志文章.

61. AI Iearns to Predict Heart Failure. https://lms.mrc.ac.uk/artificial-intelligence-learns-predict-heart-failure/.

62. 协和医院上线语音录入系统. http://www.sohu.com/a/109238078_239807.

63. CB Insights 发布最佳 AI 企业 Top 100，医疗健康公司都在做什么？https://www.leiphone.com/news/201701/VrAtqlG49GLdUIEF.html.

64. 机器人进军医疗领域，智能导诊准确率高达 95% 以上. http://www.qudong.com/article/392391.shtml.

65. AI 将是下一个新药研发的风口？https://mp.weixin.qq.com/ s/7PqysjFqaYzuLwlcMY6mWQ.

66. 重磅! AI+ 金融深度专题报告出炉. https://mp.weixin.qq.com/s/ frB-lDEqrCFVP-V_1YXxaQ.

67. 人工智能在金融领域应用的初步思考. http://36kr.com/p/5051729.

html.

68. AI 在金融领域的应用｜"AI+ 传统行业"全盘点 . https://www.leiphone.com/news/201703/bSH09UT2DUaXyV90.html.

69. AI ＋ 金融 ＝ 量身定制 . http://www.sohu.com/a/157838797_534692.

70. 第一财经研究院和埃森哲联合调研完成的《未来银行创新报告 2017》.

71. 彭兰｜智媒化：未来媒体浪潮——新媒体发展趋势报告（2016）. http://www.jfdaily.com/news/detail?id=45095.

72. 中国新媒体趋势报告 . http://www.sohu.com/a/205208614_721863.

73. 每年写 15 亿篇财经报道 . https://automatedinsights.com/blog/natural-language-generation-101.

74. The Multi-Billion Robtics Market. http://fortune.com/2016/02/24/robotics-market-multi-billion-boom/.

75. AI 在教育领域的六大应用｜"AI+ 传统行业"全盘点 . http://news.zol.com.cn/631/6315925.html.

76. 音乐教学 . https://mp.weixin.qq.com/s/kMUdbs6-Iz9Nv 1iO9UwGrA.

77. AI＋ 教育的四点思考：人工智能发展对教育有何影响？ .http://www.woshipm.com/ai/621701.html.

78. 互联网教育已过时？AI 教育或颠覆时代 .http://tech.ifeng. com/a/20180313/44906078_0.shtml.

79. Identification and Recognition. https://www.axis.com/files/feature_articles/ar_id_and_recognition_53836_en_1309_lo.pdf.

80. 音乐教学 . https://mp.weixin.qq.com/s/kMUdbs6-Iz9Nv 1iO9UwGrA.

81. IBM 报告解读——人机交融：智能自动化如何改变业务运营模式 .https://mp.weixin.qq.com/s/TiAAkgB0OzU6speto34dYQ.

82. 《我对深度学习的十点担忧》：一篇引发人工智能业"地震"的文章. https://mp.weixin.qq.com/s/Tt3ipVPWDc17DoM 0l995kw.

83. A Faster Way to Make Bose-Einstein Condensates. http://news.mit.edu/2017/faster-way-make-bose-einstein-condensates-1123.

84. Self Improving AI. https://singularityhub.com/2017/05/31/googles-ai-building-ai-is-a-step-toward-self-improving-ai/ .

85. 金观涛 . 控制论与科学方法论［M］. 北京：新星出版社，2005.

86. 金观涛，刘青峰 . 中国思想史十讲［M］. 北京：法律出版社，2015.

87. 金观涛，凌锋，鲍遇海等 . 系统医学原理［M］. 北京：中国科学技术出版社，2017。

88. M.A. 阿尔贝尔 . 大脑，机器和数学［M］. 朱熹豪，金观涛译 . 北京：商务印书馆，1982。

89. The Unreasonable Effectiveness of Recurrent Neural Networks. http://karpathy.github.io/2015/05/21/rnn-effectiveness/.

90. Generating Chinese Classical Poems with Statistical Machine Translation Models: Proceedings of the Twenty-Sixth AAAI Conference on Artificial Intelligence.

91. 当 AI 邂逅艺术：机器写诗综述 . https://zhuanlan.zhihu.com/p/25084737.

92. AI Painting. https://www.instapainting.com/ai-painter-2.

93. Creative Adversary Network, CAN. https://news.artnet.com/art-world/ rutgers-artificial-intelligence-art-1019066.

94. AI Art Looks More Convincing that Art Basel. https://news.artnet.com/art-world/rutgers-artificial-intelligence-art-1019066.

95. AI Artist Can Create Its Own Style. http://www.dailymail.co.uk/sciencetech/article-4652460/The-AI-artist-create-painting-style.html.

96. Facebook CAN: AI 赋予艺术创新能力. http://www.sohu.com/a/ 152530599_651893.

97. AI Can Write Music. https://futurism.com/a-new-ai-can-write-music-as-well-as-a-human-composer/.

98. AI Bests Airforce Expert. https://arstechnica.com/information-technology/2016/06/ai-bests-air-force-combat-tactics-experts-in-simulated- dogfights/ .

99. Artificial Intelligence and the Future of Warfare. https://www.chathamhouse.org/publication/artificial-intelligence-and-future-warfare.

100. 人工智能重塑未来战争格局. https://mp.weixin.qq.com/s/SVwJIEfqgc218zGqIMuorg.

101. 哈耶克. 通往奴役之路 [M]. 北京: 中国社会科学出版社, 2015.

102. 哈耶克. 致命的自负 [M]. 北京: 中国社会科学出版社, 2015.

103. How Much Information Is There in the World?. http://www.lesk.com/ mlesk/ksg97/ksg.html .

104. Google Robotics Arms. https://www.theverge.com/2016/3/9/11186940/

google-robotic-arms-neural-network-hand-eye-coordination.

105. 马斯克的 Neurallink 到底是干啥的？. https://www.guokr.com/article/442222/.

106. 美国研发新技术：脑机接口让人用思维群控无人机. https://www.cnbeta.com/articles/science/663209.htm.

107. 从脑机接口到黑客帝国，你需要提前知道的真相. https://baijiahao.baidu.com/s?id=1570583959345425&wfr = spider&for=pc.

108. 用"脑机接口"挑战阿尔茨海默病. http://www.news.uestc.edu.cn/?n=UestcNews.Front.Document.ArticlePage&Id = 6192.

109. 解码脑机接口. http://www.sohu.com/a/164734099_ 650049.

110. 脑机接口让人用思维控制无人机群. https://www.cnbeta.com/articles/ science/663209.htm.

111. Wealth Taxation and Wealth Inequality. Evidence from Denmark, 1980-2014.

112. Amsterdam, B.（1972）. Mirror Self-Image Reactions Before the Age of Two. Developmental Psychobiology 5: 297—305.

113. The Quest for Consciousness: A Neurobiological Approach. 1st Edition by Christof Koch, Former Caltech Prof. now Allen Institute President.

114. Conscious Machines Are Here: https://towardsdatascience.com/conscious-machines-are-here-whats-next-d601ac4e638e.

115. 对抗超级人工智能的"新人类"？. https://mp.weixin.qq.com/ s/2w1l9oYNWb3xSOcoLNr4gQ.

116. 人机关系思考：人与机器的共生. https://mp.weixin.qq.com/s/ upLSbNf5PfDdjQkniyJ1QA.

117. 人工智能的若干伦理问题思考. https://mp.weixin.qq.com/s/DrtbKvJ-csM6P6_VxOQBIg.

118. 郑永年. 人类不平等与"牧民社会"的崛起. https://www.zaobao.com.sg/zopinions/views/story2018-04-10-849600.